Wolfgang Tietze (Hrsg.), Irene Dittrich, Katja Grenner,
Bernd Groot-Wilken, Verena Sommerfeld, Susanne Viernickel

Pädagogische Qualität entwickeln

Wolfgang Tietze (Hrsg.), Irene Dittrich,
Katja Grenner, Bernd Groot-Wilken,
Verena Sommerfeld, Susanne Viernickel

Pädagogische Qualität entwickeln

Praktische Anleitung und Methodenbausteine
für Bildung, Betreuung und Erziehung
in Tageseinrichtungen für Kinder von 0–6 Jahren

Beltz Verlag · Weinheim und Basel

Ihre Wünsche, Kritiken und Fragen richten Sie bitte an:
Verlagsgruppe Beltz, Fachverlag Frühpädagogik
Werderstraße 10, 69469 Weinheim.

ISBN 3-407-56267-5

Alle Rechte vorbehalten

© 2004 Beltz Verlag · Weinheim und Basel
1. Auflage 2004

04   05   06   07   08   5   4   3   2   1

Das Werk und seine Teile sind urheberrechtlich geschützt. Jede Nutzung in anderen als den gesetzlich zugelassenen Fällen bedarf der vorherigen schriftlichen Einwilligung des Verlages. Hinweis zu § 52 a UrhG: Weder das Werk noch seine Teile dürfen ohne eine solche Einwilligung eingescannt und in ein Netzwerk eingestellt werden. Dies gilt auch für Intranets von Schulen und sonstigen Bildungseinrichtungen.

Planung/Konzept: Ulrike Bazlen, Weinheim
Lektorat: Sigrid Weber, Freiburg
Herstellung: Anja Kuhne, Weinheim
Satz: Markus Schmitz, Büro für typographische Dienstleistungen, Münster
Druck und Bindung: Druckhaus „Thomas Müntzer", Bad Langensalza
Umschlaggestaltung: glas ag, Seeheim-Jugenheim
Titelfotografie: gettyimages, Kent Miles
Illustration: Katja Wehner, Leipzig
Printed in Germany

Weitere Informationen finden Sie im Internet unter http://www.beltz.de

Inhalt

Einführung   7

1 Grundlagen der Qualitätsentwicklung   9

    1.1   Pädagogische Qualitätsentwicklung – Einführung und zentrale Begriffe   10
    1.1.1   Qualitätsfeststellung – Qualitätsentwicklung – Qualitätssicherung   10
    1.1.2   Bedingungen für den Erfolg von interner Qualitätsentwicklung   11

    1.2   Der Nationale Kriterienkatalog als Bezugspunkt interner Qualitätsentwicklung   12
    1.2.1   Die Wesensmerkmale des Kriterienkatalogs   12
    1.2.2   Aufbau und Systematik des Kriterienkatalogs   13

    1.3   Das »Sieben-Schritte-Verfahren« und die Arbeitsinstrumente interner Qualitätsentwicklung   15

    1.4   Die Aufgaben der Leiterin   16

2 Leitfaden für die interne Qualitätsentwicklung   19

    2.1   Ablauf eines Projekts zur internen Qualitätsentwicklung   20

    2.2   Die erste Teamsitzung: Einführung in die Qualitätsentwicklung   22
    2.2.1   Gedanken zum Start   22
    2.2.2   Ablaufplanung für die einführende Teambesprechung   22
    2.2.3   Methodenbausteine   25

    2.3   Das »Sieben-Schritte-Verfahren« im Überblick   28

    2.4   Die sieben Schritte der Qualitätsentwicklung   29
    2.4.1   Erster Qualitätsschritt: Situationsanalyse   29
    2.4.2   Zweiter Qualitätsschritt: Von der individuellen Selbsteinschätzung zum Qualitätsprofil der Einrichtung   35
    2.4.3   Dritter Qualitätsschritt: Fachliche Orientierung   40
    2.4.4   Vierter Qualitätsschritt: Diskussion von Veränderungszielen   45
    2.4.5   Fünfter Qualitätsschritt: Zielvereinbarungen   51
    2.4.6   Sechster Qualitätsschritt: Planung von Umsetzungsschritten   57
    2.4.7   Siebter Qualitätsschritt: Ergebnissicherung   60

    2.5   Ablaufplanung für die Teambesprechungen   62
           Ablaufschema für die erste Teambesprechung   62
           Ablaufschema für die zweite Teambesprechung   63
           Ablaufschema für die dritte Teambesprechung   63
           Ablaufschema für die vierte Teambesprechung   64
           Ablaufschema für die fünfte Teambesprechung   65

    2.6   Organisation und Zeitplanung der internen Qualitätsentwicklung   65
    2.6.1   Zeitbudgets   66
    2.6.2   Arbeits- und Organisationsformen für die Qualitätsentwicklung im Team   66

    2.7   Dokumentationssystem für die interne Qualitätsentwicklung   68
    2.7.1   Sinn und Zweck eines Dokumentationssystems   68
    2.7.2   Empfehlungen für die Form des Dokumentationssystems   69

3 Methoden für die interne Qualitätsentwicklung — 71

3.1 Moderation und Gesprächsführung in der Qualitätsentwicklung — 72
- 3.1.1 Aufgaben der Moderation — 72
- 3.1.2 Überblick über Frageformen in der Moderation — 72
- 3.1.3 Hinweise zur Gesprächsführung — 76

3.2 Methodenbausteine für lebendige Teamsitzungen — 78
- 3.2.1 Das Alphabet belegen — 78
- 3.2.2 Die Mind Map — 79
- 3.2.3 Das Ideenprotokoll — 80
- 3.2.4 Das Pro & Contra-Spiel — 80
- 3.2.5 Die U-Prozedur — 82
- 3.2.6 Das Übungsgespräch — 83

3.3 Methodenbausteine für die Reflexion des Arbeitsprozesses — 84
- 3.3.1 Stimmungs-Pole — 84
- 3.3.2 Freudenturm und Klagemauer — 85
- 3.3.3 Als Qualitäts-Reporter unterwegs — 85
- 3.3.4 Teamcheck zur Zwischenauswertung — 86
- 3.3.5 Qualitätsentwicklung als Teamprozess — 86
- 3.3.6 Unsere Zusammenarbeit als Landschaft — 88

Ausblick — 89

Anhang — 91

- Verzeichnis aller Kopiervorlagen — 92
- Hinweise zur Bearbeitung der Checklisten — 93
- Die Checklisten als Kopiervorlagen — 95
- Formblätter für den Qualitätsentwicklungsprozess als Kopiervorlagen — 251
- Qualitätsentwicklung in Kindertageseinrichtungen (QuiK) – Arbeitskreise für Leitungskräfte — 258
- Literaturhinweise — 259
- Autorinnen und Autoren — 260

Einführung

Sehr geehrte Leserin, sehr geehrter Leser,
das vor Ihnen liegende Arbeitsbuch will Sie begleiten, die pädagogische Qualität Ihrer Tageseinrichtung systematisch weiter zu entwickeln und dauerhaft zu sichern. Unter Qualitätsentwicklung wird hier ein Prozess verstanden, in dem das gesamte Team einer Tageseinrichtung seine fachliche Arbeit verbessert. Das bezieht sich nicht nur auf die pädagogische Arbeit der einzelnen Fachkraft, sondern auf die gesamte Einrichtung. Ziel der Qualitätsentwicklung im Team ist es, gemeinsam besser zu werden und die pädagogische Qualität über alle Gruppen und Bereiche der Tageseinrichtung hinweg zu sichern. Damit steht Qualitätsentwicklung in enger Wechselwirkung zu den Aufgaben der Personal- und Teamentwicklung.

Das Arbeitsbuch richtet sich an diejenigen, die Qualitätsentwicklungsprozesse in der Tageseinrichtung steuern. In der Regel ist dies die Leiterin der Einrichtung, die sowohl für die fachliche Arbeit als auch für die Personal- und Teamführung verantwortlich ist. Diese Aufgabe der Leiterin ist eingebettet in die Verantwortung des Trägers für die Qualitätspolitik und die Rahmenbedingungen der Tageseinrichtung.

Wenn in diesem Buch die Leserin oder der Leser direkt angesprochen wird, dann sind damit in erster Linie die Leitungskräfte von Tageseinrichtungen gemeint. Steuerungsaufgaben können jedoch auch an Qualitätsbeauftragte oder dafür zuständige Gremien übertragen werden. Das Arbeitsbuch stellt allen, die Teambesprechungen zur Qualitätsentwicklung organisieren, vorbereiten und gestalten, eine praktische Anleitung und Methodenbausteine zur Verfügung.

Der Einfachheit benutzen wir bei der Bezeichnung der jeweiligen Fachkräfte durchgängig die weibliche Form, weil im System der Tageseinrichtungen überwiegend Frauen beschäftigt sind.

Die fachliche Grundlage für den Qualitätsentwicklungsprozess, den die Einrichtung mit Unterstützung dieses Arbeitsbuchs durchführt, ist der Nationale Kriterienkatalog (Tietze, Viernickel, 2003). Sie benötigen ihn, sobald Sie mit diesem Arbeitsbuch zu arbeiten beginnen. An den entsprechenden Stellen finden Sie die jeweils notwendigen Verweise.

Das Arbeitsbuch ist so aufgebaut und geschrieben, dass Sie selbständig damit arbeiten können. Darüber hinaus bietet PädQUIS® unter dem Namen QuiK (Qualitätsentwicklung in Kindertageseinrichtungen) auch Arbeitskreise für Leiterinnen an, die systematisch in die Arbeit mit dem Kriterienkatalog und diesem Arbeitsbuch einführen und die Einrichtungen über einen Zeitraum von etwa zwei Jahren bei der Qualitätsentwicklung begleiten. Falls Sie als Träger von Tageseinrichtungen oder Leiterin Interesse an diesen Arbeitskreisen haben, können Sie ausführliche Informationen über die Geschäftsstelle von PädQUIS® anfordern. Die Anschrift und Webseite finden Sie im Anhang.

Zur Gliederung und zum Gebrauch des Arbeitsbuchs

Bevor Sie mit der praktischen Arbeit beginnen, sollten Sie sich mit dem Arbeitsbuch als Ganzem vertraut machen und sich einen Überblick über die zu planenden Abläufe verschaffen. Mit diesem Gesamtverständnis können Sie dann die einzelnen Kapitel zu den jeweiligen Arbeitsschritten der Qualitätsentwicklung in Ihrer Einrichtung gründlich bearbeiten.

Das Arbeitsbuch gliedert sich in drei große Kapitel sowie einen Anhang mit Kopiervorlagen. Diese finden Sie zusätzlich auch auf der beigefügten CD. Das erste Kapitel »Grundlagen und Orientierung« führt Sie in die Grundbegriffe der Qualitätsentwicklung ein und stellt die Arbeitsinstrumente vor. Außerdem wird der Nationale Kriterienkatalog, der die fachliche Grundlage der Qualitätsentwicklung darstellt, in seinen wesentlichen Merkmalen erörtert. Weitere Ausführungen beziehen sich auf die Rolle und Aufgaben der Leiterin bei der Qualitätsentwicklung.

Das zweite Kapitel »Leitfaden für die interne Qualitätsentwicklung« zeigt, wie der Träger und die Einrichtung ein Qualitätsentwicklungsprojekt planen und durchführen. Zunächst geht es dabei um Vereinbarungen über den Ablauf und die Ziele der Qualitätsentwicklung. Danach erfahren Sie, wie Sie im »Sieben-Schritte-Verfahren der Qualitätsentwicklung« die Qualitätsbereiche des Kriterienkatalogs bearbeiten und umsetzen können. Zu jedem Qualitäts-Schritt finden Sie eine Einführung, eine genaue Anleitung mit Moderationshinweisen für die Teamsitzungen, zusätzliche Methodenbausteine sowie ein anschauliches Praxisbeispiel. Das Kapitel wird mit einem Vorschlag für ein einrichtungsinternes Dokumentationssystem zur pädagogischen Qualität abgeschlossen.

Im dritten Teil »Methoden für die interne Qualitätsentwicklung« werden zahlreiche Methoden für die Gestaltung abwechslungsreicher und lebendiger Teambesprechungen sowie zur Gesprächsführung im Qualitätsentwicklungsprozess vorgestellt.

Um den Einstieg in einzelne Kapitel zu erleichtern, stehen am Anfang oftmals blau unterlegte Kästen mit grundlegenden Informationen und Definitionen. Kästen mit einem blauen Längsbalken am linken Rand enthalten praxisorientierte Informationen.

Für interessierte Leserinnen, die noch tiefer in die Materie eindringen wollen, gibt es am Ende des Buches ein thematisch strukturiertes Literaturverzeichnis, und im Anhang finden Sie alle Kopiervorlagen, die Sie für die Durchführung der Qualitätsentwicklung benötigen – im Buch wird an den entsprechenden Stellen auf die jeweils benötigten Materialien und Formblätter verwiesen.

Wir wünschen Ihnen bei der Weiterentwicklung der pädagogischen Qualität guten Erfolg!

Irene Dittrich
Katja Grenner
Bernd Groot-Wilken
Verena Sommerfeld
Wolfgang Tietze
Susanne Viernickel

Berlin im Mai 2004

Grundlagen der
Qualitätsentwicklung

1.1 Pädagogische Qualitätsentwicklung – Einführung und zentrale Begriffe

Dieses Arbeitsbuch unterstützt und leitet Tageseinrichtungen an, die pädagogische Qualität der Einrichtung fachlich-inhaltlich zu bestimmen und davon ausgehend einen Qualitätsentwicklungsprozess zu initiieren. Der Bezugspunkt für diesen Prozess ist der Nationale Kriterienkatalog (Tietze, Viernickel, 2003), der in seinen Grundzügen im Kapitel 1.2 näher beschrieben wird.

Im Unterschied zu diesem fachlich-inhaltlichen Verfahren haben organisatorisch-ablauforientierte Qualitätsverfahren das Ziel, die organisatorischen Abläufe der Einrichtung zu optimieren. Das am weitesten verbreitete Verfahren ist derzeit ISO 9001–2000. Fachlich-inhaltliche und organisatorisch-ablauforientierte Qualitätsverfahren schließen einander nicht aus, sondern können sich mit einer entsprechenden Passung sehr gut ergänzen.

1.1.1 Qualitätsfeststellung – Qualitätsentwicklung – Qualitätssicherung

Eine Tageseinrichtung, die ihre pädagogische Arbeit qualitativ weiterentwickeln will, muss zunächst zwei Fragen klären: Wo stehen wir zur Zeit (IST) und wo wollen wir hin (ZIEL)? Der IST-Zustand – oder die Qualitätsfeststellung – ist der Ausgangspunkt für die Qualitätsentwicklung. In einem systematischen Prozess werden von den beteiligten Fachkräften Ziele erarbeitet und die nötigen Schritte zu deren Umsetzung geplant. In einem definierten Zeitrahmen wird überprüft, ob die Ziele erreicht worden sind.

Um die neue pädagogische Qualität der Einrichtung dauerhaft zu gewährleisten, müssen Verfahren zu deren Sicherung entwickelt werden. Grundlage jeder Qualitätssicherung sind eine kontinuierliche und genaue Dokumentation sowie verbindliche Vereinbarungen mit allen Fachkräften. Alle in diesem Arbeitsbuch vorgestellten Verfahren – sowohl bei der Qualitätsfeststellung (IST) wie bei der Qualitätsentwicklung (ZIEL) – orientieren sich am Nationalen Kriterienkatalog.

Interne und externe Qualitätsfeststellung

Bei der Qualitätsfeststellung unterscheidet man zwei Verfahren. Zum einen gibt es *externe* Verfahren, die durch externe Evaluatoren, also Personen, die nicht der Tageseinrichtung oder dem Trägersystem angehören, durchgeführt werden. Zum anderen gibt es *interne* Verfahren, die die am Prozess der Qualitätsentwicklung Beteiligten, d. h. die pädagogischen Fachkräfte, entweder in Form einer Selbstevaluation oder durch kollegiale Beobachtung anwenden können.

Die beiden Verfahren schließen einander nicht aus, sondern ergänzen sich sinnvoll. Die interne Qualitätsfeststellung betont die Verantwortung und fachliche Kompetenz des pädagogischen Personals für die Sicherung der Qualität. Die Reflexion und Weiterentwicklung der Arbeit wird als Aufgabe angesehen, die das Team nicht delegieren kann, sondern als ständige Aufgabe selbst wahrnehmen muss.

Das externe Feststellungsverfahren ermöglicht eine objektivierte und unabhängige Sicht auf die Einrichtung, da die Evaluatoren nicht in die Dynamik und die Geschichte eines Teams involviert sind. Ein Team, das sich nur untereinander austauscht, kann betriebsblind werden. Der Austausch mit den Nutzern der Einrichtung (Kinder und Eltern) sowie mit externen Evaluatoren bringt wichtige Impulse für die Qualitätsentwicklung. Externe Verfahren, also die Sicht von außen auf ein Innen, werden von unabhängigen fachlich geschulten Evaluatoren durchgeführt.

Dieses Arbeitsbuch versteht sich als praktischer Leitfaden für die *interne* Qualitätsfeststellung und -entwicklung in der Tageseinrichtung.

Externe Evaluation und interne Qualitätsentwicklung

Externe Evaluationen können zu verschiedenen Zeitpunkten durchgeführt werden. Finden sie vor Beginn eines Qualitätsentwicklungsprozesses – als Pre-Design oder Ausgangsfeststellung– statt, werden die Ergebnisse als Impuls und Orientierung für die Qualitätsentwicklung verstanden. Auf der Grundlage der Evaluation können Empfehlungen für die weitere Arbeit ausgesprochen werden.

Externe Evaluationen können aber auch nach einem Entwicklungszeitraum von z. B. ein bis zwei Jahren als Zwischen- oder Abschlussevaluation durchgeführt werden – als Post-Design oder Abschlussfeststellung. Die Ergebnisse geben dann Aufschluss über das erreichte Qualitätsniveau und die unternommenen Anstrengungen. Sie weisen aber auch auf noch weiter zu entwickelnde Qualitätsbereiche hin. Eine Kombination von Ausgangs- und Abschlussfeststellung ermöglicht zudem einen Vergleich der Situationen von vorher und nachher. Auf diese Weise lassen sich die konkreten Veränderungen zwischen den beiden Evaluationszeitpunkten nachvollziehen.

Eine dritte Möglichkeit besteht darin, dass nach einer längeren Phase interner Qualitätsentwicklung die Einschätzungen des Teams mit denen der externen Evaluation verglichen werden. Dabei kommt es in der Regel zu unterschiedlichen Bewertungen in einzelnen Bereichen, weil Selbst- und Fremdeinschätzungen nie deckungsgleich sind. Aus der Auswertung und dem Vergleich beider Einschätzungen ergeben sich Impulse für die nächste Phase der Qualitätsentwicklung.

Selbstevaluation als Ausgangspunkt interner Qualitätsentwicklung

Ausgangspunkt des in diesem Arbeitsbuch beschriebenen Verfahrens der internen Qualitätsentwicklung ist die Selbstevaluation der pädagogischen Arbeit. Dazu bewerten die Fachkräfte ihre aktuelle Arbeit mit Hilfe von Checklisten, die für jeden der zwanzig Qualitätsbereiche des Nationalen Kriterienkatalogs vorhanden sind. Jede Checkliste enthält handlungsnahe fachliche Prüfkriterien zum Inhalt des jeweiligen Qualitätsbereichs. Diese Selbsteinschätzungen sind der Ausgangspunkt intensiver fachlicher Diskussionen darüber, wie die pädagogische Qualität in den Tageseinrichtungen verbessert werden kann.

Selbstevaluation kann man als systematisches Nachdenken und Bewerten der eigenen beruflichen Praxis definieren (von Spiegel, 1994). Die Reflexion des eigenen Handelns findet im Alltag von Kindertageseinrichtungen täglich und bei verschiedensten Gelegenheiten statt: in Teambesprechungen, Personal- und Elterngesprächen, in kollegialen Beratungen oder durch die Dokumentation der Arbeit. Sie ist dann jedoch eher auf bestimmte Ereignisse – häufig auch Konflikte – bezogen. Im Unterschied zu diesen unsystematischen Reflexionen hat Selbstevaluation weitergehende Ansprüche: »Sie ist stärker regel- und kriteriengeleitet und sie stellt Fragen zum Zusammenhang von Prozess und Ziel. Die Selbstevaluation strukturiert Reflexion und Auswertung und gibt ihr somit eine Richtung« (von Spiegel, 1994).

Wie die Selbstevaluationen mit den Checklisten durchgeführt werden und wie das Einrichtungsteam mit den Ergebnissen weiter arbeitet, ist im Kapitel 2 detailliert beschrieben.

1.1.2 Bedingungen für den Erfolg von interner Qualitätsentwicklung

Selbstevaluation ist ein ressourcenorientiertes Konzept der Personal- und Teamentwicklung. Im Mittelpunkt stehen dabei die Kenntnisse und Kompetenzen der Fachkräfte, die das Vorgehen weitgehend selbst steuern. Selbstevaluation und interne Qualitätsentwicklung brauchen zum Gelingen bestimmte Rahmenbedingungen (vgl. Heiner, 1994).

Kollegiale Akzeptanz im Team

Möglicherweise ist nicht jede Mitarbeiterin von Anfang an vom »Sieben-Schritte-Verfahren der Qualitätsentwicklung« überzeugt oder stellt die interne Qualitätsentwicklung grundsätzlich in Frage. Solche Einwände, Fragen oder auch Widerstände sollten nicht unterdrückt, sondern gerade in der Anfangsphase der Qualitätsentwicklung besprochen werden. Bisherige Erfahrungen zeigen, dass die praktische Arbeit mit dem »Sieben-Schritte-Verfahren« zu einer breiten Akzeptanz im Team führt. Im dritten Kapitel des Arbeitsbuchs finden Sie Methoden zur Reflexion des Arbeitsprozesses.

Begleitende Beratung

Selbstevaluation und interne Qualitätsentwicklung fördern die intensive Auseinandersetzung über pädagogische Orientierungen, die eigenen Handlungsweisen und Kompetenzen sowie die der Kolleginnen im Team. Dieser Prozess kann manchmal zu schwierigen Situationen und Konflikten führen. Es ist günstig, wenn die Fachkräfte in diesem Fall Unterstützung und Beratung in Anspruch nehmen können.

Institutionalisierte Freiräume und zeitliche Entlastung

Interne Qualitätsentwicklung, wie sie in diesem Arbeitsbuch vorgestellt wird, lässt sich nicht »nebenbei« erledigen, sondern ist ein Vorhaben, das zeitliche, personelle und auch finanzielle Ressourcen erfordert. Im zweiten Kapitel des Arbeitsbuchs finden Sie Angaben zum Zeitbudget, das die Fachkräfte einer Einrichtung benötigen (→ Kap. 2.6.1). Träger und Leiterinnen, die einen Qualitätsentwicklungsprozess planen, sollten verbindlich vereinbaren, welche Ressourcen dafür zur Verfügung stehen.

Positive Rahmenbedingungen können vieles erleichtern – eine Grundvoraussetzung für den Erfolg muss das Team jedoch selbst mitbringen: das eigene Interesse an fachlicher Weiterentwicklung, auch wenn damit eventuell etablierte Gewohnheiten und Einstellungen in Frage gestellt werden müssen.

1.2 Der Nationale Kriterienkatalog als Bezugspunkt interner Qualitätsentwicklung

Der Nationale Kriterienkatalog (Tietze, Viernickel 2003) ist der fachliche Bezugspunkt für die Qualitätsfeststellung, -entwicklung und -sicherung in der Tageseinrichtung.

Der Nationale Kriterienkatalog

- beschreibt das gesamte Spektrum der pädagogischen Arbeit in Tageseinrichtungen für Kinder im Alter von null bis sechs Jahren in verhaltensnahen und überprüfbaren Einzelkriterien;
- ist länder-, träger- und konzeptionsübergreifend in allen Einrichtungen einsetzbar;
- benennt die erforderlichen professionellen Kompetenzen der pädagogischen Fachkräfte für die Betreuung, Bildung und Erziehung von Kindern;
- zeigt die räumlich-materialen Bedingungen für eine optimale pädagogische Arbeit mit Kindern von null bis sechs Jahren auf.

Bevor Sie beginnen, mit diesem Arbeitsbuch zu arbeiten, empfehlen wir Ihnen deshalb, sich gründlich mit dem Nationalen Kriterienkatalog (NKK) auseinander zu setzen. Im Anschluss finden Sie einen Vorschlag, wie Sie dabei vorgehen können. Lesen Sie bitte zunächst die Einleitung des Kriterienkatalogs (NKK, S. 7–43); die folgende Übersicht benennt stichwortartig die wichtigsten Aspekte.

1.2.1 Die Wesensmerkmale des Kriterienkatalogs

Qualitätsverständnis des Kriterienkatalogs

Der Kriterienkatalog stellt die Interessen und Bedürfnisse der Kinder und ihrer Familien in den Vordergrund, d. h. er beschreibt eine »Fachpraxis, die das körperliche, emotionale, soziale und intellektuelle Wohlbefinden der Kinder sichert, die Entwicklung der Kinder anregt und fördert und geeignet ist, Familien in ihrer Betreuungs- und Erziehungsaufgabe im Rahmen einer Erziehungspartnerschaft zu unterstützen« (NKK, S. 11). Der Katalog geht von bestimmten entwicklungspsychologischen Grundannahmen aus und begreift das Kind als aktiven und selbständigen Lerner (NKK, S. 23–28).

Der Schwerpunkt liegt auf der Prozessqualität

Die Kriterien des Katalogs spiegeln die drei Aspekte von Qualität – Strukturqualität, Orientierungsqualität und Prozessqualität – in unterschiedlicher Gewichtung wieder. Der Schwerpunkt liegt auf der Beschreibung der Prozessqualität. Diese bezieht sich auf »das Gesamt an Interaktionen und Erfahrungen, die ein Kind in der Kindergartengruppe mit seiner sozialen und räumlich-materialen Umwelt macht« (Tietze u. a., 1998, S. 22). Bei pädagogischen Fachkräften, die in einer Einrichtung unter gleichen Rahmenbedingungen bzw. mit gleicher Strukturqualität (z. B. Erzieherinnen-Kind-Schlüssel, Raumangebot, Vorbereitungszeiten für die Fachkräfte) arbeiten, kann die Qualität der pädagogischen Prozesse dennoch sehr unterschiedlich ausfallen. Demnach hat jede Fachkraft trotz ähnlicher Strukturbedingungen einen großen Spielraum bei der Ausgestaltung der pädagogischen Prozesse in ihrer Kindergruppe. Das bedeutet konkret: »Die Umsetzung dieser Qualitätskriterien liegt überwiegend im Handlungsbereich und der Verantwortung der einzelnen Einrichtung, also der Leiterin und der in den Gruppen tätigen pädagogischen Fachkräfte« (NKK, S. 12).

Qualitätsansatz »beste Fachpraxis«

Die fachliche und inhaltliche Beschreibung von pädagogischer Qualität steht im Mittelpunkt des Kriterienkatalogs. Gleichzeitig werden Aspekte des Sozialmanagements von Tageseinrichtungen wie beispielsweise Leitung und Dokumentation der pädagogischen Arbeit aufgegriffen (NKK, S. 13).

Der Katalog beschreibt nach dem heutigen Forschungsstand zur Früherziehung »beste Fachpraxis« der pädagogischen Arbeit in Tageseinrichtungen für Kinder im Alter von null bis sechs Jahren. Die Qualitätskriterien haben die Funktion von idealtypischen Orientierungen, Bedingungen und Handlungsweisen. Es ist eher unrealistisch, dass eine Einrichtung alle Anforderungen des Katalogs umfassend erfüllen kann. Vielmehr ist es das Ziel, in den Teams eine intensive Diskussion um pädagogische Inhalte, Einstellungen und Haltungen und gemeinsame Zielvereinbarungen in Gang zu bringen, um sich nach und nach den Kriterien »bester Fachpraxis« anzunähern.

1.2.2 Aufbau und Systematik des Kriterienkatalogs

Der Kriterienkatalog ist nach einem klaren Ordnungsprinzip aufgebaut. In zwanzig Qualitätsbereichen werden die zentralen Aspekte des gesamten Spektrums pädagogischer Arbeit dargestellt. Jeder Qualitätsbereich ist wiederum nach sechs Leitgesichtspunkten geordnet (NKK, S. 29–36).

Außerdem finden Sie im Kriterienkatalog immer wiederkehrende zentrale Begriffe (z. B. ausreichende Anzahl, frei zugänglich, Kleinstkinder, Gruppe, die meiste Zeit des Tages, Projekte), die in pädagogischen Fachdiskussionen ganz selbstverständlich verwendet werden. Am Ende des Katalogs werden diese Begriffe in einem Glossar erläutert und konkretisiert (NKK, S. 275–277). Es ist sinnvoll, von Beginn an mit diesen Definitionen zu arbeiten, damit das gesamte Team vom gleichen Sinnzusammenhang ausgeht, wenn die Checklisten bearbeitet und Qualitätsziele entwickelt werden.

Die Qualitätsbereiche

In zwanzig Qualitätsbereichen sind das gesamte Feld des pädagogischen Handelns, die räumlich-materialen Bedingungen und unterstützenden Prozesse wie die Zusammenarbeit mit Familien und die Leitungstätigkeit beschrieben. In der Wirklichkeit stehen die Inhalte der Qualitätsbereiche jedoch nicht isoliert nebeneinander, sondern ergänzen sich und sind vielfältig aufeinander bezogen.

Die verschiedenen Qualitätsbereiche des Kriterienkatalogs sind in Abbildung 1 dargestellt.

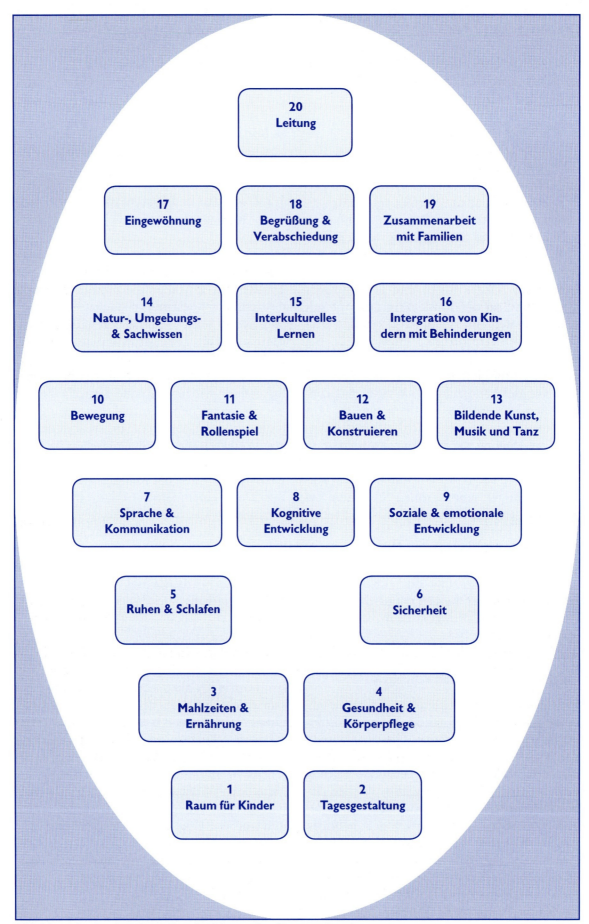

Abbildung 1: Qualitätsbereiche des Nationalen Kriterienkatalogs

Die Leitgesichtspunkte

Die sechs Leitgesichtspunkte bilden das grundlegende Ordnungssystem, nach dem jeder einzelne Qualitätsbereich aufgebaut ist.

1. Räumliche Bedingungen
   - Innenbereich
   - Außenbereich

2. Erzieherin-Kind-Interaktion
   - Beobachtung
   - Dialog- und Beteiligungsbereitschaft
   - Impuls

3. Planung
   - Grundlagen/Orientierung
   - Pädagogische Inhalte und Prozesse
   - Dokumentation

4. Vielfalt und Nutzung von Material

5. Individualisierung
   - Berücksichtigung individueller Bedürfnisse und Interessen
   - Individueller Umgang mit Material und Angeboten

6. Partizipation
   - Einbeziehung der Kinder in Entscheidungsprozesse
   - Einbeziehung der Kinder in Gestaltungsprozesse
   - Balance zwischen Individuum und Gruppe

Gleichzeitig repräsentieren die Leitgesichtspunkte die grundlegenden Anforderungen an eine pädagogische Fachkraft. Für die Weiterentwicklung pädagogischer Qualität ist es entscheidend, inwieweit die Fachkräfte ein professionelles Verständnis dieser Leitgesichtspunkte gewinnen und ihre Arbeit daran orientieren.

1.3 Das »Sieben-Schritte-Verfahren« und die Arbeitsinstrumente interner Qualitätsentwicklung

Für den Qualitätsentwicklungsprozess in der Tageseinrichtung wurde das »Sieben-Schritte-Verfahren« konzipiert. Es beschreibt in sieben aufeinanderfolgenden Arbeitsschritten den Weg zu einer verbesserten Qualität der pädagogischen Arbeit.

Die »Sieben Schritte« sind im Kreis angeordnet, um sichtbar zu machen, dass Qualitätsentwicklung ein Prozess ist, der nie abgeschlossen ist. Jedes realisierte Ziel kann Ausgangspunkt (IST) für ein neues Qualitätsziel werden. Mit dem »Sieben-Schritte-Verfahren« lassen sich alle Qualitätsbereiche des Kriterienkatalogs bearbeiten. Die Vorgehensweise der internen Qualitätsfeststellung und -entwicklung bleibt dabei immer gleich – die pädagogischen Inhalte wechseln. Im Anhang dieses Arbeitsbuchs finden Sie die Instrumente, die das Team für die Qualitätsfeststellung und -entwicklung braucht:

- Für jeden der zwanzig Qualitätsbereiche gibt es eine Checkliste zur Selbstevaluation der pädagogischen Qualität (1. Qualitätsschritt: Situationsanalyse). Diese Checkliste wird von jeder Fachkraft ausgefüllt, um den IST-Stand der pädagogischen Arbeit in ihrer Gruppe bzw. ihrem Arbeitsbereich einzuschätzen. Integriert in dieses Formblatt ist ein »Qualitätsprofil« der Einrichtung (2. Qualitätsschritt), das sich aus den Ergebnissen der Checklisten der verschiedenen Erzieherinnen ergibt. Aus ihm gehen die Stärken und verbesserungswürdigen Aspekte der pädagogischen Arbeit hervor.
- Der Anhang enthält außerdem weitere Planungs- und Dokumentationsunterlagen für den 3. bis 7. Qualitätsschritt.

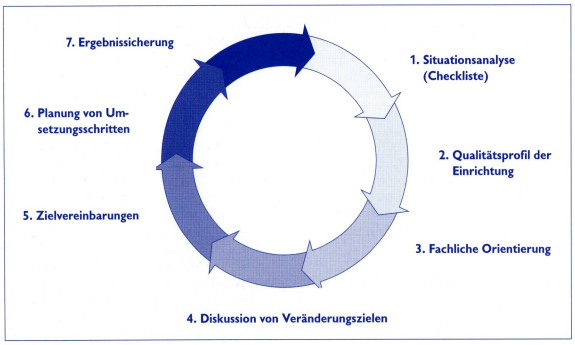

Abbildung 2: Das Sieben-Schritte-Verfahren

1.4 Die Aufgaben der Leiterin

»Die Leiterin sieht Qualitätssicherung und Qualitätsentwicklung als eine wesentliche Aufgabe in der Einrichtung und fördert sie systematisch«, lautet ein Qualitätsmerkmal des Nationalen Kriterienkatalogs (NKK, S. 273). Dieser Auftrag ist nicht neu: In der Regel ist die Verantwortung der Leitung für die pädagogische Weiterentwicklung in der Stellenbeschreibung fixiert. Die meisten Leitungskräfte verstehen sich als »Motor« der fachlichen Arbeit in der Einrichtung. Mit dem Kriterienkatalog und diesem Arbeitsbuch stehen den Einrichtungen nun Arbeitsinstrumente zur Verfügung, um diese Aufgabe systematisch, zielorientiert und durch Dokumentation nachprüfbar zu gestalten.

Pädagogische Qualitätsentwicklung hat einen fachlichen Aspekt und einen Management-Aspekt. Auf fachlicher Ebene geht es darum, die Arbeit an anerkannten, wissenschaftlich begründeten Qualitätskriterien zu orientieren. Deshalb ist es wichtig, dass der Kriterienkatalog in der Tageseinrichtung vorhanden ist und von den Fachkräften in ihrer täglichen Arbeit genutzt werden kann.

Der Management-Aspekt bezieht sich auf die systematische und ergebnisorientierte Steuerung der pädagogischen Qualitätsentwicklung. Daher reicht es nicht aus, den Kriterienkatalog zu kennen. Vielmehr kommt es darauf an, in einem Teamprozess festzustellen, wo die pädagogische Arbeit verbesserungswürdig ist und dafür nachprüfbare Ziele zu formulieren und umzusetzen.

Die Leiterin bzw. die von ihr beauftragten Fachkräfte nehmen in einem Qualitätsentwicklungsprozess folgende Steuerungsaufgaben wahr:
- Informieren
- Motivieren
- Moderieren
- Ziele vereinbaren
- Planen
- Delegieren
- Koordinieren
- Dokumentieren
- Auswerten und kontrollieren

Im zweiten Kapitel »Leitfaden für die interne Qualitätsentwicklung« erfahren Sie jeweils ausführlich, welche Steuerungsaufgaben zu jedem der sieben Qualitätsschritte gehören und wie Sie diese praktisch umsetzen können.

Unterstützung der Leitungskraft

Bin ich als Leitungskraft für die Aufgaben der Qualitätsentwicklung und -sicherung ausreichend qualifiziert? Diese Frage kann nicht einheitlich beantwortet werden, weil die Arbeitsbedingungen und das Qualifikationsniveau von Leitungskräften in Deutschland sehr unterschiedlich sind. Hier wird davon ausgegangen, dass Leiterinnen die grundlegenden Kompetenzen für die Steuerung der Qualitätsentwicklung mitbringen.

Qualitätsentwicklung = Mehrarbeit?

Ist die Aufgabe Qualitätssicherung und -entwicklung mit Mehrarbeit für die Leiterin und das Team verbunden? Auf jeden Fall kostet es Zeit, sich mit dem Kriterienkatalog und diesem Arbeitsbuch vertraut zu machen. Nachdem das Team das »Sieben-Schritte-Verfahren der Qualitätsentwicklung« einige Male praktiziert hat, entwickelt sich jedoch eine gewisse Routine. Mit der Zeit werden die Abläufe und Aufgaben den Mitarbeiterinnen vertraut und verteilen sich auf viele Schultern. Ziel ist es, dass Qualitätsentwicklung und -sicherung nicht mehr als zusätzliche Aufgaben empfunden werden, sondern zu einer insgesamt zielgerichteteren und effizienteren Arbeitsweise des Teams führen.

Leitung und/oder Qualitätsbeauftragte?

In diesem Arbeitsbuch wird in der Regel die Leiterin einer Einrichtung als Verantwortliche für die Qualitätsentwicklung angesprochen. Bedeutet das, dass sie allein für alle Steuerungsaufgaben zuständig ist? Wie verträgt sich das mit dem Teamgedanken und was heißt das für Einrichtungen, in denen es ein Leitungsteam gibt oder in denen die Leitung keine herausgehobene Rolle hat?

Wie eine Einrichtung ihren Qualitätsentwicklungsprozess steuert, kann sehr verschieden sein. In einer Eltern-Initiative sieht das sicherlich völlig anders aus als in einer großen städtischen Einrichtung mit einem Team aus fünfundzwanzig oder mehr Mitarbeiterinnen. Für diese unterschiedlichen Bedingungen kann es keine Standardvorgaben geben. Wichtig ist jedoch, dass jeder Qualitätsentwicklungsprozess ergebnisorientiert ist und mit klaren Verantwortlichkeiten gesteuert wird. Leiten heißt nicht, alles selbst zu machen. Im Gegenteil: Ein wichtiges Ziel der Personal- und Teamentwicklung ist es, die Kompetenzen der einzelnen Mitarbeiterinnen zu stärken und Aufgaben so zu delegieren, dass sich alle weiterentwickeln und Verantwortung übernehmen. Diesem Verständnis entsprechend können alle in diesem Arbeitsbuch genannten Tätigkeiten innerhalb des Teams verteilt werden. Wenn also »die Leiterin« angesprochen wird, ist damit nicht notwendigerweise eine einzige Person gemeint. Selbstverständlich kann ein Leitungsgremium sich die Aufgaben entsprechend aufteilen.

Die Steuerungsaufgaben der Qualitätsentwicklung und -sicherung können auch von einer Qualitätsbeauftragten innerhalb des Teams wahrgenommen werden. Übernimmt eine Fachkraft dauerhaft eine solche Aufgabe, muss sie zeitlich entlastet werden. Wichtig ist, dass sie einen klaren Auftrag hat und eng mit der Leiterin kooperiert, damit es zu keinem Kompetenzgerangel zwischen den beiden kommt. Darüber hinaus muss der Informationsfluss hinsichtlich der Qualitätsentwicklung zwischen der Einrichtung und den übergeordneten Stellen beim Träger geregelt werden. Wenn es beim Träger einen Qualitätsbeauftragten gibt und ein Qualitätsentwicklungsprojekt gleichzeitig in mehreren Einrichtungen des Trägers durchgeführt wird, sollte er die Koordination und den regelmäßigen Austausch sicherstellen.

Leitfaden für die interne Qualitätsentwicklung

2

Im zweiten Teil dieses Arbeitsbuchs geht es darum, wie die Tageseinrichtung ihre Qualitätsentwicklung langfristig plant, organisiert und dokumentiert. Sie soll kein beliebiges oder zeitweiliges Projekt sein, sondern eine dauerhafte Aufgabe, für die die Fachkräfte die Unterstützung des Trägers brauchen. Einen idealtypischen Ablauf für ein Qualitätsentwicklungsprojekt finden Sie unter Kapitel 2.1. Im Anschluss daran wird vorgestellt, wie sich das Team in einer einführenden Besprechung mit dem Kriterienkatalog und dem »Sieben-Schritte-Verfahren« vertraut machen kann. Darauf folgt eine Übersicht, wie ein ausgewählter Qualitätsbereich in insgesamt fünf Teamsitzungen mit dazwischenliegenden Aufgaben bearbeitet werden kann.

Das anschließende Kapitel 2.4 »Die sieben Schritte der Qualitätsentwicklung« ist die Grundlage für die detaillierte inhaltliche Vorbereitung auf die einzelnen Teambesprechungen. Die Leiterin der Tageseinrichtung oder – falls diese Aufgabe von einer anderen Fachkraft wahrgenommen wird – die Moderatorin der jeweiligen Sitzung erfährt hier, welche Ziele bei jedem Qualitätsschritt erreicht werden sollen, wie dabei im Detail vorgegangen und welches Material benötigt wird. Lesen Sie bitte zur Vorbereitung auf eine Teambesprechung den Abschnitt zum jeweiligen Qualitätsschritt gründlich durch. Wir empfehlen Ihnen, das methodische Vorgehen einzuhalten, bis das Team eine gewisse Routine und Sicherheit erlangt hat.

In diesem Kapitel können Sie außerdem anhand des Praxisbeispiels »Kindertagesstätte Weidenweg« verfolgen, wie eine Kindertagesstätte einen Qualitätsentwicklungsprozess zum Qualitätsbereich »Bewegung« durchführt. Dieses Beispiel ist zwar nicht übertragbar, da Tageseinrichtungen unter sehr unterschiedlichen Praxisbedingungen arbeiten. Doch auch wenn Sie sich nicht in allen geschilderten Aspekten wiederfinden können, veranschaulicht es einige »Knackpunkte« eines Qualitätsentwicklungsprozesses.

Im Anschluss daran finden Sie Ablaufplanungen für insgesamt fünf Teambesprechungen zur Qualitätsentwicklung, die Sie als Planungsgrundlage nutzen können, außerdem Hinweise zur Organisation und Zeitplanung. Da Qualitätsentwicklung dokumentiert werden muss, um Transparenz nach innen und außen herzustellen und die Ergebnisse zu sichern, werden in Kapitel 2.7 Empfehlungen für den Aufbau Ihrer Dokumentation vorgestellt.

2.1 Ablauf eines Projekts zur internen Qualitätsentwicklung

Die Einführung in die Arbeit mit dem Kriterienkatalog und diesem Arbeitsbuch sollte vom Träger und seiner Einrichtung als langfristiges Projekt angelegt werden. Je nach Größe des Trägers, den zur Verfügung stehenden zeitlichen, finanziellen und personellen Ressourcen und dem Umfang der externen Begleitung kann dies ganz unterschiedlich aussehen.

Der Träger einer Tageseinrichtung ist für die »Qualitätspolitik« verantwortlich. Durch ein trägerspezifisches Leitbild, eine Rahmenkonzeption oder andere Leitlinien legt er den Rahmen fest, in dem die Fachkräfte Qualitätsziele entwickeln und umsetzen. Er entscheidet auch über die zeitlichen, personellen und finanziellen Ressourcen, die den Mitarbeiterinnen zur Verfügung stehen. Dies kann sowohl auf der Ebene einer einzelnen Einrichtung wie auch – bei größeren Trägern – einrichtungsübergreifend geschehen. Es ist sinnvoll, innerhalb der Trägerorganisation wie in den Einrichtungen klare Zuständigkeiten und Abläufe für die Qualitätsentwicklung festzulegen.

Die folgende Übersicht enthält die wichtigen Planungsschritte eines Qualitätsentwicklungsprojekts:

Vorbereitungsphase

1. Projektauftrag
   - Bestimmung der Ziele, Dauer und Ressourcen des Projekts durch den Träger

2. Projektorganisation
   - Steuerungsgruppe einsetzen
   - Verbindliches Zeit- und Organisationskonzept erstellen
   - Rollen und Verantwortungsbereiche festlegen

3. Qualitätspolitik des Trägers
   - Inhaltlichen Rahmen definieren, in dem die Qualitätsentwicklung der Einrichtung(en) stattfinden soll (Leitbild, Rahmenkonzeption, Bezug zu Bildungsvereinbarungen usw.)

   Ergebnis: Vereinbarung zwischen Träger und Einrichtung(en) über Ziele und Ablauf des Qualitätsentwicklungsprojekts

Durchführungsphase

1. Auftaktveranstaltung
   - Gesamtüberblick für alle beteiligten Mitarbeiterinnen

2. Qualitätsfeststellung und -entwicklung in den beteiligten Einrichtungen
   - Erarbeitung und Umsetzung von Qualitätszielen auf Grundlage des Kriterienkatalogs

3. Verbindliche Vereinbarung von Qualitätszielen in den Einrichtungen

4. Qualitätsentwicklungs-Dokumentation in jeder beteiligten Einrichtung

Auswertungsphase

1. Ergebnissicherung auf Einrichtungsebene
   - Übernahme in die Konzeption und Arbeitsabläufe, Auswertung des Verlaufs und der Ergebnisse

2. Ergebnissicherung auf Trägerebene
   - Abschlussveranstaltung
   - Evaluation
   - Dokumentation

Vereinbarungen zwischen Träger und Einrichtung

Ein wichtiges Ergebnis der Vorbereitungsphase eines Qualitätsentwicklungsprojekts sind Vereinbarungen zwischen Träger und Einrichtung(en) zu den Zielen, der Dauer, dem genauen Ablauf sowie dem Personal- und Ressourceneinsatz der Qualitätsentwicklung. Aus Gründen der Verbindlichkeit und Transparenz bietet es sich an, eine schriftliche Vereinbarung über die folgenden Fragen zu treffen:
- Wer ist am Qualitätsentwicklungsprojekt beteiligt (Namen der Einrichtungen, Namen und Funktionsbezeichnungen innerhalb der Trägerorganisation)?
- Welche Ziele sollen erreicht werden?
- Wie ist der Umfang und der zeitliche Ablauf?
- Wer steuert das Programm?
- Welche Ressourcen stehen beim Träger und in den Einrichtungen zur Verfügung (Personal, Zeit, Material, Finanzen, sonstige Mittel)?
- Wie wird die Informations- und Berichtspflicht zwischen Träger und Einrichtung geregelt?
- Wie und von wem werden der Verlauf und die Ergebnisse dokumentiert?
- Wie werden die Beteiligten den Erfolg überprüfen?

Damit sollte eine breite Information aller betroffenen Mitarbeiterinnen einhergehen. Alle müssen die Ziele, den Ablauf und die an sie gestellten Erwartungen hinsichtlich des Qualitätsentwicklungsprozesses kennen. Es sollte Zeit eingeplant werden, um offene Fragen zu klären, bevor die Einrichtungen ihre Arbeit mit dem Kriterienkatalog und dem Arbeitsbuch beginnen.

In der Einrichtung wie beim Träger sollten während der Laufzeit eines Qualitätsentwicklungsprojekts inhaltliche Prioritäten gesetzt werden, damit sich niemand »verzettelt«.

2.2 Die erste Teamsitzung: Einführung in die Qualitätsentwicklung

Nachdem die Rahmenbedingungen und Ziele der Qualitätsentwicklung mit dem Träger vereinbart worden sind, kann die fachlich-inhaltliche Arbeit in der Tageseinrichtung beginnen. Der Start muss sorgfältig geplant werden, damit alle Fachkräfte wissen, was von ihnen erwartet wird und wie die Arbeitsweise während des Qualitätsentwicklungsprozesses aussieht.

2.2.1 Gedanken zum Start

Wenn sich Menschen mit etwas Neuem auseinandersetzen, stellen sich zwei typische Reaktionen ein, die für Lernprozesse kennzeichnend sind: Neugier und Interesse auf der einen Seite sowie Unsicherheit und Angst vor Veränderungen auf der anderen. Nehmen Sie sich deshalb zu Beginn der Qualitätsentwicklung Zeit. Setzen Sie sich mit Fragen, Einwänden und Bedenken der Mitarbeiterinnen auseinander. Diese Zeitinvestition »lohnt« sich und wirkt sich positiv auf die Motivation aus. Auch später kann es immer wieder »Motivationslöcher« geben. Solange das Interesse überwiegt, geht es weiter. Sind jedoch die Bedenken größer, kommt es zu Verweigerung und der Prozess stockt.

Bedenken Sie deshalb bei der Planung und Organisation der Qualitätsentwicklungsarbeit, dass Unsicherheit insbesondere durch folgende Faktoren entstehen kann:
- Fehlende Transparenz
- Unklare Aufträge und Ziele
- Zu viele neue Informationen
- Zu hohe Anforderungen
- Zeitdruck

Worauf es beim Start in die Qualitätsentwicklung ankommt:
- Terminieren Sie den Beginn so, dass möglichst alle Mitarbeiterinnen dabei sein können.
- Geben Sie klare Informationen zu den Zielen und der Arbeitsweise.
- Planen Sie Zeit ein für Fragen.
- Setzen Sie sich mit Einwänden und Bedenken ernsthaft auseinander.

2.2.2 Ablaufplanung für die einführende Teambesprechung

Vorüberlegungen

Inhalte der ersten Teambesprechung:
- Team-Gespräch über den Kriterienkatalog
- Überblick über das Sieben-Schritte-Verfahren der internen Qualitätsentwicklung
- Vereinbarungen zur Teamarbeit

Vorbereitung der Leiterin/Moderatorin

- Verschaffen Sie sich einen Überblick über den Aufbau und die Systematik des Kriterienkatalogs. Lesen Sie die Einleitung und machen Sie sich mit einem ausgewählten Qualitätsbereich intensiv vertraut.
- Machen Sie sich mit diesem Arbeitsbuch vertraut, insbesondere mit dem 1. Teil (Grundlagen).

Individuelle Vorbereitung der Fachkräfte

- Sorgen Sie dafür, dass jede Mitarbeiterin vor dieser Sitzung ausreichend Gelegenheit hat, sich einen ersten Eindruck vom Kriterienkatalog zu verschaffen.
- Wählen Sie einen Qualitätsbereich aus, den alle einmal vollständig gelesen haben sollten (z. B. Qualitätsbereich »Raum für Kinder«).
- Jede Mitarbeiterin sollte außerdem die Seiten 14 und 15 der Einleitung des Kriterienkatalogs gelesen haben (eventuell kopieren).

Zeitrahmen und Material

- Ca. 1 Stunde 30 Minuten
- Nationaler Kriterienkatalog »Pädagogische Qualität in Tageseinrichtungen für Kinder«
- Schema »Sieben-Schritte-Verfahren« als Schaubild oder Kopie aus diesem Arbeitsbuch (→ Kap. 1.3).
- Moderationsmaterial
- Moderationswand, Moderationskarten in drei Farben, Stifte, Pinnwandnadeln, Flipchart

Moderationskonzept für die Teambesprechung

1. Schreiben Sie die drei Schwerpunkte der heutigen Besprechung für alle sichtbar auf:
   - Austausch: erste Eindrücke zum Kriterienkatalog
   - Überblick über das »Sieben-Schritte-Verfahren« der internen Qualitätsfeststellung und -entwicklung
   - Vereinbarungen zur Organisation der Teamarbeit

2. Sammeln Sie in strukturierter Form erste Eindrücke zum Kriterienkatalog:
   - Notieren Sie dazu als Überschrift auf der Moderationswand: »Meine ersten Eindrücke zum Kriterienkatalog«.
   - Verteilen Sie Moderationskarten in drei Farben, auf denen die Mitarbeiterinnen Meinungen zu folgenden Aspekten notieren:
     - »Das motiviert mich ...« (1. Farbe)
     - »Dazu habe ich Fragen/Das verstehe ich nicht ...« (2. Farbe)
     - »Das finde ich auf den ersten Blick nicht so gut ...« (3. Farbe)
   - Jede Mitarbeiterin liest ihre Karten vor und heftet sie an die Moderationswand.

Weiterarbeit mit den Ergebnissen der Moderationswand

1. Zusammenfassen: Sie haben nun einen Eindruck, wie positiv oder auch skeptisch die Mitarbeiterinnen dem Kriterienkatalog gegenüberstehen. Fassen Sie den Gesamteindruck der Moderationswand zum Beispiel folgendermaßen noch einmal zusammen:
   - »Die motivierenden Aspekte überwiegen zahlenmäßig ...«
   - Die motivierenden/die eher negativen Aspekte beziehen sich hauptsächlich auf drei Punkte: ...«
   Nehmen Sie dabei keine Wertung vor!
2. Wenden Sie sich nun den Aussagen zu, die Skepsis, Bedenken usw. benennen. Wenn die Verfasserin der Karte ihre Aussage noch einmal begründet, wird dabei oft ein Informationsbedarf deutlich. Dies sollte dann auf neue Frage-Karten geschrieben und der Spalte »Dazu habe ich Fragen« hinzugefügt werden. Manche dieser Karten drücken aber auch ein emotionales Unbehagen aus, wie z. B.: »Die Ansprüche sind viel zu hoch«, »Da wird ja eine Ideal-Kita beschrieben« usw.

   Für die Arbeitsatmosphäre im Team ist es wichtig, solche Bedenken nicht abzuwerten oder den Mitarbeiterinnen ihre Meinung auszureden (»Das siehst du zu negativ«). Sichern Sie diesen Kolleginnen vielmehr zu, dass »ihr Thema« an geeigneter Stelle aufgegriffen wird (z. B. »Ich schlage vor, dass wir diese Frage noch einmal aufgreifen, nachdem wir uns mit zwei Qualitätsbereichen intensiv beschäftigt haben«). Notieren Sie solche Entscheidungen auf der entsprechenden Karte, wenn das Team dem zustimmt.
3. Wenden Sie sich nun der Spalte mit den Fragen zu. Ordnen Sie die Karten gegebenenfalls nach Frage-Komplexen. Für die einzelne Mitarbeiterin ist wichtig, dass ihre Frage beachtet wird und wann sie von wem beantwortet wird:
   - Markieren Sie die Fragen, die mit Außenstehenden geklärt werden müssen (wie z. B. dem Träger oder einer externen Evaluatorin).
   - Benennen Sie, auf welche Fragen Sie im weiteren Verlauf der Teambesprechung noch eingehen werden.
   - Benennen Sie die Fragen, die erst zu einem späteren Zeitpunkt beantwortet bzw. noch einmal aufgegriffen werden.
4. Input: »Der Nationale Kriterienkatalog als fachliche Orientierung für unsere Einrichtung«
   - Leiten Sie Ihren Input in etwa so ein: »Als nächstes sollten wir besprechen, in welcher Weise wir mit dem Katalog arbeiten. Dazu stelle ich euch das ›Sieben-Schritte-Verfahren der Qualitätsentwicklung‹ vor.«
   - Entwickeln Sie dann am Flipchart in der Reihenfolge 1–2–3 folgendes Schaubild:
     (1) Qualitäts-Kriterienkatalog: »beste Fachpraxis«
     (2) Unser IST-Stand
     (3) Festlegung und Umsetzung unserer Qualitäts-Ziele als Annäherung an den Katalog

Zu (1): Schreiben Sie in das obere Drittel des Flipchart-Bogens »Nationaler Kriterienkatalog – beste Fachpraxis« und erklären Sie dazu: »Der Katalog beschreibt ›beste Fachpraxis‹. Die Autoren haben dazu international und national wichtige Werke ausgewertet und Fachkräfte befragt, so dass ein breiter Konsens der Fachwelt wiedergespiegelt wird. Weil der Katalog idealtypische Bedingungen und Verhaltensweisen beschreibt, wird es keine Einrichtung geben, die alle Kriterien voll und ganz erfüllt. Andererseits sind die Kriterien aber auch keine unerreichbare Utopie. Qualitätsentwicklung bedeutet, dass wir unsere Einrichtungs-Qualität schrittweise dem Katalog annähern.«

Zu (2): Schreiben Sie nun an den unteren Rand des Bogens »Unser IST-Stand« und geben dazu folgende Erläuterung: »Dazu müssen wir zunächst bestimmen, wo wir jetzt fachlich stehen. Das ist unser IST-Stand, von dem aus wir die Qualitätsentwicklung starten.«

Zu (3): Zeichnen Sie jetzt einen Pfeil von der Zeile »IST-Stand« in die Mitte des Bogens und schreiben dorthin: Festlegung von Qualitätszielen. Erklären Sie dazu: »Nachdem wir eine Situationsanalyse vorgenommen haben, legen wir gemeinsam Qualitätsziele fest, die wir umsetzen. Dabei berücksichtigen wir unsere Bedingungen und unsere Fähigkeiten. Wir schreiben also nicht einfach aus dem Kriterienkatalog ab, sondern entwickeln unsere einrichtungsspezifischen Ziele. Diese Intention ist auch auf den Seiten 14–15 der Einleitung des Kriterienkatalogs beschrieben, die ihr gelesen habt. Wo gibt es Diskussionsbedarf zu diesem Vorgehen und was ist eure Meinung dazu?«

5. Input: Das »Sieben-Schritte-Verfahren der Qualitätsentwicklung«
   - Stellen Sie als nächstes das »Sieben-Schritte-Verfahren der Qualitätsentwicklung« vor.
   - Zeichnen Sie dazu die Grafik mit dem Kreislauf des »Sieben-Schritte-Verfahrens« auf einen Flipchart-Bogen.

6. Arbeitsaufträge für die nächste Teamsitzung:
   Vereinbaren Sie den Zeitpunkt der nächsten Teambesprechung und verteilen Sie dazu folgende drei Arbeitsaufträge:
   - Jede Fachkraft arbeitet den Qualitätsbereich durch, der auf den folgenden Sitzungen ausführlich behandelt werden soll.
   - Untergruppen oder – in kleineren Einrichtungen – einzelne Fachkräfte beschäftigen sich mit je einem der sechs Leitgesichtspunkte dieses Qualitätsbereichs intensiver. Dazu wird der entsprechende Abschnitt aus der Einleitung des Kriterienkatalogs (NKK, S. 32–34) hinzugezogen.
   - Jede Untergruppe hat die Aufgabe, den Leitgesichtspunkt sowie die darin verwendeten Begriffe aus dem Glossar (NKK, S. 275–277) auf der folgenden Teambesprechung vorzustellen.
   - Zusätzlicher Arbeitsauftrag für Einrichtungen, in denen Kinder unter drei Jahren betreut werden: Jede Kollegin liest den die Kinder unter drei Jahren betreffenden Abschnitt in der Einleitung des Kriterienkatalogs (S. 35).

7. Arbeitshaltung und Vereinbarungen für die Teamarbeit
   Sprechen Sie im Team über die Einstellung und Arbeitshaltung zur Qualitätsentwicklung. Im Folgenden finden Sie dazu drei Methodenbausteine:
   - Team-Test: Dieser Test ist eine spielerisch-humorvolle Annäherung an das Thema »Einstellung zur Qualitätsentwicklung«.
   - Grundlagen für den Qualitätsentwicklungsprozess: Dieser Text eignet sich als Ausgangspunkt für eine Diskussion über grundlegende Arbeitshaltungen in der Qualitätsentwicklung.
   - Vereinbarungen für die Teamarbeit: Besprechen Sie mit Hilfe dieses Methodenbausteins, was im Team vereinbart werden soll, um eine produktive Arbeitsatmosphäre zu unterstützen (z. B. durch Vereinbarungen zur Vertraulichkeit).

2.2.3 Methodenbausteine

Methodenbaustein I: Der Team-Test

Bevor es mit der Qualitätsentwicklung richtig losgeht, können Sie mit Hilfe dieses Tests im Team auf spielerische Weise einschätzen, von wo aus Sie starten. In wenigen Minuten werden Sie wissen, ob Sie einen steinigen Weg vor sich haben oder zügig zum Ziel kommen können. Lesen Sie sich dazu im Team die folgenden Team-Charakterisierungen durch und entscheiden Sie, welche auf Ihr Team am ehesten zutrifft. Viel Spaß!

Team-Typ A

In Ihrer Einrichtung gibt es große Unterschiede zwischen den einzelnen Gruppen und Erzieherinnen. Die meisten sind der Meinung, dass gemeinsame Festlegungen die eigene Gestaltungsfreiheit behindern. Einige Kolleginnen halten nicht viel voneinander. Diese Unterschiede werden aber nicht besprochen – wozu auch? Diskussionen finden hauptsächlich dann statt, wenn sich einzelne bei ihren Vorhaben in die Quere kommen. Ansonsten geht man sich bei unterschiedlichen pädagogischen Vorstellungen eher aus dem Weg und sucht sich Gleichgesinnte im Team.

Team-Typ B

Sie wissen voneinander, was Sie tun und wie und warum Sie es tun. Doch damit haben Sie sich nicht zufriedengegeben. Sie haben wichtige Ziele und Vorgehensweisen Ihrer pädagogischen Arbeit gemeinsam festgelegt. Dafür nehmen Sie sich regelmäßig Zeit. Ihnen ist es wichtig, dass Kinder und Eltern Sie als Team mit gemeinsamen Grundorientierungen erleben. Diese Konsensfindung ist nicht immer einfach und konfliktfrei. Jedes Teammitglied ist aber bereit, zugunsten der Gemeinsamkeit in einzelnen Fragen auch zurückzustecken. Innerhalb dieses Rahmens hat jedes Teammitglied persönliche Gestaltungsfreiheit. Ihr Motto ist: Wir leben Einigkeit und Vielfalt.

Team-Typ C

In Ihrer Einrichtung ist alles wie aus einem Guss. Das sieht man schon, wenn man in die Gruppenräume und auf die Tagespläne schaut. Dieser Grad an Übereinstimmung kann natürlich nur erreicht werden, wenn Individualisten und Quertreiber in die Schranken verwiesen werden. Immer mal wieder gibt es eine Erzieherin, die das Bewährte in Frage stellt. Solche Kolleginnen verlassen die Einrichtung jedoch bald wieder, wenn sie erkennen, dass sie einfach nicht zu Ihnen passen. Weil die Leiterin und erfahrene Kolleginnen immer wieder an die bewährten Regeln erinnern, erübrigen sich zeitraubende Team-Gespräche.

Team-Typ D

Sie finden sich in keiner der Beschreibungen wieder? Dann haben Sie hier Platz, um in wenigen prägnanten Worten aufzuschreiben, was bei Ihnen los ist.

Test-Auswertung

Typ A Motto:
»Leben und leben lassen«

Wahrscheinlich sind Ihre Teambesprechungen übersichtlich und meist etwas langweilig. Ihre Zusammenarbeit besteht hauptsächlich aus organisatorischen Absprachen. Sind Sie überhaupt noch ein Team – oder sind die gemeinsamen Ziele schon lange auf der Strecke geblieben? Auf dem Weg zu mehr Qualität haben Sie noch einen langen Weg vor sich. Dazu muss jede Kollegin ihre Bequemlichkeit aufgeben. Möglicherweise liegt auch in ihrer Gesprächskultur etwas im Argen. Wenn Sie sich nicht von der Vorstellung verabschieden, niemand habe das Recht, seine Nase in Ihre Pädagogik zu stecken, kommen Sie nicht weiter.

Typ B Motto:
»Wir ziehen alle an einem Strang«

Glückwunsch, Sie bringen eine wichtige Voraussetzung für Qualitätsentwicklung mit. In Ihrem Team ist ein gemeinsames Qualitäts-Bewusstsein entstanden. Darauf können Sie stolz sein, denn das ist Ihnen nicht in den Schoß gefallen. Wahrscheinlich gibt es neben der Leitung einige »Zugpferde« im Team, die mit ihrem Engagement die anderen anstecken.

Typ C Motto:
»Hier tanzt keine aus der Reihe«

Könnte es sein, dass der Satz »Das haben wir schon immer so gemacht« auf Ihren Besprechungen öfter zu hören ist? Nichts gegen Einheitlichkeit, doch wahrscheinlich bleibt bei Ihnen die Kreativität auf der Strecke. Möglicherweise werden viele Ideen nicht ausgesprochen. Neues entsteht aber nicht ohne Experimente. Qualitätsentwicklung kann nicht gelingen, wenn Bewährtes nicht auch in Frage gestellt wird. Lassen Sie als Leiterin die Zügel auch mal locker, Sie werden staunen, welche Potenziale in Ihrem Team stecken.

Typ D Motto:
»Wir sind einmalig«

Vielleicht waren Ihnen die Beschreibungen A, B und C zu klischeehaft oder Sie haben sowieso keine Lust auf diese albernen Tests? Trotzdem danke, dass Sie bis hierher mitgemacht haben. Ihre Schlussfolgerungen müssen Sie nun allerdings auch alleine aufschreiben.

Methodenbaustein II: Grundüberlegungen zur Qualitätsentwicklung

Diskutieren Sie die folgenden Grundüberlegungen zur Qualitätsentwicklung im Team und finden Sie eventuell eigene Leitgedanken.

Qualitätsentwicklung beginnt im Kopf

Qualitätsentwicklung gelingt umso besser, je mehr Interesse Sie an Ihrer Arbeit haben und bereit sind, Bestehendes immer wieder zu prüfen und zu hinterfragen. Mit halbherziger oder widerwilliger Beteiligung hat sie schlechte Chancen. Anders ausgedrückt:
- Qualitätsentwicklung braucht Selbstmotivation.
- Qualitätsentwicklung ist auch Teamentwicklung.

Zwar ist jede Fachkraft für ihr Handeln persönlich verantwortlich. Ihre Leistung ist jedoch auch von den Rahmenbedingungen, dem Arbeitsklima und der Kooperation im Team abhängig. Qualitätsentwicklung ist deshalb nichts fürs stille Kämmerlein und lässt sich nicht an die Leitung delegieren.

Qualitätsentwicklung ist ein strukturierter, geführter Prozess

Das Engagement der Leitung ist eine notwendige Bedingung. Das bedeutet aber nicht, dass sie diesen Prozess überwiegend selbst leitet. Sie muss jedoch dahinterstehen und dies auch vermitteln. Die Schritte der Qualitätsentwicklung sollten von der Leitung und/oder motivierten Teammitgliedern moderiert werden, die dafür auch Arbeitszeit zur Verfügung gestellt bekommen.

Qualitätsentwicklung ist ein gemeinsamer Lernprozess

Wenn Sie Ihre Arbeit auswerten und bewerten, wirft das viele Fragen auf. Wenn Sie sich bestätigt fühlen, wird sie das motivieren. Sie werden sich aber auch mit Aspekten beschäftigen, die Sie oder das gesamte Team bisher ausgeblendet haben. Dies nun endlich einmal anzupacken, ist manchmal anstrengend. Teammitglieder haben dabei unterschiedliche Tempi und Motivationen. Konflikte müssen gelöst werden.

Qualitätsentwicklung braucht eine fehlerfreundliche Haltung

Die Beschäftigung mit den Checklisten und dem Kriterienkatalog führt Sie zu verbesserungsbedürftigen Bereichen. Hier ist ganz entscheidend, wie Sie damit umgehen. Die Bereitschaft, zu den eigenen Unzulänglichkeiten zu stehen, kann sich nur entwickeln, wenn Schwächen als etwas Normales betrachtet werden. Im Qualitätsmanagement ist der Fehler ein Ausgangspunkt für Verbesserungen und Veränderungen. Gegenseitige Wertschätzung und Akzeptanz sind dafür Voraussetzung.

Methodenbaustein III: Vereinbarungen für die Teamarbeit

Gemeinsame Vereinbarungen für die Teamarbeit fördern eine offene und sachorientierte Arbeitsatmosphäre und wirken vertrauensbildend. Wichtig ist, dass diese von allen Beteiligten getragen werden und nicht nur auf dem Papier stehen. Fertigen Sie eventuell ein Plakat dazu an und erinnern Sie als Moderatorin in hitzigen Debatten an diese Vereinbarungen. Nebenstehend finden Sie dazu einige Beispiele.

Methodisches Vorgehen

Jede Fachkraft schreibt auf einer Karte die Aspekte auf, die sie berücksichtigt wissen möchte. Die verschiedenen Aspekte werden auf einem Flipchartpapier gesammelt und für alle sichtbar im Besprechungsraum aufgehängt.

Auf dem Formblatt 1 (Kopiervorlage im Anhang) können Sie die Vereinbarungen, die für Ihr Team im Qualitätsentwicklungsprozess gelten sollen, notieren. Sie sind Teil Ihrer Einrichtungs-Dokumentation zur Qualitätsentwicklung.

- In pädagogischen Diskussionen achten wir auf den Schutz und die Würde aller Beteiligten und konzentrieren uns auf Inhalte und Fakten.
- Auch in hitzigen Debatten argumentieren wir sachlich, ohne Gesprächspartnerinnen zu beleidigen oder lächerlich zu machen.
- Wir respektieren die Meinung einer jeden Teamkollegin und lassen alle Gesprächspartnerinnen zu Wort kommen.
- Um ein offenes und vertrauensvolles Arbeitsklima zu gewährleisten, sichern wir uns zu, dass die Ideen und Meinungen in unserem Team bleiben und nicht nach außen weiter getragen werden.

Formblatt 1
Vereinbarungen zur Zusammenarbeit im Team

Für eine konstruktive Arbeitsatmosphäre verabreden wir gemeinsam die folgenden Punkte:

1. _____

2. _____

3. _____

4. _____

(weitere Punkte)

Tageseinrichtung   Datum

_____   _____

Unterschriften aller Kolleginnen

2.3 Das »Sieben-Schritte-Verfahren« im Überblick

Nachdem sich die Teammitglieder in einer einführenden Besprechung mit dem Kriterienkatalog und dem Ablauf des »Sieben-Schritte-Verfahrens« vertraut gemacht haben, beginnt die Bearbeitung eines ausgewählten Qualitätsbereichs. Das folgende Planungsschema zeigt, wie sich diese Arbeit auf einen Zeitrahmen von fünf Teambesprechungen verteilen lässt. Dazwischen fallen für das Team oder einzelne Fachkräfte verschiedene Arbeitsaufgaben an.

1. Teambesprechung

Erster Qualitätsschritt: Situationsanalyse
- Einführung in den ausgewählten Qualitätsbereich des Kriterienkatalogs
- Verteilung der kopierten Checklisten

Zwischen 1. und 2. Teambesprechung:
- Einzelarbeit
- Individuelle Bearbeitung der Checklisten durch jede Kollegin
- Zusammenfassung der Checklisten zum Qualitätsprofil

2. Teambesprechung

Zweiter Qualitätsschritt: Qualitätsprofil
- Diskussion über das Qualitätsprofil
- Stärken und Schwächen unserer Einrichtung
- Auswahl von Schwerpunkten für die fachliche Orientierung

Zwischen 2. und 3. Teambesprechung:
- Einzelarbeit
- Kleingruppen

3. Teambesprechung

Dritter Qualitätsschritt: Fachliche Orientierung
- Arbeitsteilige Bearbeitung des Kriterienkatalogs und weiterer Texte zur fachlichen Arbeit

Wenn aus einem Qualitätsbereich mehrere oder umfangreichere fachliche Schwerpunkte ausgewählt werden, ist gegebenenfalls eine weitere Teambesprechung zum 3. Qualitätsschritt notwendig.

Vierter Qualitätsschritt: Diskussion von Veränderungszielen
- Vorschläge für Veränderungsziele (auf der Grundlage des Kriterienkatalogs)

Zwischen 3. und 4. Teambesprechung:
- Einzelarbeit
- Kleingruppen

Fünfter Qualitätsschritt: Zielvereinbarungen
- Erarbeitung von Zielvereinbarungen (arbeitsteilig durch Arbeitsgruppen, einzelne Kolleginnen, bestimmte Abteilungen der Einrichtung)

4. Teambesprechung

Fünfter und sechster Qualitätsschritt: Zielvereinbarungen und Planung von Umsetzungsschritten
- Diskussion und Entscheidung über Zielvereinbarungen
- Festlegung des Umsetzungszeitraums und der Erfolgskontrolle zwischen 4. und 5. Teambesprechung
- Umsetzung des fünften und sechsten Qualitätsschritts durch die Fachkräfte

5. Teambesprechung

Siebter Qualitätsschritt: Ergebnissicherung
- Überprüfung der Zielerreichung
- Festlegung, wie das Ergebnis zukünftig gesichert wird

Ablaufpläne für diese Besprechungen finden Sie in Kapitel 2.5. In manchen Einrichtungen gibt es »Teamtage« für die gemeinsame Fortbildung. Diese Tage eignen sich für die intensive fachliche Auseinandersetzung. Qualitätsentwicklung braucht jedoch einen gewissen Zeitraum, damit Veränderungen greifen können. Insgesamt sollte deshalb die Bearbeitung eines Qualitätsbereichs als längerer Prozess geplant werden.

2.4 Die sieben Schritte der Qualitätsentwicklung

In diesem Kapitel werden Sie als Leiterin bzw. Moderatorin inhaltlich auf die Teambesprechungen zur Qualitätsentwicklung vorbereitet. Bitte lesen Sie sich die Abschnitte zu jedem Schritt gründlich durch und schätzen Sie danach ab, wie viel Zeit Sie zur Vorbereitung und Durchführung der darin enthaltenen Aufgaben benötigen.

Jeder Qualitätsschritt ist nach dem gleichen Muster aufgebaut: Der kurzen Einführung folgt eine ausführliche Beschreibung der Arbeitsschritte und Vorgehensweisen, einschließlich Moderationstipps und weiterführenden Anregungen. Manchmal werden auch verschiedene Möglichkeiten vorgestellt, unter denen Sie wählen können; dies trifft insbesondere auf den 3. Qualitätsschritt »fachliche Orientierung« zu. Außerdem wird darauf verwiesen, was gegebenenfalls weggelassen werden kann, falls der zeitliche Rahmen es nicht erlaubt.

Zu jedem der Qualitätsschritte benötigen Sie Formblätter aus dem Anhang. Für den 1. Qualitätsschritt »Situationsanalyse mit der Checkliste« und den 2. Qualitätsschritt »Qualitätsprofil« benutzen Sie das gleiche Formblatt, es werden jedoch jeweils unterschiedliche Spalten ausgefüllt.

Abschließend finden Sie Anregungen, wie das Team den jeweiligen Schritt der Qualitätsentwicklung nach »getaner Arbeit« reflektieren kann und welche Aspekte Sie für das weitere Vorgehen dokumentieren können. Ein Praxisbeispiel veranschaulicht die Arbeitsweise eines Teams zu dem jeweiligen Qualitätsschritt.

2.4.1 Erster Qualitätsschritt: Situationsanalyse

Die Situationsanalyse ist der Ausgangspunkt der systematischen Qualitätsentwicklung in einer Einrichtung. Mit ihr nimmt das Team eine aktuelle Standortbestimmung vor und ermittelt den Ist-Zustand in Bezug auf einen Qualitätsbereich. Die Situationsanalyse erfolgt mit Hilfe einer Checkliste für den jeweiligen Qualitätsbereich. Bitte benutzen Sie dazu die Formblätter »Checkliste/Qualitätsprofil« aus dem Anhang. Sie werden sowohl für den 1. wie den 2. Qualitätsschritt eingesetzt. Für den 1. Qualitätsschritt ist im folgenden immer von der »Checkliste« die Rede, wenn dieses Formblatt gemeint ist.

Die Checkliste
- ist das Arbeitsinstrument für die Situationsanalyse im jeweiligen Qualitätsbereich;
- ist ein Instrument der Selbstevaluation;
- ist der Ausgangspunkt für vielfältige Diskussionen zur aktuellen Qualität der Einrichtung.

Die Checkliste hat einen systematischen Bezug zum Kriterienkatalog (vgl. Abb. 3).

Zu jedem der zwanzig Qualitätsbereiche des Kriterienkatalogs gibt es ein Formblatt »Checkliste/Qualitätsprofil«. Für den 1. Qua-

Qualitätsbereich im Kriterienkatalog	Checkliste zum Qualitätsbereich
Beschreibt Qualität umfassend und detailliert	Enthält die wesentlichen Aussagen dieses Qualitätsbereiches
Beschreibt »beste Fachpraxis«	Fordert zu einer subjektiven Bewertung auf, in welchem Maß die »beste Fachpraxis« im eigenen Arbeitsbereich gegeben ist

Abbildung 3: Bezug Qualitätsbereich und Checkliste

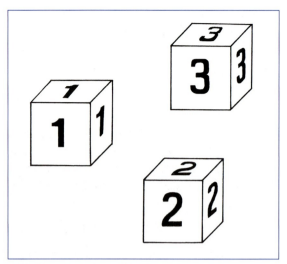

Abbildung 4: Symbol für Kinder unter 3 Jahren

litätsschritt wird es von allen Fachkräften als Checkliste für die individuelle Analyse der aktuellen Qualität im eigenen Arbeitsbereich benutzt. Die Fachkraft gewinnt so einen Überblick über zentrale Qualitätsaspekte eines pädagogischen Bereichs und kann eigene Stärken, aber auch Schwächen und Verbesserungspotenziale erkennen.

Die Checkliste umfasst praxisnah formulierte Kriterien bester Fachpraxis zu einem Qualitätsbereich und ist nach den Leitgesichtspunkten gegliedert. Sie eignet sich für die Arbeit in allen Gruppen – unabhängig von Struktur und Alterszusammensetzung –, in denen Kinder im Alter bis zu sechs Jahren betreut werden.

Spezielle Kriterien für Kleinstkinder und jüngere Kinder im Alter bis zu drei Jahren sind in den Checklisten mit einem Symbol – drei Würfel – am linken Rand des Kriteriums hervorgehoben, wie in Abbildung 4 zu sehen ist. Wenn Kinder unter drei Jahren in der Gruppe betreut werden, müssen diese Kriterien immer zusätzlich eingeschätzt werden.

Das Bewertungsschema der Checkliste

Die Anwendung der Checklisten ist einfach. Jede Fachkraft schätzt die bei ihr gegebene Situation ein, indem sie für jedes Kriterium eine der vorgegebenen Antwortmöglichkeiten ankreuzt. Sie muss sich dabei immer für *einen* Wert entscheiden. Es dürfen weder zwei Antwortmöglichkeiten angekreuzt, noch Kreuze zwischen zwei Antwortmöglichkeiten gesetzt werden. Das richtige Ausfüllen der Checklisten ist die Voraussetzung, um die individuellen Werte später miteinander zu vergleichen und zu einem Qualitätsprofil der Einrichtung zusammenzufassen.

Die Kriterien der Checklisten werden auf einer aufsteigenden, sechsstufigen Skala eingeschätzt, wie die Abbildung 5 zeigt. Unter jedem Skalenwert befinden sich zwei Spalten, die mit »Selbsteinschätzung« und »Qualitätsprofil« überschrieben sind. Im ersten Qualitätsschritt wird von den Fachkräften ausschließlich die linke Spalte »Selbsteinschätzung« benutzt.

Mit dem Ankreuzen der Skalenstufen »überhaupt nicht/nie«, »weniger/selten«, »teils-teils«, »zu einem guten Teil/häufiger«, »überwiegend/fast immer« oder »voll und ganz/immer« schätzt die einzelne Fachkraft ein, in welchem Umfang das Qualitätskriterium erfüllt ist bzw. sie es in ihrer Arbeit tatsächlich umsetzt.

Die Vorgehensweise

Kopieren der Checklisten

Kopieren Sie das Formblatt »Checklisten/Qualitätsprofil« aus dem Anhang für jede Mitarbeiterin bzw. benutzen Sie die CD zum Ausdruck. Stellen Sie nur die Formblätter der Qualitätsbereiche zur Verfügung, mit denen Sie aktu-

Erzieherin-Kind-Interaktion/Beobachtung	überhaupt nicht/nie		weniger/ selten		teils-teils		zu einem guten Teil/ häufiger		überwiegend/ fast immer		voll & ganz/ immer	
	Selbsteinschätzung	Qualitätsprofil	Selbsteinschätzung	Qualitätsprofil	Selbsteinschätzung	Qualitätsprofil	Selbsteinschätzung	Qualitätsprofil	Selbsteinschätzung	Qualitätsprofil	Selbsteinschätzung	Qualitätsprofil
25 Ich achte darauf, dass die Gestaltung des Außengeländes den unterschiedlichen Bedürfnissen der Kinder entspricht.	☐		☐		☐		☐		☒		☐	

Abbildung 5: Ausschnitt Checkliste (6-teilige Skala)

ell arbeiten wollen. Legen Sie außerdem das Formblatt »Hinweise für die Bearbeitung der Checklisten« bei. Sie finden es im Anhang.

Ausfüllen der Checklisten

Besprechen Sie zunächst mit den Mitarbeiterinnen die Doppelfunktion des Formblatts »Checkliste/Qualitätsprofil«. Weisen Sie darauf hin, dass für die individuellen Selbsteinschätzungen nur die mit »Selbsteinschätzung« gekennzeichnete Spalte benutzt werden darf. Die zweite Spalte »Qualitätsprofil« wird später für die Zusammenfassung der individuellen Ergebnisse gebraucht.

Vor dem Ausfüllen sollten alle Beteiligten die Checkliste außerhalb der Teambesprechung in Ruhe durchlesen. Danach wird sie von jeder Fachkraft nach Maßgabe ihrer Situation und ihres pädagogischen Handelns ausgefüllt. Es ist wichtig, dass alle die Checklisten zunächst alleine bearbeiten, ohne sich mit Kolleginnen auszutauschen. Bei diesem Schritt geht es nicht darum, zu einer gemeinsamen und einheitlichen Einschätzung zu kommen. Erst wenn alle Fachkräfte ihre Checkliste ausgefüllt haben, können Sie sich im Team über die Einschätzungen sowohl in den jeweiligen Gruppen als auch in der gesamten Einrichtung besprechen.

Auch in Gruppen, in denen mehrere Fachkräfte zusammen arbeiten, sollte zunächst jede die Checkliste unabhängig von den Kolleginnen ausfüllen. Manche Aspekte werden oft unterschiedlich eingeschätzt, was Ansatzpunkte für Diskussionen bietet.

Ein Tipp für die Moderation: Wenn Sie im Team über das Ausfüllen der Checkliste sprechen, geben Sie bitte folgende Erklärungen:
- Bei der Bewertung soll das eigene Handeln und nicht das der Kolleginnen eingeschätzt werden.
- Weisen Sie darauf hin, dass die *aktuelle* pädagogische Praxis bewertet werden soll und kein Wunschzustand. Bitten Sie um die gegenseitige Offenheit, unbefriedigende Dinge auch beim Namen zu nennen und die Werte 1 bis 3 dafür zu benutzen.
- Weisen Sie die Fachkräfte darauf hin, alle Kriterien einzuschätzen.

Der Umgang mit der Checkliste wird auch im Impulstext »Acht Tipps und Tricks zum Scheitern« thematisiert, den Sie in diesem Zusammenhang in das Team geben können.

Abgabe der Checklisten

Verabreden Sie mit den Mitarbeiterinnen einen Zeitpunkt, bis zu dem die ausgefüllten Checklisten bei Ihnen abgegeben werden. Das Einsammeln können Sie auch an eine Mitarbeiterin delegieren. Gegebenenfalls können die Checklisten auch in einem Umschlag im Besprechungsraum hinterlegt werden.

Häufige Fragen im Zusammenhang mit den Checklisten

Für die meisten ist es wahrscheinlich ungewohnt, die eigene Arbeit und die Arbeitsbedingungen mittels einer Bewertungs-Skala einzuschätzen. Deshalb ist es normal, wenn es Fragen dazu gibt. Vieles klärt sich durch die praktische Anwendung. Im Folgenden finden Sie Antworten auf Fragen, die häufig gestellt werden, wenn Teams beginnen, mit den Checklisten zu arbeiten:

> **Frage:** Sollten wir uns nicht vor dem Ausfüllen der Checkliste einigen, wie bestimmte Begriffe zu verstehen sind? Besteht sonst nicht die Gefahr, dass jede etwas anderes darunter versteht?
> **Antwort:** Jede Fachkraft sollte über die Begriffe des Glossars orientiert sein. Besprechen Sie eventuell die Begriffe, die in der zu bearbeitenden Checkliste vorkommen. Vermeiden Sie ansonsten langatmige Begriffs-Diskussionen.
>
> **Frage:** Müssten wir uns nicht vorab einigen, was die Skalenwerte bedeuten? Sonst schätzt doch jede nach ihrem eigenen Gutdünken ein?
> **Antwort:** Die subjektive Einschätzung ist gerade der Sinn der Checkliste. Sie können sich vorab allgemein über die Skalierung verständigen, wichtig ist jedoch, dass dies nicht zu einer gegenseitigen Beeinflussung beim Ausfüllen einer Checkliste führt.

Frage: Was tue ich, wenn ich mich nicht für einen Skalenwert entscheiden kann?
Antwort: Entscheiden Sie sich trotzdem für einen der Werte. Notieren Sie sich die Gründe für Ihre Unsicherheit, um diesen Punkt eventuell später in die Auswertungsdiskussion im Team einzubringen.

Frage: Was bedeutet es, wenn die Einschätzungen über mehr oder weniger »objektive Tatsachen« wie das Raumangebot oder die Materialvielfalt im Team stark auseinandergehen?
Antwort: Die persönliche Checklisten-Einschätzung gibt subjektive Werte wieder. Wenn die Einschätzungen auseinandergehen, hat sich also niemand »geirrt«, sondern werden unterschiedliche Wahrnehmungen im Team sichtbar. Dies sollte ein Ansatzpunkt für weitere Team-Diskussionen sein. Völlig gleiche Einschätzungen wird und muss es auch gar nicht geben.

Moderationshinweise zum Team-Austausch über die Checklisten

Je nachdem, wie viel Zeit dem Team zur Verfügung steht, kann der gemeinsame Austausch über die Checklisten sich auf verschiedene Aspekte beziehen, wie Tabelle 1 deutlich macht.

Als Moderatorin der Team-Sitzung können Sie entscheiden, ob Sie den Austausch über die Checklisten wenig vorstrukturieren (Impuls: Ihr habt jetzt 15 Minuten Zeit zum Austausch) oder stark strukturieren wollen (Impuls: Besprecht bitte in 15 Minuten die drei Fragen zu den Checklisten am Flipchart!).

Es ist nicht notwendig, bei jedem neuen Qualitätsbereich wieder intensiv alle oben genannten Fragen im Zusammenhang mit der Checkliste zu besprechen; sie sollten jedoch im Laufe der Zeit alle einmal vorkommen. Tauschen Sie sich über individuelle Stärken und Schwächen aus. Dies wirkt sich positiv auf die Kooperation und Offenheit im Team aus. Sie können als Moderatorin den Anstoß dazu geben!

Zum Schluss seien noch einmal die wichtigsten Punkte zusammengefasst:
- Die Checklisten sind ein Instrument, das subjektive Einschätzungen, aber keine »objektiven« Informationen liefert.
- Das Wichtigste an den Checklisten ist, dass sie Fragen auslösen und zum Nachdenken anregen. Sie sollen nichts klären, sondern im Gegenteil Fragen aufwerfen und im Team etwas in Bewegung bringen.
- Die Teamarbeit mit den Checklisten sollte nicht vor dem Ausfüllen, sondern hinterher stattfinden, wenn ausgetauscht wird, wie jede Fachkraft ihre Einschätzung begründet.

Reflexion des 1. Qualitätsschritts

Die aufgelisteten Fragen geben Ihnen einige Anregungen, welche Aspekte nach Abschluss

Thema	Fragen
Subjektives Erleben (empfohlen bei der ersten Checkliste, die bearbeitet wird)	• Wie ging es mir beim Ausfüllen der Checkliste? • Was war aufregend, mühsam, erkenntnisreich...?
Austausch über individuelle Bewertungen	• Was habe ich über die Stärken meiner Arbeit und meiner Situation herausgefunden? • Was gelingt mir gut? Womit bin ich zufrieden? • Worüber bin ich beim Ausfüllen gestolpert? • Womit bin ich nicht so zufrieden?
Austausch über fachliche Themen	• Worüber besteht fachlicher Diskussions- und Klärungsbedarf? • Worin fühle ich mich fachlich durch die Checkliste bestätigt? • Mit welchen Punkten der Qualitätsbeschreibung der Checkliste bin ich nicht einverstanden?

Tabelle 1: Fragen zum Austausch im Team

der Situationsanalyse für einen Qualitätsbereich dokumentiert werden können. Sie können darüber hinaus weitere Fragen, problematische Situationen oder gute Erfahrungen niederschreiben.
- Haben sich alle Fachkräfte beteiligt und pünktlich ihre Checkliste abgegeben?
- Welche Probleme gab es im Umgang mit den Checklisten?
- Sollen beim nächsten Qualitätsbereich andere Abläufe (z. B. für das Verteilen oder Sammeln der Checklisten) verabredet werden?
- Gibt es Begriffe, die geklärt werden sollten?
- Zu welchen Themen, Fragen, Problemen gibt es im Team Diskussionsbedarf?

Methodenbaustein: Acht Tipps und Tricks zum Scheitern

Diese Liste macht einige Fallen bewusst, die sich das Team selbst stellen kann. Kommt Ihnen etwas davon bekannt vor? Wir empfehlen Ihnen, diese Tipps für alle gut sichtbar aufzuhängen. Eine Diskussion ist überflüssig!

1. Nehmen Sie sich vor, die Checkliste erst dann zu bearbeiten, wenn Sie einmal gar nichts Besseres zu tun haben und sich langweilen.
2. Grübeln Sie über jeden Punkt unendlich lange nach und beschließen Sie dann, dass es unmöglich ist, sich zwischen den Skalenwerten zu entscheiden.
3. Ersparen Sie sich den anschließenden Austausch mit Ihren Kolleginnen, das könnte Sie nur unnötig irritieren.
4. Kürzen Sie das Verfahren dadurch ab, dass nur die Leiterin eine Checkliste für die gesamte Einrichtung ausfüllt, schließlich kann sie alles am besten beurteilen.
5. Fragen Sie Ihre Kollegin, was man wohl ankreuzen sollte, um gut dazustehen und machen dann Ihr Kreuz in das optimale Kästchen.
6. Verschieben Sie das Team-Gespräch über die Ergebnisse der Checklisten auf jeden Fall unter »Sonstiges«, so wichtig ist es ja nun auch wieder nicht.
7. Stimmen Sie die Checkliste im Kolleginnenkreis ab, denn es wäre peinlich, unterschiedliche Ergebnisse zu haben.
8. Brechen Sie nichts übers Knie und verschieben Sie die Diskussion über Veränderungen auf die Zeit, die nicht durch Feste, Eingewöhnungszeit, Verabschiedung, Ferienprogramm und andere wichtige Ereignisse blockiert ist.

PRAXISBEISPIEL
Kindertagesstätte »Weidenweg«

In der Kindertagesstätte »Weidenweg« werden Kinder von sechs Monaten bis zum Eintritt in die Grundschule in der Zeit von 7.00 bis 17.00 Uhr betreut. Die Einrichtung arbeitet mit sechs Gruppen:
- zwei Krippengruppen mit Kindern von einem halben Jahr bis drei Jahren;
- zwei Kindergartengruppen mit Kindern von drei bis sechs Jahren;
- zwei altersgemischten Gruppen mit Kindern von einem bis sechs Jahren.

Die Erzieherinnen arbeiten zeitweise gruppenübergreifend. Das Team besteht aus dreizehn Fachkräften und kommt alle 14 Tage für eine zweistündige Besprechung zur Qualitätsentwicklung zusammen. Der Qualitätsentwicklungsprozess wird von der Leiterin Frau M. und zwei Erzieherinnen geleitet. Für den Qualitätsbereich »Bewegung« sind das die Erzieherinnen Marina und Jutta. Für jeden neuen Qualitätsbereich übernehmen zwei andere Kolleginnen diese Aufgabe gemeinsam mit Frau M.

Im Folgenden können Sie ausschnitthaft mitverfolgen, wie das Team die pädagogische Qualität im Qualitätsbereich »Bewegung« weiterentwickelt.

Was vorausging: Teambesprechung zum Umgang mit den Checklisten

Das Team diskutiert, wie mit den Checklisten umgegangen werden soll. Die Leiterin, Frau M., sagt dazu: »Wir haben zwei Möglichkeiten. Wir können die persönliche Checkliste, die jede von euch ausfüllt, anonym auswerten oder mit Namen. Ich möchte, dass das Team dazu eine Entscheidung trifft und will euch dabei nicht durch einen Vorschlag von mir beeinflussen. Beide Verfahren haben Vor- und Nachteile – welche fallen euch ein?« Tabelle 2 zeigt, wie die Ergebnisse auf dem Flipchart notiert werden können.

Die Diskussion zeigt, dass es im Team mehrere Kolleginnen gibt, die eine anonyme Auswertung vorziehen würden. Frau M. glaubt, dass die Motivation für den Qualitätsentwicklungsprozess leidet, wenn diese Mitarbeiterinnen von der Mehrheit überstimmt würden. Deshalb schlägt sie vor, beim ersten Qualitätsbereich eine anonyme Auswertung auszuprobieren und dann zu entscheiden, wie weitergemacht werden soll. Nach dem ersten Durchlauf mit dem Qualitätsbereich »Raum für Kinder« meint eine Erzieherin, die im gesamten Team sehr anerkannt ist: »Ich glaube, wir kommen in unserer Qualitätsentwicklung nur weiter, wenn wir uns trauen, unsere Einschätzungen offen zu legen.« Nun stimmen alle zu, einige wünschen sich jedoch Gesprächsregeln, damit die Auswertung fair abläuft. Die Gesprächsregeln werden gemeinsam aufgestellt und verabschiedet.

1. Teambesprechung: Einführung in den Qualitätsbereich »Bewegung«

Zum Einstieg liest eine Erzieherin die Einleitung des Qualitätsbereichs »Bewegung« vor. Sofort melden sich einige Erzieherinnen zu Wort: »Das ist toll formuliert – aber manches ist auch unrealistisch bei den Räumen, die wir haben.« »Einiges steht so ähnlich auch in unserer Konzeption ...« »Gibt es eine Liste von empfohlenen Geräten?« Frau M. unterbricht: »Diese Diskussion sollten wir führen, nachdem wir unsere Checklisten ausgefüllt haben. Heute ist dafür auch keine Zeit eingeplant. Ich gebe nun das Wort an Marina, die mit Jutta die Moderation für diesen Qualitätsbereich übernommen hat.«

Marina: »Für heute ist nur die Ausgabe der Checklisten vorgesehen. Durch die Auseinandersetzung mit dem letzten Qualitätsbereich wisst Ihr ja bereits, wie das geht. Ich erinnere noch einmal an die Begriffe, die für die Bewertung in der Einschätzskala besonders wichtig sind, wie »die meiste Zeit des Tages«, »selbständig nutzbar«, »regelmäßig«. Lest sie vielleicht im Glossar des Kriterienkatalogs noch mal durch, bevor Ihr die Checkliste ausfüllt. Welche Fragen gibt es sonst noch?« Jutta verteilt die Checklisten.

Claudia: »Wie versteht Ihr die Aussage »Ich unterstütze die Kinder bei ihren Bewegungsabläufen?« Das mache ich bewusst selten, um die Selbständigkeit zu fördern. Wenn ich da jetzt »immer« ankreuze, wieso ist das gute Qualität?« »Das ist eine wichtige Frage«, antwortet Marina. »Es ist jedoch vorgesehen, dass wir solche Punkte erst nach dem Ausfüllen diskutieren. Ich schlage vor, dass Ihr euch beim Ausfüllen notiert, wo Ihr Diskussionsbedarf im Team seht, und die Notizen bei mir und Jutta abgebt. Wir fassen das für unsere nächste Sitzung zusammen.«

Marina schreibt an den Flipchart: »Abgabe bis Montag Nachmittag in meinem Fach im Büro.«

Umgangsweise	Vorteil	Nachteil
Anonym	»Ehrlichere« Antworten	Auswertung unpersönlich Keine Anknüpfungspunkte für Diskussionen
Mit Namen	Nachfragemöglichkeit	Entsteht damit eine »Notenskala«? Wer hat die »besten Werte«?

Tabelle 2: Beispiel für Flipchart-Darstellung

2.4.2 Zweiter Qualitätsschritt: Von der individuellen Selbsteinschätzung zum Qualitätsprofil der Einrichtung

In diesem Schritt geht es darum, auf der Grundlage der Checklisten eine Standortbestimmung der Einrichtung zu erarbeiten. Das Instrument für diesen Arbeitsschritt ist das Qualitätsprofil. Bitte benutzen Sie dazu das Formblatt »Checkliste/Qualitätsprofil« aus dem Anhang.

Das aktuelle Qualitätsprofil
- ist die Summe der individuellen Selbsteinschätzungen;
- zeigt, wo das Team seine Stärken und verbesserungswürdige Bereiche sieht;
- ist Ausgangspunkt für die Bestimmung von Qualitätszielen für die Einrichtung.

So gehen Sie vor

Nachdem alle Fachkräfte zu einem vereinbarten Zeitpunkt ihre Checklisten abgegeben haben, werden die individuellen Einschätzwerte zusammengefasst. Sie benötigen dazu eine Kopie des Formblatts »Checkliste/Qualitätsprofil« für den jeweiligen Qualitätsbereich.

Ermitteln der Summenwerte für das Qualitätsprofil

Bitte addieren Sie aus den einzelnen Checklisten für jedes Kriterium die Kreuze zu jeder Antwortmöglichkeit und übertragen Sie die Summenwerte in die mit »Qualitätsprofil« gekennzeichneten Spalten. In dem unten angeführten Beispiel aus einem ausgefüllten Qualitätsprofil zum Bereich »Raum für Kinder« haben insgesamt 15 Fachkräfte die Checkliste ausgefüllt. Für das erste Kriterium

	Räumliche Bedingungen/Innenbereich	überhaupt nicht/nie		weniger/ selten		teils-teils		zu einem guten Teil/ häufiger		überwiegend/ fast immer		voll & ganz/ immer	
		Selbsteinschätzung	Qualitätsprofil	Selbsteinschätzung	Qualitätsprofil	Selbsteinschätzung	Qualitätsprofil	Selbsteinschätzung	Qualitätsprofil	Selbsteinschätzung	Qualitätsprofil	Selbsteinschätzung	Qualitätsprofil
1	Meiner Gruppe steht täglich ein fester Gruppenraum zur Verfügung.	☐	5	☐	1	☐	0	☐	0	☐	3	☐	6
2	Meiner Gruppe steht täglich mindestens ein weiterer Raum zur Verfügung.	☐	0	☐	0	☐	0	☐	0	☐	0	☐	15
3	Der Raum bzw. die Räume meiner Gruppe ist/sind mit verschiedenartigen Bodenbelägen ausgestattet.	☐	5	☐	4	☐	4	☐	0	☐	0	☐	2
4	Die Räume meiner Gruppe können durch unterschiedliche Ebenen, bewegliche Raumteiler und Nischen flexibel von den Kindern genutzt werden.	☐	0	☐	0	☐	4	☐	4	☐	0	☐	7
5	In Bereichen oder Räumen meiner Gruppe, in denen Kleinstkinder und jüngere Kinder auf dem Boden spielen, sind feste Beläge ausgelegt.	☐	0	☐	0	☐	0	☐	0	☐	0	☐	15
6	In Bereichen oder Räumen meiner Gruppe, in denen Kleinstkinder und jüngere Kinder liegen oder krabbeln, sind weiche Beläge ausgelegt.	☐	0	☐	1	☐	3	☐	2	☐	8	☐	1
	Teamprofil für Räumliche Bedingungen/Innenbereich		10		6		11		6		11		46

Abbildung 6: Ausschnitt aus dem Qualitätsprofil Raum für Kinder: Räumliche Bedingungen/Innenbereich

hat sich eine Fachkraft für die Einschätzung »weniger/selten« entschieden, drei haben für »teils-teils« votiert, zwei für »zu einem guten Teil/häufiger«, acht für »überwiegend/fast immer« und eine Fachkraft hat mit »voll & ganz/immer« geantwortet.

Wenn Sie alle Einzeleinschätzungen addiert und in die mit »Qualitätsprofil« gekennzeichnete Spalte eingetragen haben, können Sie noch einmal kontrollieren: Die Quersumme muss immer die Gesamtzahl der Mitarbeiterinnen ergeben.

Teamprofile beziehen sich auf die Leitgesichtspunkte

Für die gemeinsame Auswertung im Team gibt es zwei Möglichkeiten. Das Qualitätsprofil ist so angelegt, dass man über jedes Einzelkriterium sprechen kann. Vielleicht wollen Sie sich aber auch zunächst einen Überblick verschaffen, wo Stärken, Schwächen und Unterschiede auf der Ebene der sechs Leitgesichtspunkte liegen. Dazu finden Sie im Formblatt »Checkliste/Qualitätsprofil« Querzeilen mit der Bezeichnung »Teamprofil«. Hier werden jeweils die Ergebnisse der Kriterien zur Unterstruktur der Leitgesichtspunkte zusammengefasst. Addieren Sie dazu die Werte in der Spalte »Qualitätsprofil«, die sich in jeder Skalenstufe unter einer Überschrift befinden, wie im Beispiel in Abbildung 6 für »Räumliche Bedingungen/Innenbereich«.

Tragen Sie nun die Summenwerte in die dafür vorgesehenen Zeilen »Teamprofil« ein, wie die Abbildung 7 zeigt.

Teamprofil für Räumliche Bedingungen/Innenbereich					
überhaupt nicht/nie	weniger/selten	teils-teils	zu einem guten Teil/häufiger	überwiegend/fast immer	voll & ganz/immer
10	6	11	6	11	46

Abbildung 7: Teamprofil Innenbereich

Abbildung 8 zeigt die Ergebnisse des 15-köpfigen Teams zum Aspekt Beobachtung aus dem Leitgesichtspunkt »Erzieherin-Kind-Interaktion«:

Erzieherin-Kind-Interaktion/Beobachtung	überhaupt nicht/nie		weniger/selten		teils-teils		zu einem guten Teil/häufiger		überwiegend/fast immer		voll & ganz/immer	
	Selbsteinschätzung	Qualitätsprofil	Selbsteinschätzung	Qualitätsprofil	Selbsteinschätzung	Qualitätsprofil	Selbsteinschätzung	Qualitätsprofil	Selbsteinschätzung	Qualitätsprofil	Selbsteinschätzung	Qualitätsprofil
24 Ich achte darauf, dass die Raumgestaltung (innen) den unterschiedlichen Bedürfnissen der Kinder nach Bewegung und Aktivität wie auch nach Ruhe und Entspannung entspricht.	☐	0	☐	2	☐	3	☐	7	☐	2	☐	1
25 Ich achte darauf, dass die Gestaltung des Außengeländes den unterschiedlichen Bedürfnissen der Kinder entspricht.	☐	0	☐	2	☐	2	☐	7	☐	3	☐	1
26 Ich beobachte, wie sich der Aktionsradius von Kleinstkindern und jüngeren Kindern erweitert.	☐	0	☐	1	☐	10	☐	1	☐	1	☐	2
27 Ich sorge durch Sicherheitsmaßnahmen dafür, dass sich Kleinstkinder und jüngere Kinder im Innenbereich frei bewegen können (durch Treppenschutzgitter, Türschutzpolster).	☐	0	☐	2	☐	1	☐	9	☐	1	☐	2

DIE SIEBEN SCHRITTE DER QUALITÄTSENTWICKLUNG ▸ 37

Erzieherin-Kind-Interaktion/Beobachtung (Forts.)	überhaupt nicht/nie		weniger/ selten		teils-teils		zu einem guten Teil/ häufiger		überwiegend/ fast immer		voll & ganz/ immer	
	Selbsteinschätzung	Qualitätsprofil	Selbsteinschätzung	Qualitätsprofil	Selbsteinschätzung	Qualitätsprofil	Selbsteinschätzung	Qualitätsprofil	Selbsteinschätzung	Qualitätsprofil	Selbsteinschätzung	Qualitätsprofil
28 Ich sorge durch Sicherheitsmaßnahmen dafür, dass sich Kleinstkinder und jüngere Kinder im Außengelände frei bewegen können (Treppenhandläufe, Schließbügel für Gartentore).	☐	0	☐	2	☐	4	☐	7	☐	2	☐	0
29 Ich sorge durch Sicherheitsmaßnahmen dafür, dass Kleinstkinder und jüngere Kinder freien Zugriff auf Materialien haben (z.B. durch Schubladenstopper, Regalstandsicherungen).	☐	0	☐	2	☐	8	☐	4	☐	1	☐	0
Teamprofil für Erzieherin-Kind-Interaktion/Beobachtung	0		11		28		35		10		6	

Abbildung 8: Leitgesichtspunkt Erzieherin-Kind-Interaktion/Beobachtung

Übertragen Sie nun ebenfalls die Werte aus der Zeile der Teamprofile wie in Abbildung 9.

Teamprofil für Erzieherin-Kind-Interaktion/Beobachtung					
überhaupt nicht/nie	weniger/selten	teils-teils	zu einem guten Teil/ häufiger	überwiegend/ fast immer	voll & ganz/ immer
0	11	28	35	10	6

Abbildung 9: Teamprofil zu Beobachtung

Methodischer Hinweis

Geben Sie die Checklisten nach der Auswertung an die Fachkräfte zurück. Regen Sie an, dass jede Fachkraft sich einen persönlichen Ordner für ihre eigenen Arbeitspapiere, Notizen usw. zur Qualitätsentwicklung anlegt.

Auswertung des Qualitätsprofils

Es geht nun darum, anhand des Qualitätsprofils in Ihrer Einrichtung einen Diskussions- und Reflexionsprozess einzuleiten. Als Ergebnis sollen Sie zu einer gemeinsamen Standortbestimmung kommen und Aspekte für die Qualitätsentwicklung auswählen.

Zunächst sollten Sie die Ergebnisse allen Fachkräften bekannt machen. Kopieren Sie dazu das von Ihnen erstellte Formblatt »Checkliste/Qualitätsprofil« mit den Teamergebnissen. Es enthält in den Längsspalten »Qualitätsprofil« die Summen der Einschätzungen aus den Checklisten für jedes Einzelkriterium und in den Querzeilen »Teamprofil« die Summen auf der Ebene der Unterstruktur der Leitgesichtspunkte.

Für den ersten Überblick können Sie auch eine Wandzeitung erstellen, die nur die Querzeilen »Teamprofil« wiedergibt. Geben Sie den Mitarbeiterinnen ausreichend Zeit, sich vor der Besprechung mit den Ergebnissen zu befassen. Für die Teambesprechung des Qualitätsprofils empfehlen wir folgendes Vorgehen:

1. Beschreibung der Stärken und Schwächen

- Wo liegen unsere Stärken (hohe Skalenwerte)?
- Wo zeigen sich Schwächen und verbesserungswürdige Bereiche (niedrige Skalenwerte)?

Moderationshinweis: Heben Sie hervor, dass es hier zunächst um eine Beschreibung geht. Begrenzen Sie – insbesondere bei den Schwächen – detailreiche Ursachendiskussionen oder »Rechtfertigungsversuche«.

2. Benennen von unterschiedlichen Einschätzungen

- Wo haben wir unterschiedliche Einschätzungen (Streuung der Skalenwerte)?
  Moderationshinweis: Bitten Sie um Diskussionsbeiträge zu der Frage, woher die Differenzen kommen. Ursachen für unterschiedliche Einschätzungen können u. a. sein:
  – Die räumlich-materiellen Bedingungen in den Gruppen unterscheiden sich.
  – Die Arbeitsweise der Fachkräfte ist sehr unterschiedlich.
  – Die Einstellungen in pädagogischen Fragen sind (sehr) verschieden.
  – Begriffe oder Formulierungen in der Checkliste werden unterschiedlich interpretiert.
  – Einzelne Fachkräfte gehen sehr selbstkritisch mit sich um und unterschätzen ihre Arbeit.
  – Einzelne Fachkräfte bewerten die eigene Arbeit ausschließlich positiv und vermeiden es, über Schwachpunkte nachzudenken.

Arbeiten Sie in der Diskussion heraus, welche der oben aufgeführten oder weiteren Gründe für differierende Einschätzungen in Ihrem Team vorliegen. Nicht alle genannten Aspekte lassen sich in einer Teamdiskussion über das Qualitätsprofil bearbeiten. Die Beurteilung der Arbeitsleistung und Arbeitshaltung einzelner Mitarbeiterinnen gehört in vertrauliche Personalgespräche zwischen der Leiterin als Vorgesetzte und der Mitarbeiterin. Beachten Sie als Moderatorin diese Grenzen, wenn über Unterschiede in der pädagogischen Arbeit gesprochen wird.

3. Gemeinsame Bewertung des Qualitätsprofils

- Wo brauchen wir gleiche Qualität, wo wollen wir Unterschiede zulassen?

Das Team einer Einrichtung braucht ein gemeinsames Verständnis pädagogischer Qualität. Eltern und Kinder sollten davon ausgehen können, dass alle Mitarbeiterinnen die gleichen Qualitätsziele erreichen wollen. Innerhalb dieses Rahmens ist es jedoch genau so wichtig, dass jede Fachkraft sich mit ihrer einzigartigen Persönlichkeit einbringt. Vor diesem Hintergrund sollte das Team das aktuelle Qualitätsprofil nun betrachten und sich fragen:

- Wo deuten unterschiedliche Bewertungen darauf hin, dass es noch kein gemeinsames Verständnis von Qualität in diesem pädagogischen Bereich gibt?
- Wo haben wir als Team einen Nachholbedarf an fachlicher Diskussion?
- Wo gibt es eventuell Qualitätsunterschiede zwischen Gruppen bzw. Fachkräften, die nicht mehr vertretbar sind?
  Moderationshinweis: Lassen Sie diese Diskussion stichwortartig als Themenliste für spätere Fachdiskussionen protokollieren. Achten Sie auch hier auf eine faire Diskussion, so dass einzelne Kolleginnen nicht abgewertet werden (→ Kap. 3.1).

4. Fachliche Aspekte für die Qualitätsentwicklung auswählen

- Welche Aspekte bzw. welche Frage bearbeiten wir als nächstes in unserer Qualitätsentwicklung?
- Nach einer gründlichen Diskussion und Bewertung des Qualitätsprofils haben Sie nun wahrscheinlich eine längere Themenliste. Es geht jetzt darum, zu entscheiden, worauf sich das Team bei der Qualitätsentwicklung konzentrieren will. Dafür gilt: Weniger ist mehr! Ein bis zwei tatsächlich umgesetzte Qualitätsziele sind besser als zehn Vorhaben, die alle wegen Überforderung stecken bleiben.
- Beginnen Sie damit, dass jede Fachkraft drei Aspekte auswählt, an der ihrer Meinung nach die Qualitätsentwicklung ansetzen soll. Die Fachkräfte erhalten dazu Klebepunkte. Sie können ihre Punkte verteilen oder »gehäuft« auf die Aspekte setzen, die ihnen besonders wichtig sind.

Reflexion des 2. Qualitätsschritts

Die folgenden Fragen geben Ihnen Anregungen, welche Aspekte der Standortbestimmung des Teams Sie dokumentieren können.
- Wo sehen wir die Stärken der Einrichtung in dem Qualitätsbereich?
- Wo sehen wir verbesserungswürdige Aspekte?
- Wo haben wir unterschiedliche Einschätzungen?
- Was nehmen wir uns als nächstes für die fachliche Orientierung vor?

PRAXISBEISPIEL
Kindertagesstätte »Weidenweg«

2. Teambesprechung zur Qualitätsentwicklung: Qualitätsprofil (14 Tage später)

Als die Kolleginnen den Teamraum betreten, hängen dort zwei Wandzeitungen und eine Aufforderung:
- Unser Teamprofil zum Qualitätsbereich »Bewegung«
- Diskussionsbedarf zum Qualitätsbereich »Bewegung«
- »Von 16.00 bis 16.15 Uhr Zeit zum Angucken – Kaffee und Tee stehen bereit!«

Wandzeitung: Diskussionsbedarf zum Qualitätsbereich »Bewegung«

- Unsicherheit: Wann behindert meine Unterstützung die Selbständigkeit?
- Konflikt um die Dreiräder
- Brauchen wir einen gemeinsamen Beobachtungsbogen?
- Problem: Hyperaktives Kind in meiner Gruppe
- Zu wenig Platz für grobmotorische Aktivitäten drinnen

Als Jutta um 16.15 Uhr die Sitzung eröffnet, ist bereits eine lebhafte Diskussion im Gang. »Wir haben ja entschieden, uns mit dem Bereich ›Bewegung‹ besonders intensiv zu befassen, weil wir eigentlich alle nicht besonders zufrieden mit dem Ist-Zustand sind. Deswegen haben wir heute auch eine halbe Stunde zum Austausch über die Checklisten vorgesehen. Bitte nehmt euch eure persönliche Checkliste, setzt euch in Dreiergruppen zusammen und vergleicht eure Einschätzungen. Wenn sich daraus noch Fragen für die Wandzeitung ergeben, schreibt sie dazu.«

Marina beendet diese Arbeitsgruppenphase: »Wir wollen jetzt das Profil auswerten und am Ende dieser Besprechung zu einer Auswahl für die weitere Qualitätsentwicklung kommen. Ihr kennt ja bereits das Vorgehen: Unsere Stärken – unsere Schwächen – unsere Unterschiede. Was meint ihr dazu?« Jutta schreibt die Wortmeldungen nach dem Muster von Tabelle 3 stichwortartig auf dem Flipchart mit.

Während dieser Phase bremst Marina hin und wieder Kolleginnen, die sehr ausführlich berichten oder schon konkrete Veränderungsvorschläge machen. Nach ungefähr zwanzig Minuten beendet sie die Sammelphase. »Ich möchte jetzt auf die Unterschiede

Stärken	Unterschiedliche Einschätzung	Schwächen
• Raumangebot für Drei- bis Sechsjährige gut	• Häufigkeit von Bewegungsangeboten – von der eigenen »Sportlichkeit« abhängig? • Dokumentation: Wieso? Wie? Wann? • Unterstützungshilfen wie einschätzen? Eigene Ängstlichkeit?	• Bewegungsraum Krippe schlecht ausgestattet, für Krippenkinder nicht allein erreichbar

Tabelle 3: Unsere Stärken, unsere Schwächen

schauen. In unserer Konzeption steht ja, dass die Bewegungserziehung bei uns einen großen Stellenwert hat, in den Checklisten wird das aber sehr unterschiedlich eingeschätzt. Was machen wir damit?«

Anke meint: »Ich gehöre zu denen, die angekreuzt haben, dass ich da nicht besonders viel mache. Bisher habe ich gedacht, o. k., deine Stärken sind eben woanders. Wenn wir das jetzt aber als Qualitätsmerkmal für unsere Kita definieren, ist das ja eigentlich nicht richtig, oder? Ich möchte meine Arbeit im Bereich Bewegung auch weiterentwickeln, aber was zum Beispiel Karin mit ihrer Tanzausbildung mit den Kindern macht, werde ich nie erreichen. Wir müssen uns da mit unseren Ansprüchen irgendwo in der Mitte treffen.«

Nach einigen weiteren Diskussionsbeiträgen zu diesem Punkt fordert Marina ihre Kolleginnen auf: »Ich denke, die Standpunkte und Interessen sind nun deutlich geworden. Wir sollten jetzt eine Entscheidung treffen. Jede von euch kann auf der Wandzeitung zum Qualitätsprofil bis zu drei Punkte vergeben, woran wir weiterarbeiten wollen.«

Marina fasst das Ergebnis zusammen: »Das größte Interesse besteht an Planungsaspekten und an der Erzieherin-Kind-Interaktion. Sehr viele Punkte finden sich auch bei den räumlichen Bedingungen – kommen die eher aus der Krippengruppe oder von allen?« Die beiden Krippenerzieherinnen bestätigen, dass sie vier Punkte bei den Räumen gesetzt haben, weil sie mit ihren Bedingungen unzufrieden sind. »Wir sind aber einverstanden, dass wir diesen Punkt im Gesamt-Team zurückstellen, weil wir uns erst mal unter uns damit beschäftigen wollen, welche Bewegungsbedürfnisse die Kleinen haben und welche Veränderungen wir in unseren Räumen vornehmen.« Die Leiterin Monika M. bittet darum, dass solche Qualitätsdiskussionen in Teilbereichen ebenfalls protokolliert und im Qualitäts-Ordner gesammelt werden, damit alle Kolleginnen sich informieren können.

Zum Schluss dankt Marina dem Team für die konstruktive Diskussion: »Ich finde, wir sind heute mit einer fehlerfreundlichen Gesprächskultur ein ganzes Stück weitergekommen. Mir hat die Moderation großen Spaß gemacht. Jutta, Monika und ich werden unsere nächste Qualitäts-Sitzung vorbereiten und verteilen dafür Texte zum Lesen an euch.«

2.4.3 Dritter Qualitätsschritt: Fachliche Orientierung

Sie haben nun mit Ihrem Team die beiden ersten Schritte des Qualitätsentwicklungsprozesses abgeschlossen: die individuelle Situationsanalyse mittels der Checklisten und im Anschluss die Standortbestimmung anhand des Qualitätsprofils. Nun folgt der Arbeitsschritt, bei dem sich das Team mit fachlich-inhaltlichen Aspekten des jeweiligen Qualitätsbereichs beschäftigt.

Die fachliche Orientierung ist die Phase im Qualitätsentwicklungsprozess,
- in der das Team sich intensiv mit ausgewählten fachlichen Fragen beschäftigt;
- dies als gemeinsame Fortbildung versteht;
- mit dem Ziel, einen fachlichen Konsens über die anzustrebende Qualität herzustellen.

Es gilt wohl für die meisten Teams, dass die Zeit in Teambesprechungen äußerst knapp ist und häufig Organisatorisches im Mittelpunkt steht. Sich mit den Inhalten und neuen Erkenntnissen des Fachgebiets »Frühe Kindheit« vertraut zu machen, bleibt oft dem persönlichen Engagement der einzelnen Mitarbeiterin überlassen. Oder ein Fachthema wird kurzfristig aus einem bestimmten Anlass behandelt. Häufig gibt es eher ein fachliches Nebeneinander, persönliche »Lieblingsthemen« oder sogar ein Gegeneinander.

Welchen Stellenwert hat die gemeinsame fachliche Orientierung bisher in Ihrem Team? Die folgenden Aussagen beschreiben verschiedene Haltungen zur fachlichen Orientierung. Notieren Sie diese Sätze auf einem Flipchart-Bogen und diskutieren Sie, welche Aussagen den Umgang mit Fachdiskussionen bei Ihnen am ehesten treffen:

- Dazu haben wir kaum Zeit. Jede Kollegin sollte sich, so gut es geht, persönlich auf dem Laufenden halten.
- Die erste Viertelstunde (oder eine gewisse Zeit) unserer Teambesprechung ist immer für Berichte aus Fortbildungen und interessante Bücher und Artikel reserviert.
- Fachdiskussionen in Teambesprechungen? Liegt schon lange zurück, unser Umbau kostet uns Nerven...!
- Wir haben intensiv an unserer Konzeption gearbeitet. Das ist unsere fachliche Orientierung, bis wir sie überarbeiten.
- Ich versuche als Leiterin, an geeigneten Stellen neue Erkenntnisse einzubringen.
- Wir laden hin und wieder Referenten zu Themen wie z. B. Hyperaktivität ein.
- Die Kollegen haben fünf Tage im Jahr Anspruch auf Fortbildung, wer die nicht wahrnimmt, dem ist nicht zu helfen...

Ein Qualitätsentwicklungsprozess kommt ohne eine gemeinsame Fachdiskussion nicht aus. Der Kriterienkatalog versammelt die fachlichen Inhalte der Qualitätsentwicklung, das »WAS«. Hilfreich dafür sind auch weitere Fachtexte, die eventuell zusätzlich gelesen werden. Doch es geht auch um das »WIE«, d. h. wie man Teambesprechungen und selbstgestaltete Fortbildungen lebendig, interessant und abwechslungsreich gestalten kann.

Damit die knappe Zeit in Team-Sitzungen optimal genutzt wird, ist eine gute Strukturierung wichtig und dass sich jede Mitarbeiterin gut vorbereitet (Texte lesen, verteilte Aufgaben bearbeiten). Dann kann auch in eineinhalb Stunden viel herauskommen. Wir machen Ihnen im Folgenden Vorschläge, die Sie als roten Faden für die Vorbereitung nutzen können. Besser ist es natürlich, wenn das Team neben seinen regelmäßigen Besprechungen von Zeit zu Zeit zusätzliche Team-Fortbildungstage zur intensiveren Arbeit zur Verfügung hat.

Lebendig informieren und diskutieren: So gehen sie vor

Zwei weit verbreitete Methoden – eine Kollegin hat den Text gelesen und gibt ihn dann mit eigenen Worten wieder oder alle haben den Text gelesen und besprechen ihn in einer offenen Diskussion – sind oft unbefriedigend. Je größer die Gruppe, desto mehr Struktur braucht die Bearbeitung von Texten! Wenn Sie die folgenden einfachen Hinweise beachten, wird die Teamarbeit interessanter und bezieht alle Kolleginnen ein.

- Alle Sinne ansprechen: Für jeden Qualitätsbereich lässt sich neben dem theoretischen Zugang auch ein erfahrungsorientierter finden wie z. B. Riechen/Schmecken (Qualitätsbereich Mahlzeiten), Räume erkunden (Qualitätsbereich Raum), Kommunikationsübung im Team (Qualitätsbereich Sprache und Kommunikation), etwas gestalten (Qualitätsbereich Bildende Kunst, Musik und Tanz). Regen Sie solche Kombinationen an und Sie werden staunen, welche kreativen Ideen aus dem Team kommen!
- Texte mit weiteren Kommunikationsmedien wie Bilder, Filme, Dias verbinden.
- Die Sach- *und* Erlebnis-Ebene ansprechen: zu einem Sachthema auch persönliche Erlebnisse aktivieren.
- Die Teammitglieder durch verschiedene Arbeitsformen miteinander in Kontakt bringen: Einzelarbeit, Paare, Kleingruppe, Plenum. Es ist wichtig, dabei die Zusammensetzung immer wieder zu mischen (z. B. durch Auslosen der Gruppen), damit nicht immer dieselben zusammenarbeiten!

Zur methodisch-didaktischen Gestaltung der fachlichen Diskussion im Team: So gehen Sie vor

Lesen und Bearbeiten von Fachtexten und Literatur

Da die Literatur zu vielen Themen sehr umfangreich ist, besteht die Gefahr, sich in der Suche zu verlieren. Setzen Sie sich eine Frist für die Auswahl und grenzen Sie das Thema genau ein. Im Anschluss wird abgemacht, wer welche Texte liest, in den Teamsitzungen werden die Inhalte als Grundlage der Diskussion

vorgestellt. Ein Tipp: Beziehen Sie auch Kinderbücher, Gedichte, Märchen und andere Belletristik mit ein!
- Dokumentieren Sie die eingesetzte Literatur, die nachfolgenden Diskussionspunkte im Team und die Ergebnisse der fachlichen Orientierung.
- Suchen Sie nicht nur die fachliche Bestätigung Ihrer längst bestehenden Meinung im Team! Reibung erzeugt Wärme, konstruktive Konflikte sind der Zusammenarbeit im Team durchaus zuträglich!
- »Geht nicht« gibt es nicht! Vermeiden Sie es, alle Aspekte, die in Ihrer Einrichtung noch nicht umgesetzt sind, als nicht machbar oder nicht wünschenswert zu disqualifizieren. Interessant ist die Suche nach Wegen und Umwegen bis zum Erfolg!

Das folgende Grundschema zum Lesen und Bearbeiten von Texten eignet sich sowohl für die Arbeit im Gesamtteam, wenn beispielsweise alle gemeinsam einen Qualitätsbereich lesen, als auch für die Arbeit in Kleingruppen, wenn beispielsweise mehrere Kleingruppen jeweils einen Leitgesichtspunkt des Qualitätsbereichs durcharbeiten.
- Die Teammitglieder erhalten den Text, um ihn einzeln zu lesen
- Sie versehen entsprechende Textstellen mit folgenden Zeichen:
  ?: unklarer Begriff, Frage
  !: Aha-Erlebnis, besonders wichtig
  →: Diskussionsbedarf, Teamklärung erwünscht
- Bearbeitung im Plenum
  - Erste Runde zu !: Was war mir bei diesem Qualitätsbereich, diesem Text besonders wichtig? Eventuell Redezeitbegrenzung, keine Diskussion
  - Zweite Runde zu ?: Auf Flipchart notieren, Begriffe und Informationsfragen sofort klären. Redezeitbegrenzung, keine Diskussion
  - Dritte Runde zu →: Diskussionsbedarf auf Flipchart notieren, eventuell Fragen bündeln, Reihenfolge und Form der Bearbeitung entscheiden bzw. auswählen.

Als Ergebnis haben Sie eine Liste von Themen, die das Team diskutieren möchte. Sie können nun – eventuell nach einer kurzen Pause – in das erste Thema einsteigen oder Aufträge für die Gestaltung weiterer Teambesprechungen vergeben.

Arbeitsaufträge und aktivierende Methoden zur Bearbeitung von Themen

Wenn das Team sich geeinigt hat, welches mit einem Qualitätsbereich zusammenhängende Thema, welchen Leitgesichtspunkt oder welche Qualitätskriterien es intensiver diskutieren will, kann der Meinungs- und Erfahrungsaustausch durch aktivierende Aufgaben angeregt werden. Die folgenden Beispiele sind dem Qualitätsbereich Bewegung entnommen.
- *Antworten auf Fragen finden*
  Beispiel: Welche Möglichkeiten bietet dein Gruppenraum für grobmotorische Aktivitäten, denen ein Kind jederzeit nachgehen kann?
- *Beispiele suchen*
  Beispiel: Gab es in den letzten Tagen/Wochen Situationen, in denen du ein Kind, das wenig Interesse an Bewegungsaktivitäten hat, dazu angeregt hast? Tausche dich mit einer Kollegin aus, wie dir das gelungen ist.
- *Eine Situation aus der Sicht eines Kindes beschreiben*
  Beispiel: Wähle ein Kind aus deiner Gruppe aus und beschreibe die Bewegungsmöglichkeiten in deinem Gruppenraum aus der Perspektive dieses Kindes.
- *Eine Situation aus der Interessenperspektive von Eltern beschreiben*
  Beispiel: Wenn du an die Eltern in deiner Gruppe denkst, wie sollte die Bewegungsentwicklung der Kinder dokumentiert werden, damit die Eltern etwas davon haben?
- *Eine Situation in einer Szene darstellen*
  Beispiel: Stellt in einer Szene dar, welche Konflikte es zwischen den Bewegungsbedürfnissen jüngerer und älterer Kinder in eurer altersgemischten Gruppe gibt.
- *Plus-Minus-Liste*
  Beispiel: Was spricht deiner Meinung nach für, was spricht gegen die regelmäßige Dokumentation der Bewegungsentwicklung von Kindern? Sammelt Argumente und tauscht euch darüber zu zweit/in Kleingruppen/im Plenum aus.
- *Stimmungsskala*
  Beispiel: Was meint jede von euch zu der Qualitätsaussage, die Erzieherin sollte mit

den Kindern verhandeln, wenn neue Gegenstände angeschafft werden? Auf dem Fußboden findet ihr eine Stimmungsskala mit den Markierungen »Ja, ich stimme voll zu« und auf der anderen Seite »Nein, das finde ich überhaupt nicht«. Stellt euch bitte zwischen diesen beiden Punkten an die Stelle, die eure Haltung am besten wiedergibt.
- *Umwelterkundung*
  Beispiel: Jede Mitarbeiterin erkundet den/die Räume einer anderen Kollegin. Schaut euch den Raum genau an und macht ein Erkundungsprotokoll: In welchem Umfang sind die Qualitätskriterien zum Leitgesichtspunkt »Innenräume« erfüllt? Was fehlt? Übergebt der Kollegin das Protokoll und besprecht es mit ihr. Oder: Sammelt die Protokolle anonym ein und wertet sie auf der nächsten Teambesprechung aus. Nach dem gleichen Prinzip können auch Eltern die Räume erkunden und die Ergebnisse dann mit den Fachkräften auf der nächsten Elternversammlung auswerten.

Wissen erweitern und Fortbildungsbedarf erkennen

Die im vorigen Abschnitt beschriebenen Methoden dienen dazu, das Team anzuregen, Meinungen und Erfahrungen auszutauschen. Bei vielen Themen reicht das aber nicht aus, neues Fachwissen muss dazukommen. Wenn das Team Fortbildungsbedarf für sich erkennt, können die Mitarbeiterinnen zum Beispiel eine Fortbildung zu einem bestimmten Thema besuchen oder Fachliteratur dazu lesen und sich dann dem Team als Expertinnen zur Verfügung stellen. Das Team kann auch externe Experten (Fachberatung, freie Fortbildner) gewinnen und in beiden Fällen zusätzlich Medien (Film, Dias) einsetzen.

Wenn sich Teammitglieder als Expertinnen für ein bestimmtes Thema einbringen, gibt es neben dem Referat auch weitere aktivierende Methoden:
- *Pro- und Contra-Diskussion*
  Beispiel: Die Expertinnen initiieren ein Streitgespräch zum Thema »Brauchen Kinder im Kindergarten eine wöchentliche Turnstunde?« Dazu bilden sie eine Pro- und eine Contra-Gruppe, die sich fachlich auf ihre jeweiligen Position vorbereiten. Der Rest des Teams hört dem Streitgespräch zu und diskutiert danach, welche fachlichen Argumente überzeugend waren.
- *Expertinnen-Anhörung*
  Beispiel: Eine Arbeitsgruppe aus drei Kolleginnen hat sich das Thema »Wie sollte ein bewegungsanregender Raum für unter Dreijährige aussehen?« erarbeitet. Heute findet eine Experten-Anhörung statt. Alle anderen Teammitglieder haben jetzt zehn Minuten Zeit, um Fragen an die Expertinnen aufzuschreiben. Diese werden nach vorne an das Podium gegeben und von den Expertinnen beantwortet.
- *Exkursion*
  Beispiel: Zwei Team-Kolleginnen besuchen einen Kindergarten, der für seine bewegungsanregende Raumgestaltung bekannt ist. Sie machen Dias, die bei einer Teambesprechung vorgestellt werden.
- *Impulsplakate*
  Beispiel: Eine Kleingruppe im Team hat ein Fachbuch zum Thema »Psychomotorik« gelesen. Sie bereitet vier Impulsplakate mit möglichst herausfordernden Kernaussagen vor, die zur Einstimmung eine Woche vor der Teambesprechung zum Qualitätsbereich Bewegung im Teamraum aushängen. Kolleginnen, die sich angesprochen fühlen, können ihre Kommentare auf die Plakate schreiben.

Weitere Methoden finden Sie im dritten Kapitel des Arbeitsbuchs »Methoden für die interne Qualitätsentwicklung«.

Reflexion des 3. Qualitätsschritts

Die folgenden Fragen geben Ihnen Anregungen, welche Aspekte der fachlichen Diskussion in Ihrem Team dokumentiert werden können:
- Welche fachlichen Grundlagen und Materialien werden genutzt (Literatur, Fortbildungen etc.)?
- Welche Schwerpunkte hat unsere fachliche Diskussion?
- Wo gibt es fachlichen Konsens, wo bleiben unterschiedliche Auffassungen bestehen?
- Was ist uns besonders deutlich geworden?
- Wo haben wir noch Fortbildungsbedarf?
- Welche Verabredungen gibt es für die inhaltliche Weiterarbeit?

PRAXISBEISPIEL

Kindertagesstätte »Weidenweg«

Marina und Jutta werten mit der Leiterin, Monika M., das Ergebnis der zweiten Teambesprechung aus. »Das Team legt den Schwerpunkt der Diskussion über den Qualitätsbereich Bewegung auf den Leitgesichtspunkt »Erzieherin-Kind-Interaktion« – und zwar besonders auf die Frage der notwendigen Unterstützung von Kindern – sowie auf den Leitgesichtspunkt »Planung«, stellt Jutta fest.

»Ich fände es allerdings gut,« meint Monika, »wenn wir damit nicht gleich einsteigen, sondern zuerst einen Grundlagenartikel lesen, um fachlich noch ein wenig fitter zu werden. Heide hat doch im letzten Jahr eine Psychomotorik-Weiterbildung gemacht und sehr gutes Material zum Zusammenhang von Bewegung und anderen Entwicklungsbereichen bekommen. Wenn ihr einverstanden seid, suche ich mit ihr einen nicht zu langen Text aus.«

»Gut, den sollen dann alle lesen«, stimmen Marina und Jutta zu. »Frag doch Heide, ob sie vielleicht als Einstieg in die nächste Team-Besprechung ein oder zwei Bewegungsspiele mit uns machen kann«, fügt Marina zu. »Welche Aufgaben verteilen wir an das Team?« Jutta schlägt vor: »Wir bilden zwei Gruppen. Die eine beschäftigt sich mit dem Leitgesichtspunkt »Erzieherin-Kind-Interaktion«, die anderen mit »Planung«. Marina und ich teilen uns das ebenfalls auf. Mich interessiert besonders der Leitgesichtspunkt »Erzieherin-Kind-Interaktion«. Ich hätte auch schon eine Idee für die Teambesprechung. Im Arbeitsbuch wird eine Pro- und Contra-Diskussion vorgeschlagen, die würde sich vielleicht für die Frage eignen: »Braucht ein Kind bei seiner Bewegungsentwicklung Unterstützung?«

»Wir haben drei Wochen Zeit bis zur nächsten Qualitäts-Sitzung. Ich bin morgen beim Leiterinnen-Treffen mit der Fachberatung und werde Frau R. fragen, ob sie noch Material zu unserem Qualitätsthema hat.«

Vier Tage später findet jede Erzieherin in ihrem Fach einen Arbeitsauftrag zum Qualitätsbereich Bewegung:

- Lesen und Bearbeiten des Qualitätsbereichs nach dem Lese-Leitfaden
- Lesen des Psychomotorik-Artikels
- Jeweils ein Arbeitsgruppen-Treffen zu den Leitgesichtspunkten »Erzieherin-Kind-Interaktion« und »Planung« (Termin findet die AG selbst – Abstimmung mit Marina bzw. Jutta)
- Ergebnis in die dritte Teambesprechung zum Qualitätsbereich Bewegung einbringen

3. Teamsitzung:
Zur fachlichen Orientierung

Jutta und Marina eröffnen die Teamsitzung. In der Mitte des Raums liegt ein Ball. »Dies ist ein Symbol für Bewegung«, leitet Jutta ein. »Ihr habt alle den Artikel über Psychomotorik gelesen. Es ging darum, welche Bedeutung Bewegung für die Entwicklung von Kindern hat. Bitte schreibt auf die Karten, die hier liegen, welche Verbindungen zu anderen pädagogischen Bereichen euch deutlich geworden sind.«

Fünf Minuten später liegen zahlreiche Karten um den Ball herum. Eine lebhafte Diskussion schließt sich an. Marina fasst die wichtigsten Punkte zusammen und Jutta notiert diese am Flipchart. »Bevor jetzt die beiden Arbeitsgruppen dran sind, wird Heide mit uns einige Bewegungsspiele machen. Ihr habt ja gelesen, dass Bewegung dabei hilft, Stress abzubauen und die Konzentrationsfähigkeit steigert«, leitet Jutta über.

Danach stellt die Arbeitsgruppe »Erzieherin-Kind-Interaktion« ihr Ergebnis vor. »Ihr habt diesen Qualitätsbereich alle gelesen. Wir möchten deshalb hier nicht auf alles eingehen. Stattdessen wird jede von uns das Qualitätskriterium vorlesen, das ihr für die eigene Arbeit besonders wichtig ist und dies auch begründen.«

Danach ist die nächste Arbeitsgruppe dran. Claudia leitet ein: »Wir haben uns näher mit der Frage der Unterstützung von Bewegungsabläufen beschäftigt. Das sehen wir als Gratwanderung: Wann ist es sinnvoll, damit ein Kind sich etwas Neues traut und wann ist es eine Bevormundung und verhindert ein eigenes Erfolgserlebnis? Wir haben dazu ein Pro- und Contra-Spiel vorbereitet. Das Thema lautet: »Braucht ein Kind bei seiner Bewegungsentwicklung Unterstützung?« Dazu führen wir zehn Minuten ein Streitgespräch und ihr sollt als Zuschauer hinterher entscheiden, welcher Meinung Ihr zustimmt.«

Die Auswertung des Spiels zeigt, dass es auf die Streitfrage kein eindeutiges »Ja« oder »Nein« gibt. Das Spiel hat – darüber sind sich alle einig – dazu beigetragen, die verschiedenen Aspekte der Frage zu verdeutlichen. Monika M. fasst als Ergebnis zusammen: »Einig waren wir uns darin, dass sich aus der Beobachtung ergeben sollte, in welcher Form ein Kind Unterstützung braucht bzw. wann ein Kind signalisiert, dass es gerade nicht weiter kommt und unterstützt werden möchte.«

Nun leitet Marina zur zweiten Gruppe »Planung« über. »Uns ist bewusst geworden, dass wir den Bereich »Bewegung« bei unseren Planungen eigentlich ziemlich vernachlässigt haben. Wir finden, dass wir zu sehr auf das Außengelände und die Angebote im Mehrzweckraum fixiert sind. Wir haben eine Ideenliste vorbereitet, wie man in den Innenräumen Platz für Bewegung schaffen könnte. Vorher möchten wir euch allerdings zu einem Hausspaziergang einladen. Schaut euch bitte alle Räume an und schreibt selbst Ideen auf unter dem Motto »Raum für Bewegung«.

Als die Teammitglieder zurückkommen, hängt ein Grundriss des Kindergartens an der Wand, alle notieren ihre Ideen. Danach präsentiert die Arbeitsgruppe ihre Vorschläge. Nach einer gewissen Zeit unterbricht Monika M. die Diskussion: »Wir müssen jetzt aus Zeitgründen zum Schluss kommen. Ich schlage vor, mit unseren Ergebnissen von heute folgendermaßen zu verfahren:
- Unser Ergebnis zur Unterstützung durch die Erzieherin fassen Marina, Jutta und ich so zusammen, dass es in unsere pädagogische Konzeption aufgenommen werden kann.
- Die Ideen für räumliche Veränderungen bleiben hier noch hängen, dann kann jede von euch sich damit beschäftigen, was in ihrem Raum verändert werden könnte.

Der nächste Schritt ist jetzt, konkrete Qualitätsziele zu formulieren. Dazu ist es vielleicht gut, die Diskussion von heute erst mal zu verarbeiten. Bitte gebt eure Vorschläge bis Ende dieser Woche an Marina und Jutta. In zwei Wochen ist dann die nächste Sitzung.«

2.4.4 Vierter Qualitätsschritt: Diskussion von Veränderungszielen

Sie wissen, wo die Stärken und Schwächen in Ihrer Einrichtung liegen und haben sich im Team intensiv über aktuelle fachliche Aspekte informiert und ausgetauscht. Nun geht es darum, sich auf dieser Grundlage auf gemeinsame Ziele der Qualitätsentwicklung zu verständigen.

In dieser Phase des Qualitätsentwicklungsprozesses
- diskutiert das Team, wo es die Qualität der pädagogischen Arbeit verbessern will;
- bezieht dabei die Ergebnisse der fachlichen Orientierung ein;
- formuliert ausgehend von ausgewählten Merkmalen des Qualitätsbereichs eigene erreichbare Qualitätsziele.

Qualitätssicherung und Qualitätsentwicklung

An schönen Zielen besteht in der Pädagogik kein Mangel. In pädagogischen Konzeptionen finden sich unter dem Punkt »Ziele unserer Arbeit« häufig Formulierungen wie: »Unsere Arbeit orientiert sich an den Bedürfnissen der Kinder« oder »Die Selbständigkeit der Kinder steht bei uns im Vordergrund.« Dabei handelt es sich um konzeptionelle Grundsätze und Leitlinien, die eine gemeinsame Orientierung des Teams zum Ausdruck bringen. Qualitätsziele müssen jedoch andere Anforderungen erfüllen. Sie sollen konkret und überprüfbar sein und ein wünschenswertes Ergebnis beschreiben. Dies ist bei den oben genannten Zielformulierungen nicht der Fall.

Vor dem Hintergrund der vorangegangenen Diskussion des Qualitätsprofils und der fachlichen Orientierung sollten Sie zunächst zwischen zwei Zielen unterscheiden:

- *Erhaltensziele* dienen der Qualitätssicherung: Was gelingt uns sehr gut und gut? Was soll demzufolge erhalten bleiben? Vieles in Ihrer Einrichtung läuft sehr gut. Darauf können Sie als Team stolz sein. Sprechen Sie im Team immer wieder auch über diese Erfolge und werten Sie aus, welche Bedingungen dies ermöglichen. Für Ihre Qualitätssicherung ist es wichtig, die Erfolgsfaktoren zu kennen.
- *Veränderungsziele* dienen der Qualitätsentwicklung: Wo wollen wir uns verbessern? Es ist manchmal leichter zu sagen, was nicht gut läuft, als zu formulieren, wie es denn laufen soll. Nehmen Sie sich ausreichend Zeit, damit sich jede Kollegin genau vorstellen kann, welches Ergebnis angestrebt wird und was sie dazu tun soll. Eine Fachkraft kann sich nur für ein Ziel einsetzen, das sie akzeptiert. Die folgenden Hinweise sollen Ihnen helfen, diesen Prozess erfolgreich zu steuern.

Qualitätsziele mit der »smart-Formel« formulieren

Die Anforderungen an ein Qualitätsziel fasst der Begriff »smart« zusammen. Smart steht für:
- **s** pezifisch
- **m** essbar
- **a** kzeptabel
- **r** ealistisch
- **t** erminiert

Das folgende Beispiel zum Qualitätsbereich »Eingewöhnung« verdeutlicht, wie man mit der smart-Formel von einem Qualitätsmerkmal zu einem Qualitätsziel kommt. Im Kriterienkatalog steht unter Qualitätsmerkmal 3.10.: »Die Erzieherin tauscht sich mit den Eltern regelmäßig über den Verlauf der Eingewöhnung und das Befinden des Kindes aus und bezieht die Ergebnisse in die weitere Planung der Eingewöhnung ein« (NKK, S. 237). Das Team möchte ausgehend von diesem Merkmal ein eigenes Qualitätsziel entwickeln. Der »smart-Formel« entsprechend muss dazu Folgendes besprochen werden:
- *Spezifisch* steht für konkrete Detailinformationen. Fragen Sie sich als Fachkraft: Was sollten die Eltern über den Verlauf der Eingewöhnung von mir erfahren?
- *Messbar* heißt, sich als Fachkraft zu fragen: Woran kann ich überprüfen, ob das Ziel erreicht ist? Was heißt für unsere Einrichtung »regelmäßiger Austausch«?
- *Akzeptabel* bedeutet, dass jedes Teammitglied dieses Ziel als pädagogisch sinnvolle Maßnahme ansieht. Fragen Sie sich als Fachkraft: Was hat sich in meiner bzw. unserer pädagogischen Arbeit verbessert, wenn dieses Ziel erreicht ist?
- *Realistisch* bedeutet, dass das Team dieses Ziel aus eigener Kraft erreichen kann; das heißt, das Ziel ist nicht an Bedingungen geknüpft, die das Team nicht beeinflussen kann. Fragen Sie sich als Fachkraft: Was genau kann ich an »regelmäßigem Austausch« zusagen?
- *Terminiert* bezieht sich auf die Zeitangaben. Die Fachkraft sollte sich fragen: Wie oft kann ich einen Austausch mit den Eltern gewährleisten? Wann soll das Qualitätsziel insgesamt erreicht sein?

Nach einer Diskussion im Team könnte das Qualitätsziel folgendermaßen lauten:

> Mit Beginn des neuen Kindergartenjahrs im September finden neben dem Aufnahmegespräch mindestens zwei weitere Elterngespräche während der Eingewöhnungszeit des Kindes statt. Darüberhinaus teilt jede Erzieherin unserer Einrichtung den Eltern beim Abholen des Kindes mit, wie das Kind den Tag verbracht hat. Sie bespricht jeden neuen Schritt der Eingewöhnung vorab mit den Eltern und holt deren Meinung dazu ein.

Noch ein weiterer Hinweis: Formulieren Sie Ihre Qualitätsziele immer in der Gegenwartsform, so als ob sie bereits verwirklicht sind. Formulierungen wie »könnte«, »müsste«, »sollte« eignen sich nicht zur Beschreibung von Qualitätszielen.

So gehen Sie vor: Leitfaden für die Entwicklung von Qualitätszielen im Team

- Einigen Sie sich als Team zunächst darauf, zu welchen Merkmalen des Qualitätsbereichs Sie Veränderungsziele formulieren wollen.
- Wählen Sie nur wenige Merkmale für die Qualitätsentwicklung aus (ein bis maximal drei pro Bereich).
- Schreiben Sie dieses oder diese Merkmale als Überschrift auf einen Flipchart-Bogen.
- Schreiben Sie an das untere Ende des Flipchart-Bogens, wie die jetzige Situation (IST) aussieht (Stichworte).
- Schätzen Sie als nächstes gemeinsam ein, wie weit Ihr IST-Zustand von dem ausgewählten Qualitätsmerkmal, das für »beste Fachpraxis« steht, entfernt ist: Ist es ein langer Weg, der einige Zwischenschritte erfordert, oder ein kurzer Weg? Es geht nun darum, ein Qualitätsziel zu finden, das die Einrichtung tatsächlich erreichen kann. Besser ist es, sich zunächst ein überschaubares, erreichbares Qualitätsziel zu setzen und erst danach ein schwierigeres. Besprechen Sie mit dem Team die »smart-Formel« zur Zielentwicklung. Bitten Sie nun alle, auf Moderationskarten Vorschläge für Qualitätsziele zu schreiben, die in die Mitte des Flipchart-Bogens zwischen dem Merkmal des Kriterienkatalogs und dem IST-Zustand geheftet werden.
- Diskutieren Sie die Vorschläge auf Gemeinsamkeiten und Unterschiede. Prüfen Sie, ob alle Kriterien der »smart-Formel« erfüllt sind.
- Ergebnis dieser Diskussion sollte ein gemeinsam gefundenes Qualitätsziel sein, das Sie nun aufschreiben.

Abbildung 10 verdeutlicht diesen Zielfindungsprozess.

Qualitätsentwicklung umfasst Teamziele und persönliche Verhaltensziele

Teamziele

Das Ziel der Qualitätsentwicklung ist die Verbesserung der Einrichtungsqualität, also gemeinsam besser zu werden und eventuell vorhandene qualitative Unterschiede nicht etwa noch zu vergrößern. Vorrangig ist deshalb die gemeinsame Entwicklung von Teamzielen.

Ein Beispiel für ein Teamziel aus dem Qualitätsbereich »Mahlzeiten« des Kriterienkatalogs lautet folgendermaßen: »Die

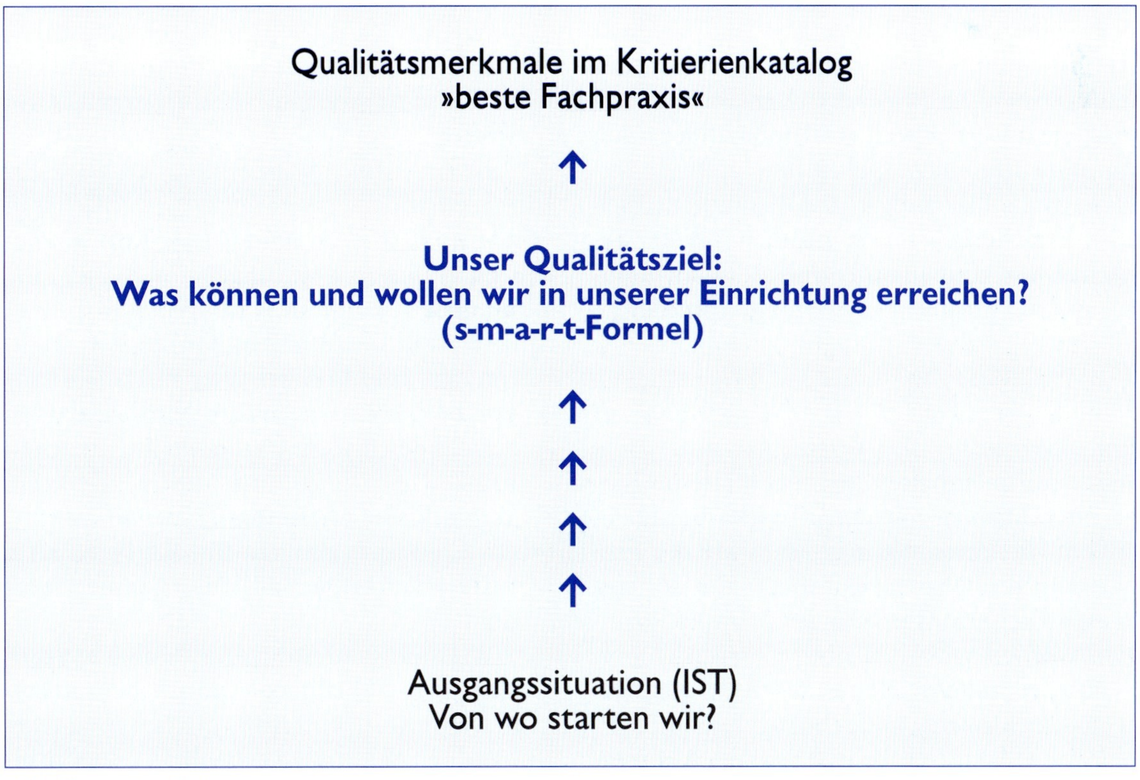

Qualitätsmerkmale im Kritierienkatalog
»beste Fachpraxis«

↑

Unser Qualitätsziel:
Was können und wollen wir in unserer Einrichtung erreichen?
(s-m-a-r-t-Formel)

↑
↑
↑
↑

Ausgangssituation (IST)
Von wo starten wir?

Abbildung 10: Zielfindungsprozess

Erzieherin ermöglicht den Kindern, die Zubereitung von Mahlzeiten durch das Küchenpersonal zu beobachten und sich nach Absprache an der Vorbereitung zu beteiligen« (NKK, S. 71).

In einem systematischen Qualitätsentwicklungsprozess ist es nicht beliebig, ob und wie sich jede einzelne Teamkollegin an der Realisierung eines solchen Merkmals beteiligt. Hat sich das Team entschieden, das oben genannte Qualitätsmerkmal aus dem Bereich »Mahlzeiten« gemeinsam umzusetzen, bedarf es dazu einer Reihe konkreter Absprachen:

- Wann und wie ist es organisatorisch möglich, dass die Kinder bei der Zubereitung von Mahlzeiten anwesend sind?
- Geschieht das eher spontan oder in regelmäßigen Abständen für jede Gruppe/jedes Kind?
- Welche Regeln gibt es oder brauchen wir für den Zutritt von Kindern in die Küche keine Regeln?
- Wie wird das Küchenpersonal an der Gestaltung solcher Situationen beteiligt, so dass es das Ziel akzeptieren kann und die Kinder nicht als störend empfindet?
- Können eventuell einzelne Tätigkeiten auch außerhalb der Küche stattfinden?
- und so weiter...

Nachdem diese Fragen geklärt sind, schließt das Team eine Zielvereinbarung ab, in der konkretisiert wird, wie das Qualitätsmerkmal umgesetzt werden soll. Die Umsetzung ist nun für alle verbindlich. Neben den im Team vereinbarten Umsetzungsmaßnahmen kann sich jede Erzieherin auch persönliche Ziele stecken. Diese können im Formblatt »Zielvereinbarung mit mir selbst« festgehalten werden.

Persönliche Verhaltensziele der Fachkraft

Für Merkmale des Kriterienkatalogs, die sich auf das Verhalten der Fachkräfte und ihre Interaktionen mit den Kindern beziehen, sollten die Ziele, die das Team für die Einrichtung vereinbart und festlegt, von der einzelnen Fachkraft für ihre Situation konkretisiert werden.

Ein Verhaltensziel aus dem Qualitätsbereich »Mahlzeiten« lautet: »Die Erzieherin beteiligt sich (gemeint ist: während der Mahlzeiten) an den Gesprächen und bringt dabei auch eigene Themen ein« (NKK, S. 69). Für dieses Verhaltensziel sollte jede Fachkraft ihr eigenes Handeln und die bei ihr gegebene Gruppensituation (wie Zusammensetzung und Alter der Kinder) reflektieren und das Teamziel für diese Gruppensituation weiter konkretisieren. Um das zu erreichen schlagen wir folgendes Vorgehen vor:

- *Fachliche Auseinandersetzung mit dem Qualitätsmerkmal*
  Im Team können Sie gemeinsam beraten und festlegen, ob und mit welcher Begründung dieses Merkmal als pädagogisch sinnvoll angesehen wird.
- *Kollegialer Erfahrungsaustausch über das Qualitätsmerkmal*
  Vereinbaren Sie einen Austausch über persönliche Erfahrungen mit diesem Qualitätsmerkmal sowie persönliche Ziele. Sie können dazu beispielsweise eine Beobachtungsphase vereinbaren.

  Methodische Anregung: Jede Kollegin wertet während der nächsten vier Wochen die Tischgespräche unter folgenden Gesichtspunkten aus: Worüber sprechen die Kinder? Wenden sie sich an mich? Welches Kommunikationsbedürfnis haben sie dabei? Wann und wie beteilige ich mich an Gesprächen? Mit welcher Wirkung? Wann habe ich eher das Gefühl »Das geht dich nichts an, da wollen sie unter sich sein«? Die Beobachtungen werden im Team oder in Kleingruppen (zu zweit, zu dritt) ausgewertet.
- *Austausch über positive und negative Erfahrungen*
  Methodische Anregung: Jede Kollegin berichtet über eine gelungene und eine misslungene Kommunikationssituation bei Tisch. Für die Offenheit im Team ist wichtig, dass jede Kollegin über beide Situationen berichtet. Das macht deutlich, dass es niemanden gibt, der »alles« richtig machen kann.
- *Verbindliches Qualitätsziel formulieren*
  Als Ergebnis sollte ein für alle Fachkräfte verbindliches Qualitätsziel formuliert werden.

  Methodische Anregung: Eine Konkretisierung des Qualitätsmerkmals könnte beispielsweise so lauten und als Ziel vereinbart werden: »Wir finden es wichtig, dass sich jede Erzieherin bei Tisch an den Gesprächs-

themen, die die Kinder interessieren, beteiligt. Dabei achten wir darauf, dass... In der Gesprächsführung finden wir sinnvoll, dass ... finden wir unpassend, dass ...«
- *Persönliche, individuelle Entwicklungsziele setzen*
  Der Austausch im Team hat auch das Ziel, die Selbstwahrnehmung der einzelnen Fachkraft zu schärfen und sie anzuregen, sich individuelle Entwicklungsziele zu setzen. Dazu können Sie beispielsweise eine kollegiale Beratung vereinbaren.
  Methodische Anregung: Ein Teammitglied beobachtet die Situation bei einer Mahlzeit und gibt der Kollegin Rückmeldung, was ihr aufgefallen ist. In einem anschließenden Gespräch unterstützt das Teammitglied die Kollegin, persönliche Veränderungsziele zu finden.
- *Austausch über persönliche Veränderungsziele*
  Methodische Anregung: Die persönlichen Veränderungsziele jeder Fachkraft können in einer Qualitätsbesprechung genannt werden. Kolleginnen, die sich bei der Umsetzung gegenseitig fachlich unterstützen wollen, bilden kollegiale Austauschgruppen.
  In Teams, die diese Form nicht praktizieren möchten, können Sie anregen, dass jede Fachkraft eine »Zielvereinbarung mit mir selbst« (→ Formblatt 3 im Anhang) abschließt. Diese Vereinbarung dient nur zur persönlichen Verwendung und wird von der Fachkraft in ihren eigenen Unterlagen aufbewahrt.
  Wenn die Mitarbeiterinnen einverstanden sind, kann von Zeit zu Zeit ein Austausch darüber stattfinden.

Zusammenfassung

- Vereinbaren Sie als Team verbindliche Qualitätsziele für Ihre Einrichtung.
- Legen Sie fest, ob ein allgemein verbindlicher Weg der Umsetzung vereinbart wird oder ob jede Fachkraft ihren individuellen Umsetzungsweg verfolgt.
- Schaffen Sie Möglichkeiten für den gegenseitigen Austausch über die individuellen Verhaltensziele der Fachkräfte.

PRAXISBEISPIEL
Kindertagesstätte »Weidenweg«

Die Inhalte der letzten Teambesprechung zur Qualitätsentwicklung sorgen unter den Erzieherinnen für viel Gesprächsstoff. Immer wieder sprechen sie über die Ideen, die zur Umgestaltung der Räume entstanden sind. Einige beginnen bereits, miteinander zu planen. Marina, Jutta und Monika bitten alle Kolleginnen, ihre Ideen aufzuschreiben und bei ihnen abzugeben.

Vorbereitung der 4. Teambesprechung zu Veränderungszielen

Monika, Jutta und Marina sitzen vor einer Wandzeitung, auf der sie die Ideen des Teams sortiert haben. »Ich sehe zwei Tendenzen«, sagt Monika, »einmal den Mehrzweckraum intensiver nutzen, nicht nur für angeleitete Angebote. Dann Umgestaltungen in den Gruppenräumen – aber die Ideen dazu sind etwas mager. Das ist ja auch klar, denn wenn man Flächen für grobmotorische Bewegungen schaffen will, muss ja etwas anderes wegfallen.«

»Womit wir wieder bei unserer alten Diskussion wären, ob wir offener arbeiten sollen, dann braucht ja nicht mehr in jedem Raum alles zu sein«, meint Jutta. Monika erwidert: »Die Nutzung des Mehrzweckraums ist ein konkretes Vorhaben, das wir sofort angehen können. Die andere Frage – Raumkonzept für offene Arbeit – muss länger vorbereitet werden und setzt voraus, dass alle mitziehen. Wenn ihr euch für die nächste Qualitätssitzung über den Mehrzweckraum Gedanken macht, werde ich zum Thema offene Arbeit etwas sagen.«

4. Teamsitzung: Diskussion von Veränderungszielen

Die Mitarbeiterinnen finden im Teamraum eine Wandzeitung mit der Überschrift »Qualitätsziel: Aktionsflächen für grobmotorische Bewegung vergrößern« vor. Darunter hängen die nach »Mehrzweckraum« und »Gruppenräume« sortierten Vorschläge der Mitarbeiterinnen. Nachdem alle Gelegenheit hatten, die Karten dazu anzusehen, beginnt Marina: »Wir schlagen euch vor, über den Mehrzweckraum und die Gruppenräume getrennt zu reden.« Alle sind einverstanden und Marina fährt fort: »Eure Vorschläge und auch die Diskussionen nach der letzten Teambesprechung gehen in die Richtung, den Mehrzweckraum in einen Bewegungsraum umzugestalten, der für die Kinder die meiste Zeit zugänglich ist. Einige schreiben sogar »Ziel: ohne Aufsicht«. Wir möchten das jetzt mit euch erarbeiten.

Marina schreibt als Überschrift auf einen Flipchart-Bogen: »Mehrzweckraum wird zum Bewegungsraum, von den Kindern die meiste Zeit des Tages zu nutzen« (NKK, S. 156).

Dann fordert sie ihre Kolleginnen auf: »Hier unten soll nun der IST-Zustand stehen. Wie würdet ihr den beschreiben?« Auf Zuruf schreibt sie auf:

- Mehrzweckraum wird nur für Angebote genutzt.
- Durchschnittlich 2x die Woche pro Kind.
- Geräte und Material sind weggeschlossen.

»Für ein Qualitätsziel ist die Überschrift aber noch nicht konkret genug«, schaltet sich Jutta ein. »Wir haben hier die »smart-Formel« aufgeschrieben, nach der ein Qualitätsziel formuliert sein soll. Setzt euch doch mal für zehn Minuten zu dritt zusammen und geht diese Formel miteinander durch.«

Danach schreibt Marina die Wortmeldungen mit:

- Spezifisch: Bewegungsbaustelle im Mehrzweckraum; Ballspiele im Mehrzweckraum.
- Messbar: Die meiste Zeit des Tages sind Kinder im Mehrzweckraum.
- Akzeptabel: Ziel ist o.k. Aber wie soll die Aufsicht abgedeckt werden? Regel mit Kindern klären!
- Realistisch: Ja, wann Zeit zum Umräumen? Geld für neues Material?
- Terminiert: In drei Monaten Ziel erreicht.

Jutta meint dazu: »Nachdem wir uns hier ziemlich einig sind, kann dieser Vorschlag dann von einer Untergruppe weiterbearbeitet werden, die eine Zielvereinbarung vorbereitet. Wer kann dabei noch mitmachen?« Dazu meldet sich Barbara.

Nun ergreift Monika das Wort: »Um die anderen Vorschläge zu klären, brauchen wir mehr Zeit. Die meisten von euch sind ja der Meinung, dass in den Gruppenräumen kaum mehr Bewegungsmöglichkeiten geschaffen werden können, weil einfach kein Platz ist. Das sehe ich auch so. Christiane und Gülcin möchten gerne ab Sommer gruppenoffen arbeiten und so umräumen, dass die Kinder alle drei Räume nutzen können. Dadurch erhoffen sie sich mehr Platz für Bewegung. Ich möchte anregen, das noch mal für die gesamte Einrichtung zu durchdenken. Was haltet ihr davon, dazu unseren nächsten Teamtag im Mai zu nutzen?« Das Team ist einverstanden und Christiane und Gülcin erklären sich bereit, ihre Planungen aufzuschreiben und den Teamtag mit Monika gemeinsam vorzubereiten.

Monika schließt die Besprechung: »Als konkretes Qualitätsziel haben wir damit erst mal die Veränderung des Mehrzweckraums beschlossen. Die Einzelheiten und die Umsetzung werden wir dann nächstes Mal besprechen.«

2.4.5 Fünfter Qualitätsschritt: Zielvereinbarungen

Das Team hat diskutiert und entschieden, welche Ziele und Veränderungen in einem Qualitätsbereich erreicht werden sollen. Nun geht es darum, diese Vorhaben konkret und für das gesamte Team verbindlich festzuhalten. Dies geschieht in Form von Zielvereinbarungen.

In einer Zielvereinbarung
- legt das Team die Qualitätsziele für die Einrichtung fest;
- fixiert damit die Ergebnisse der fachlichen Diskussion im Team;
- bestätigen alle Beteiligten die Verbindlichkeit durch ihre Unterschrift.

Eine oder mehrere Zielvereinbarungen schließen die Diskussion um Veränderungen innerhalb eines Qualitätsbereichs ab. Sie sind Bestandteil eines systematischen Qualitätsentwicklungsprozesses im Unterschied zu unverbindlichen Absichtserklärungen. Zielvereinbarungen werden immer schriftlich festgehalten. Die entsprechenden Formblätter finden Sie als Kopiervorlagen im Anhang sowie auf der beiliegenden CD.

Zielvereinbarungen in der Qualitätsentwicklung beziehen sich immer auf die pädagogische Qualität der *Einrichtung*. Sie werden vom gesamten Team oder den organisatorischen Einheiten (z. B. von den Mitarbeiterinnen der Krippengruppen für null- bis dreijährige Kinder) geschlossen.

Zielvereinbarungen können aber auch Teil der Personalentwicklung sein. Je nach ihren individuellen Fähigkeiten und Kenntnissen sind die Ausgangspunkte der Fachkräfte bei der Umsetzung eines Verhaltensziels u.U. sehr unterschiedlich. Es ist die Aufgabe von Personalentwicklung, die einzelne Fachkraft dabei zu unterstützen, die vereinbarten Verhaltensziele zu erreichen. Zur Leitungsfunktion gehört es, jeder Mitarbeiterin regelmäßig Rückmeldung zu ihrer Arbeit zu geben und mit ihr Ziele zu vereinbaren. Dies geschieht im vertraulichen Vier-Augen-Personalgespräch sowie in ebenfalls vertraulichen Zielvereinbarungs-Gesprächen. Die Qualitätsziele der Einrichtung bilden dafür den Rahmen.

Grundsätze zum Umgang mit Zielvereinbarungen

Zielvereinbarungen – warum?

- Zielvereinbarungen sind ein Mittel, Ideen verbindlich in die Planung und Organisation der Kindertageseinrichtung aufzunehmen.
- Mit Zielvereinbarungen übernehmen Mitarbeiterinnen und Leitung gemeinsam die Verantwortung dafür, die Ziele auch zu verwirklichen.
- Zielvereinbarungen sind ein Führungsinstrument: Alles, was nur besprochen, aber nicht »gemanagt« wird, bleibt folgenlos.

Zielvereinbarungen sind das Ergebnis von Verhandlungen im Team.

Die tragfähigsten Vereinbarungen sind als Ergebnis gemeinsamer Diskussionen entstanden. Manchmal scheint es naheliegend, als Leitung eine Vorlage zu machen, die dann schnell beschlossen wird. Wenn die betroffenen Kolleginnen das Ziel aber nicht mit durchdacht haben, sind sie oft von dessen Sinn nicht überzeugt. Bei der Umsetzung entwickeln sich dann merkwürdige Widerstände. Das Wichtigste passiert deshalb, bevor alle unterschreiben.

Zielvereinbarungen sind verbindlich.

Zielvereinbarungen sind für alle Personen verbindlich, die sie unterschrieben haben. Tragen Sie deshalb unbedingt die Namen in das Formblatt »Zielvereinbarung« ein, weil das eine andere Verbindlichkeit ausdrückt als die Formulierung »das gesamte Team«. Wenn das gesamte Team oder mehrere Personen an einer Zielvereinbarung beteiligt sind, sollte eine Person die Hauptverantwortung für das Erreichen des Ziels übernehmen. Hauptverantwortung heißt nicht, alles selbst zu tun, sondern
- immer wieder mal zwischendurch prüfen, ob es »läuft«;
- die anderen Beteiligten erinnern, eventuell auch »auf die Füße treten«;
- sich um auftretende Störungen kümmern: diese als TOP auf der Teambesprechung einbringen, notwendige Gespräche führen, Termine anpassen, Verantwortliche

für neue nicht vorhersehbare Aufgaben finden usw.;
- Bericht erstatten auf den Team-Besprechungen.

Besprechen Sie diesen Punkt ausführlich, wenn die Zielvereinbarung beschlossen wird. Wenn es in einem Team bisher nicht üblich war, dass jemand anders als die Leitung die Zielerreichung überprüft, müssen die Mitarbeiterinnen zunächst akzeptieren, dass diese Aufgabe delegiert wird, sonst hat es die Verantwortliche schwer.

Wer trägt die Verantwortung?

Formal trägt die Leitung die Gesamtverantwortung für die Entwicklung der Einrichtung. Der Teamgedanke legt jedoch nahe, dass sich jede Mitarbeiterin entsprechend ihrer Fähigkeiten und Möglichkeiten an der Steuerung und Kontrolle von Zielen beteiligt. Dies gilt umso mehr, als dass sich pädagogische Teams als Kreis kompetenter und meist erfahrener Fachkräfte verstehen. Deshalb ist es am besten, wenn die Hauptverantwortlichen für die Durchführung und Kontrolle pädagogischer Qualitätsziele so oft wie möglich Teammitglieder sind. Im Lauf der Zeit sollten sich alle daran beteiligen.

In vielen Teams ist es noch nicht üblich, dass eine Kollegin für eine größere Aufgabe die alleinige Verantwortung übernimmt, das gilt vor allem für die Kontrolle der Umsetzung. Meist bleibt diese eher unbeliebte Aufgabe an der Leitung hängen. Dies lässt sich nicht durch Appelle ändern, sondern nur durch die Änderung von Gewohnheiten und Verfahren. Die Zielvereinbarung ist ein Mittel dazu.

Während die Hauptverantwortliche »ihr« Ziel im Blick hat, behält die Leitung den Gesamtüberblick über die beschlossenen Zielvereinbarungen:
- Welche Ziele aus einem oder mehreren Qualitätsbereichen müssen koordiniert werden?
- Welches Ziel ist einem anderen eventuell übergeordnet, so dass es zuerst erreicht werden muss, bevor ein neuer Schritt getan wird?
- Stimmt der zeitliche Rahmen? Wird nicht zu viel auf einmal angegangen?

Die Leitung ist auch Ansprechpartnerin, wenn eine Kollegin mit ihrer Hauptverantwortung nicht klarkommt. Begleiten Sie Kolleginnen, die so etwas das erste Mal machen, lassen Sie sich aber die Verantwortung nicht bei der ersten kleinen Schwierigkeit »zurückdelegieren«.

Dokumentation der Zielvereinbarungen im Qualitätsentwicklungsprozess

Die Zielvereinbarungen und die Dokumentation der Zielerreichung sind Bestandteil des Dokumentationssystems zur Qualitätsentwicklung. In der Regel befindet es sich im Büro der Leitung. Zuständig für die Dokumentation ist die in der Zielvereinbarung genannte Hauptverantwortliche.

Hinweise für die Teamarbeit

- Besprechen Sie mit dem gesamten Team die beiden Zielebenen »Teamziele« (→ Formblatt 2) und »persönliche Verhaltensziele« (→ Formblatt 3).
- Sprechen Sie anhand der »Grundsätze zum Umgang mit Zielvereinbarungen« dieses Kapitels über den Sinn von Zielvereinbarungen.
- Regen Sie an, dass jede Fachkraft ein persönliches Qualitätsentwicklungsheft führt, in dem persönliche Notizen und Vorhaben dokumentiert werden.
- Besprechen Sie mit den Mitarbeiterinnen, dass die Umsetzung der Zielvereinbarungen zukünftig Bestandteil von Personalgesprächen sein wird.

Die Verbindlichkeit einer Zielvereinbarung wird hervorgehoben, wenn jede, die unterschrieben hat, ein eigenes Exemplar für ihren persönlichen Qualitätsentwicklungsordner erhält. Das Formblatt 2 dazu findet sich auch im Anhang und auf der CD als Kopiervorlage.

Formblatt 2
Zielvereinbarung im Team

1. Qualitäts- Ziel

Bezug zum Qualitätsbereich:
_____

Bezug zu Qualitätskriterien:
_____

Bezug zu unserer Konzeption (auf welchen Teil der Konzeption bezieht sich das Qualitätsziel?):
_____
_____
_____

2. Betroffene

Welche Bereiche und Personengruppen sind angesprochen? (Fachkräfte welcher Gruppen, Kinder, Eltern, technische Kräfte, Träger, Außenstehende)
_____

3. Ausgangssituation

Wie haben wir den IST-Stand im Qualitätsprofil bewertet?
_____
_____

4. Maßnahmen und Umsetzungsschritte zur Erreichung des Ziels

(eventuell ausführlichen Maßnahmeplan anfügen)

1. Maßnahme: Verantwortlich:

2. Maßnahme: Verantwortlich:

5. Zeitrahmen

Das Qualitätsziel soll erreicht sein bis:
_____

Meilensteine (Zwischenziele) bei größeren Vorhaben:
1. _____ Bis wann: _____
2. _____ Bis wann: _____
3. _____ Bis wann: _____

6. Mittel/Ressourcen, die eingesetzt werden
_____
_____

7. Beteiligte

Hauptverantwortlich:
_____
_____

Mitverantwortlich:
_____
_____

8. Überprüfung der Zielerreichung

Termin:
_____

Verantwortlich:
_____

Ort/Datum:

Unterschriften:

Einrichtungsleitung:

Weitere Beteiligte:

Formblatt 3
Persönliche Ziele und Umsetzungsschritte – Zielvereinbarung mit mir selbst

1. Qualitätsziel des Teams

Wir haben als Team folgende/s Qualitätsziel/-ziele vereinbart:
_____
_____
_____

2. Persönliche Ziele und Umsetzungsschritte

Während der nächsten ... Wochen (wählen Sie einen passenden Zeitrahmen) werde ich dieses Ziel folgendermaßen in meinem Arbeitsbereich umsetzen:

Ziele und Umsetzungsschritte	Bis wann erfüllt?	Erfolgskriterium
1.		
2.		
3.		

Reflexion des fünften Qualitätsschritts: Zielvereinbarungen

In Ergänzung zu dem Formblatt »Zielvereinbarung« sollten Sie weitere Aspekte des Teamprozesses dokumentieren, beispielsweise:

- Sind weitere Ziele diskutiert worden, die nicht sofort, aber zu einem späteren Zeitpunkt wieder aufgegriffen werden sollen?
- Wie sind Sie mit den persönlichen Zielen der Fachkräfte umgegangen?

PRAXISBEISPIEL
Kindertagesstätte »Weidenweg«

Marina, Jutta und Barbara haben den Auftrag, auf der Grundlage des Protokolls der vergangenen Teambesprechung eine Zielvereinbarung auszuarbeiten. Jutta hat bereits einen Entwurf gemacht und dazu das Formblatt »Zielvereinbarung« aus dem Arbeitsbuch verwendet. Barbara meint: »Deinen Entwurf finde ich schon recht gut. Nur beim Hinweis auf den Kriterienkatalog würde ich etwas ergänzen. Du hast da nur auf den Bereich »Innenraumgestaltung« verwiesen, ich finde aber, wir decken damit auch die Aspekte Planung und Partizipation ab, weil wir ja darüber gesprochen haben, dass wir die Kinder an der Umgestaltung beteiligen und mit ihnen Regeln für die Nutzung des Raums erarbeiten.« Martina und Jutta sind mit dieser Erweiterung einverstanden.

Etwas länger dauert dann die Ausarbeitung der Maßnahmen. Marina ist dafür, in die Zielvereinbarung nur die Maßnahmen aufzunehmen, die alle betreffen. »Wie die Kinder an der Umgestaltung des Raums beteiligt werden, ist in den Gruppen unterschiedlich.

Wir könnten dies in einem Anhang zu unserer Umsetzungsplanung aufnehmen.« Der Entwurf zur Zielvereinbarung geht zunächst an Monika, die bereits den Träger informiert hat und mitteilt, dass Aussicht auf einen kleinen finanziellen Zuschuss besteht.

5. Teamsitzung: Zielvereinbarung zum Qualitätsbereich »Bewegung«

Jede Kollegin hat den Entwurf zur Zielvereinbarung vorher erhalten. Zum Qualitätsziel selbst gibt es keine Wortmeldungen mehr, dafür mehrere zur Umsetzung: »Welche Angaben brauchst du von mir zu den Regeln und der Beaufsichtigung?« »Ich schlage vor, dass beim Umräumen nur die ältesten Kinder mitmachen...« »Wir sollten darauf achten, dass jedes Kind eine Möglichkeit erhält, sich irgendwie zu beteiligen, damit es nicht zu einem Projekt der Großen wird...«

Am Ende der ausführlichen Diskussion »steht« schließlich die Zielvereinbarung. Monika meldet sich zu Wort: »Einige von euch haben mir gesagt, dass sie dieses Formblatt mit Unterschrift ziemlich formalistisch finden. Sicher – unsere Planungen haben bisher meist auch so geklappt. Hier geht es aber um einen dokumentierten Nachweis unserer Qualitätsentwicklung und deshalb finde ich eine offizielle Form angemessen.«

Und so sieht schließlich die Zielvereinbarung der Kindertagesstätte »Weidenweg« aus:

Zielvereinbarung Nr. 2–2004:
Qualitätsbereich Bewegung

- *Qualitäts-Ziel*

Um den Bewegungsraum für die Kinder in unserer Einrichtung zu vergrößern, soll jedes Kind täglich vormittags und nachmittags die Möglichkeit haben, sich über einen längeren Zeitraum in der Bewegungsbaustelle aufzuhalten, die wir im Mehrzweckraum einrichten. Der Mehrzweckraum wird entsprechend der beigefügten Raumskizze und Materialliste umgestaltet. Die Bewegungsbaustelle steht den Kindern die meiste Zeit des Tages zur Verfügung (Ausnahme: geplante Veranstaltungen).

Jede Kollegin erarbeitet für ihre Gruppe einen Plan, wie die Kinder mit den Geräten vertraut gemacht werden. Alle Kolleginnen erarbeiten gemeinsam Regeln für die Nutzung des Raums und treffen Absprachen zur Beaufsichtigung.
– Bezug zum Qualitätsbereich: Bewegung
– Bezug zu Qualitätskriterien: 1.1. – 3.2. – 6.5. – 6.7.
– Bezug zu unserer Konzeption: Pädagogische Ziele – Raumangebot (Bewegungsbaustelle wird nach Zielerreichung in die Konzeption aufgenommen)

- *Betroffene*

Welche Bereiche und Personengruppen sind angesprochen?
– Alle pädagogischen Fachkräfte
– Alle Kinder als Nutzer der Bewegungsbaustelle
– Hausmeister
– Sicherheitsbeauftragter

- *Ausgangssituation*

Wie haben wir den IST-Stand im Qualitätsprofil bewertet?
– Mehrzweckraum wird nur selten genutzt, es gibt keinen freier Zugang zu ihm, die Geräte sind weggeschlossen

- *Maßnahmen und Umsetzungsschritte zur Erreichung des Ziels*

1. Maßnahme:
   – Ausarbeitung eines Konzepts Bewegungsbaustelle zur Beschlussfassung im Team bis 30.1.
   – Verantwortlich: Monika, Rita, Susanne
2. Maßnahme:
   – Pädagogische Planung: Einführung der Kinder in die Bewegungsbaustelle; Entwickeln von Verhaltensregeln; Aufsicht
   – Verantwortlich: Zuarbeit jede Gruppenerzieherin an die Leitung bis 15.2.
   – Vorschlag der Leitung zur Teambesprechung am 20.2.
3. Maßnahme:
   – Einkauf von Material
   – Verantwortlich: Martina, Gudrun bis 20.2.

4. Maßnahme:
   - Umräumen des Mehrzweckraums (Beteiligung von Kindern) am 1.3.
   - Verantwortlich: Martina, Gülcin, Rita, Susanne
5. Maßnahme:
   - Installation neuer Geräte (Termin noch offen)
   - Verantwortlich: Leitung mit Hausmeister und Träger
6. Maßnahme:
   - Einführungsphase Nutzung Bewegungsbaustelle
   - Extra-Planung für Eltern-Info, Spielfest usw.
   - Verantwortlich: Leitung, Martina, Jutta bis 1.3.

- *Zeitrahmen*

Das Qualitätsziel soll bis zum 1.5. erreicht sein. Meilensteine (Zwischenziele) bei größeren Vorhaben:
- 1. Planungen abgeschlossen bis 20.2.
- 2. Umgestaltung des Raums abgeschlossen bis spätestens 15.4.
- 3. Spielfest (offizielle Eröffnung) am 30.4.

- *Mittel/Ressourcen, die eingesetzt werden*
- Vorhandene Geräte und Materialien (Mehrzweckraum und in Gruppenräumen)
- Neuanschaffung einzelner Geräte und Materialien): bis 200 EUR durch Haushalt abgedeckt, darüber hinaus Spenden

- *Beteiligte*
Hauptverantwortlich: Martina,
Mitverantwortlich: Monika

- *Überprüfung der Zielerreichung*
- Termine: Teilziele (→ Maßnahmenplan) 20.2.; 15.4.; 30.4.
- Verantwortlich: Monika und Martina

Ort/Datum:

Unterschriften:

Einrichtungsleitung:

Weitere Beteiligte:

2.4.6 Sechster Qualitätsschritt: Planung von Umsetzungsschritten

Wenn das Team Ziele verbindlich festlegt (5. Schritt), gehören dazu auch konkrete Aussagen darüber, wie diese Ziele erreicht werden sollen. Die Maßnahmen, die notwendig sind, um ein Ziel oder einzelne Teilziele zu erreichen, werden ebenfalls im Formblatt »Zielvereinbarung« festgehalten. In diesem Abschnitt finden Sie Hinweise, wie Sie mit Ihrem Team bei der Planung von konkreten Umsetzungsschritten vorgehen.

Die Planung von Umsetzungsschritten
- ist Bestandteil der Zielvereinbarung zur Qualitätsentwicklung,
- benennt konkrete überprüfbare Schritte zur Erreichung eines Qualitätsziels,
- enthält die zeitlichen, organisatorischen und inhaltlichen Aspekte sowie die personellen Verantwortlichkeiten zur Erreichung des Ziels.

Ein entscheidender Schritt in einem systematischen Qualitätsentwicklungsprozess ist, wie die Umsetzung eines Qualitätsziels geplant wird. Dies konkretisiert den Weg von der Formulierung eines Qualitätsziels zu seiner Realisierung. Bei der Planung von Umsetzungsschritten sollten Sie Folgendes beachten:
- Je länger es dauert, bis ein Ziel erreicht wird, desto wichtiger sind konkrete und überprüfbare Teilziele.
- Die »smart-Formel« lässt sich auch auf die Planung von Umsetzungsschritten anwenden.
- Bei der Umsetzungsplanung geht es insbesondere um die smart-Aspekte messbar, realistisch, terminiert. Wenn das Qualitätsziel in Teilschritte untergliedert wird, sollte bei jedem Teilschritt ebenfalls geklärt werden, ob dieser Schritt in der vorgesehen Zeit wirklich erreichbar ist?
- Die Planung von Umsetzungsschritten sollte schriftlich fixiert werden. Planungshilfen befinden sich am Ende dieses Kapitels.

- Die Umsetzungsschritte werden von denjenigen geplant, die an der Zielerreichung beteiligt sind. Auch wenn das Qualitätsziel nur für Teile des Teams gilt (z. B. die Erzieherinnen in der Krippe), wird die entsprechende Zielvereinbarung mit Umsetzungsplanung in die Einrichtungsdokumentation zur Qualitätsentwicklung aufgenommen.
- Die Leitung regt darüber hinaus an, dass jede Fachkraft für sich selbst plant, wie sie vereinbarte Verhaltensziele umsetzt (→ Formblatt 3 »Zielvereinbarung mit mir selbst«). Dies kann gegebenenfalls auch Inhalt von Personalgesprächen sein oder auch Teil der gemeinsamen Dokumentation.
- Arbeitshilfe für die Planung von Umsetzungsschritten ist die Aufgabenliste. Dort werden alle Aufgaben, die daran Beteiligten sowie die geplanten Zeiträume bis zur Erreichung des Qualitätsziels übersichtlich festgehalten. Die Aufgabenliste soll in den Anhang der Zielvereinbarung übernommen werden.

Formblatt 4
Aufgabenliste

Aufgabe (WAS)	WER	MIT WEM	AB WANN	BIS WANN

PRAXISBEISPIEL
Kindertagesstätte »Weidenweg«

Monika M. eröffnet den Tagesordnungspunkt »Umsetzung der Zielvereinbarung Bewegungsbaustelle«: »Wir hatten uns vorgenommen, bis zum 20.2. alle Planungsschritte abzuschließen. Jetzt haben wir Ende Februar und ich möchte Marina um einen Zwischenbericht bitten.« »Im Großen und Ganzen sind wir im Zeitplan«, antwortet Marina. »Wir haben jetzt die Genehmigung, einige Kletterseile und eine große Hängematte anzubringen. Diese Gegenstände sind bereits gekauft und müssen vom Hausmeister installiert werden. Dadurch verschiebt sich der Termin zum Umräumen mit den Kindern um eine Woche nach hinten. Ich korrigiere das in unserem Terminplan.«

»Nicht so einfach, wie ich dachte, ist allerdings die Frage der Aufsicht. Aus eurer Zuarbeit sehe ich, dass es dazu im Team unterschiedliche Vorstellungen gibt«, sagt Monika. »Wenn wir unser Ziel erreichen wollen, dass jedes Kind täglich längere Zeit die Bewegungsbaustelle nutzen kann, müssen wir uns darüber einigen. Das lässt sich meines Erachtens nicht realisieren, wenn die Bewegungsbaustelle nur gruppenweise benutzt wird. Ich werde auf der Grundlage des Qualitätsbereichs »Sicherheit« dazu eine Diskussionsvorlage mit Vorschlägen machen, wie wir die Aufsicht gestalten. Wir sprechen dann in vierzehn Tagen darüber.«

Teambesprechung zur Aufsichtspflicht und zu den Verhaltensregeln in der Bewegungsbaustelle 14 Tage später

Monika M. stellt den Qualitätsbereich »Sicherheit« vor. Die anschließende Diskussion ergibt, dass die Aufsicht und die Verhaltensregeln für die Bewegungsbaustelle ähnlich wie auf dem Außengelände gestaltet werden sollen. »Da wir noch keine praktische Erfahrung haben, wie sich die Kinder mit den Materialien und Geräten der Bewegungsbaustelle verhalten, brauchen wir erst mal eine Eingewöhnungsphase«, meint Jutta. »Ich schlage vor, dass zunächst jede mit ihren Kindern den Raum kennen lernt, in die Geräte einführt, die Kinder beobachtet, Grundregeln einführt.« Das Team beschließt, dafür einen Zeitplan für April und Mai zu erstellen und danach eine Auswertung zu machen. Erst danach soll eine Aufsicht eingeführt werden. Das von einigen Kolleginnen eingebrachte Ziel, älteren Kindern in kleinen Gruppen die unbeaufsichtigte Nutzung der Bewegungsbaustelle zu erlauben, wird vertagt und soll nach Auswertung der Erfahrungen während des Teamtags im August wieder aufgegriffen werden.

Zwei Kolleginnen erstellen eine Liste der Materialien und Geräte sowie von Verhaltensregeln, die bereits jetzt dafür existieren (wie z. B. Geräte bleiben im Raum, werden nach Benutzung an den dafür vorgesehene Ort zurückgebracht; Geräte, die nur von einem Kind zur Zeit benutzt werden sollen).

»Wir müssen unsere Umsetzungsplanung fortschreiben«, fasst Monika die Ergebnisse der Teambesprechung zusammen. Von unserem Qualitätsziel lässt sich nämlich nur ein Teil – die Eröffnung der Bewegungsbaustelle – zum 1.5. realisieren. Die Absprachen zur Aufsicht, damit die Kinder den Raum auch tatsächlich die meiste Zeit des Tages nutzen können, wollen wir erst nach der Eingewöhnung treffen. Was haltet ihr davon, wenn wir uns dafür als Termin den 1.9. setzen?« Die Kolleginnen stimmen zu und Monika nimmt die neuen Termine und Beschlüsse in den Dokumentationsordner zur Qualitätsentwicklung auf.

Reflexion des sechsten Qualitätsschritts: Umsetzungsschritte

Die folgenden Stichworte und Fragen geben Ihnen Anregungen, welche Aspekte während der Umsetzung von Zielen dokumentiert werden können:
- Ideensammlungen und Ergebnisse von Kleingruppenarbeit (Abteilungen, Erzieherinnen einer Gruppe, Arbeitsgruppen),
- Bedarf an Fortbildung/Materialien,
- Interesse an zusätzlichem Austausch im Team.
- Welche Probleme gibt es bei der Umsetzung?
- Gibt es Hindernisse bzw. Einwände, mit denen wir nicht gerechnet haben?
- Auf welche eventuell nicht beachteten Bedürfnisse und Interessen von Kindern oder anderen Beteiligten weisen Schwierigkeiten hin?

2.4.7 Siebter Qualitätsschritt: Ergebnissicherung

Das Team hat sich Ziele gesetzt, Schritte zur Erreichung dieser Ziele geplant und umgesetzt und damit den »Qualitätskreis« der sieben Schritte fast vollständig bearbeitet. Nun geht es darum, das, was Sie bereits gemeinsam erreicht haben, zu überprüfen und zu sichern.

> Die Ergebnissicherung
> - stellt fest, ob ein Qualitätsziel (SOLL) verwirklicht worden ist;
> - schließt einen Zyklus der Qualitätsentwicklung ab und ist dann Ausgangspunkt für ein neues Ziel in diesem Qualitätsbereich (neuer IST-Zustand);
> - ist bei umfangreichen und langfristigen Qualitätszielen laufender Bestandteil des Umsetzungsprozesses, damit Schwierigkeiten frühzeitig erkannt und korrigiert werden;
> - ist Teil eines gemeinsamen Lernprozesses, in dem Erfolge gewürdigt und Schwierigkeiten und Hindernisse ausgewertet werden, um für die Zukunft daraus zu lernen.

Darauf sollten Sie bei der Ergebnissicherung achten:
- Die in der Zielvereinbarung genannte Hauptverantwortliche überprüft, ob die Ziele erreicht worden sind.
- Der Zeitpunkt der Überprüfung der Ziele und Teilziele orientiert sich an den in der Umsetzungsplanung genannten Terminen.

Fragenkatalog zur Ergebnissicherung

Die folgenden Fragen helfen Ihnen, den Stand der Zielerreichung während des Umsetzungsprozesses zu überprüfen und die Umsetzung im Nachhinein auszuwerten. Der Fragenkatalog eignet sich sowohl für die Auswertung im Team als auch als Grundlage für die persönliche Auswertung jeder einzelnen Fachkraft.

Während der Umsetzung

- Gibt es Hindernisse bzw. Einwände, mit denen wir nicht gerechnet haben?
- Auf welche eventuell nicht beachteten Bedürfnisse und Interessen von Kindern oder anderen Beteiligten weisen Schwierigkeiten hin?
- Müssen wir unsere ursprüngliche Planung korrigieren? Wenn ja, wie?

Nach Abschluss der Umsetzung

- Entspricht das Ergebnis vollständig der Zielvereinbarung oder nur zum Teil?
- Welche Wirkungen sind darüber hinaus eingetreten?
- Was hat sich verbessert und für wen?
- Gibt es eventuell Nachteile, die das Ergebnis für einzelne hat? Welche?
- Welche sonstigen Konsequenzen und Anforderungen ergeben sich aus dem Ergebnis für die einzelne Fachkraft?

Gesamtbewertung der Zielerreichung

- Wie betrachten wir die Situation jetzt?
- Welche neuen Qualitätsziele ergeben sich daraus?

PRAXISBEISPIEL
Kindertagesstätte »Weidenweg«

Vierzehn Tage nach dem Spielfest zur Eröffnung der Bewegungsbaustelle findet eine Teambesprechung statt. Im Teamraum sind auf Stellwänden die Fotos vom Fest zu sehen sowie ein Plakat zum pädagogischen Konzept der Bewegungsbaustelle, das während des Festes zur Information der Eltern aushing. Martina als Hauptverantwortliche für die Umsetzung der Zielvereinbarung fordert die Kolleginnen auf, auf zwei Moderationswänden Meinungen zum Ergebnis zu äußern (positiv mit einem lachenden, negativ mit einem traurigen Smiley).

Danach erstatten Martina und Monika Bericht. »Zuerst das Wichtigste: Wir haben alle in der Zielvereinbarung aufgeführten Maßnahmen realisiert. Das war eine Menge Arbeit – vielen Dank für die Zeit und Energie, die ihr alle da reingesteckt habt«, sagt Monika. In einer Runde berichten die Kolleginnen von der positiven Resonanz der Eltern und der Begeisterung der Kinder für den neuen Raum. Dies zeigt sich auch in der Menge der positiven Meinungsäußerungen auf der Moderationswand.

»Wir haben unsere Zielvereinbarung ja auf vier Qualitätskriterien des Qualitätsbereichs Bewegung bezogen«, berichtet Martina. »Auch wenn wir unseren Maßnahmeplan umgesetzt haben, sind diese noch nicht vollständig realisiert.« Martina liest die Qualitätskriterien 1.1., 3.2., 6.5. und 6.7. des Qualitätsbereichs Bewegung vor, sie beziehen sich auf die Partizipation der Kinder und die zeitliche Verfügbarkeit der Bewegungsbaustelle. Monika erinnert daran, dass diese Aspekte während des Teamtags im August weiter bearbeitet werden.

Danach wendet sich Martina der zweiten Moderationswand zu. »Lasst uns trotz des insgesamt tollen Ergebnisses auch die unbefriedigenden Aspekte anschauen.« Dort steht u. a.:
- Einige Eltern äußern Sorgen wegen Verletzungsgefahr.
- Es gibt Streit um »Lieblings-Geräte« (Hängematte).
- Kinder benutzen Plastikschläuche für Kampfspiele.

Das Team beschließt, diese Aspekte ebenfalls im August zusammen mit weiteren, die sich aus der Beobachtung des Spiels in der Bewegungsbaustelle ergeben, zu besprechen und sich dann abzustimmen. Rita meldet sich zu Wort und meint: »Wir sprechen die ganze Zeit über Beobachtung. Damit setzen wir im Grunde schon das Qualitätskriterium 2.1. um, dort heißt es nämlich: ›Die Erzieherin beobachtet, wie sich die Kinder bewegen und dabei Spielgeräte und Ausstattungsgegenstände benutzen.‹ Ich hätte diesen Bezug gerne im heutigen Ergebnisprotokoll.«

Martina kündigt an, dass das Protokoll dieser Besprechung sowie die Aussagen auf den Moderationswänden in die Dokumentation zur Qualitätsentwicklung aufgenommen werden.

An dieser Stelle beenden wir die ausschnitthafte Darstellung der Qualitätsentwicklung in der Kindertagesstätte »Weidenweg«. Das Team hat alle sieben Qualitätsschritte bearbeitet. Wie sich zeigt, entstehen im Verlauf der Arbeit neue Fragen und Themen, die in weiteren Durchgängen der Qualitätsentwicklung und unter Einbezug weiterer Qualitätsbereiche und Kriterien des Katalogs bearbeitet werden.

2.5 Ablaufplanung für die Teambesprechungen

Im Folgenden finden Sie für jede der fünf Teambesprechungen eine kurze Ablaufplanung. Bitte füllen Sie dieses Planungsschema jeweils mit den Inhalten, die Sie im Kapitel 2.4 zu dem jeweiligen Qualitätsschritt finden. Die Zeitangaben können dabei nur Anhaltspunkte sein und sind eher als Mindestangaben zu verstehen. Insbesondere für die fachliche Orientierung hängt der Zeitbedarf von der Anzahl und dem Umfang der fachlichen Schwerpunkte ab, die das Team bearbeiten will.

Lassen Sie über jede Sitzung zur Qualitätsentwicklung ein Protokoll anfertigen. Nutzen Sie dazu auch die Reflexionsfragen zu den einzelnen Qualitätsschritten, die in Kapitel 2.4 aufgeführt sind.

Material und Raumausstattung

Stellen Sie sicher, dass das Team gute Arbeitsbedingungen für die Besprechungen hat und geeignetes Material für die Moderation vorhanden ist. Die jeweilige Leiterin bzw. Moderatorin benötigt regelmäßig folgende Arbeitsmaterialien:
- Moderationswand
- Flipchart
- Moderationskarten in verschiedenen Farben und ausreichender Menge (in einigen Besprechungen füllt jedes Teammitglied eine oder mehrere Karten aus)
- Pinnwandnadeln oder Tesaband zum Befestigen der Moderationskarten und Flipchart-Bögen
- Filzstifte in ausreichender Anzahl (möglichst einen pro Teammitglied)

Stellen Sie Stühle und Tische so, dass Moderationswände, Wandzeitungen o. Ä. für alle gut sichtbar sind und die Leiterin bzw. Moderatorin Blickkontakt zu allen Mitarbeiterinnen halten kann. Eine u-förmige Anordnung ist am besten geeignet.

Ablaufschema für die erste Teambesprechung

Inhalte:
- Die sechs Leitgesichtspunkte des ausgewählten Qualitätsbereichs, die Qualitätskriterien für unter Dreijährige und wiederkehrende Begriffe
- Erster Qualitätsschritt: Situationsanalyse mit der Checkliste

Vorbereitende Aktivitäten

• *Vorbereitung der Leiterin bzw. Moderatorin*
Bereiten Sie sich auf die Teambesprechung vor, indem Sie das Kapitel 2.4.1 zum ersten Qualitätsschritt gründlich lesen.

• *Individuelle Vorbereitung der Fachkräfte*
– Jede Fachkraft hat den ausgewählten Qualitätsbereich gelesen.
– Jede Fachkraft hat sich mit einem der sechs Leitgesichtspunkte beschäftigt und mit den darin wiederkehrenden zentralen Begriffen (in größeren Einrichtungen gegebenenfalls Arbeitsgruppen pro Leitgesichtspunkt).

Für Einrichtungen, in denen Kinder unter drei Jahren betreut werden:
– Eine bzw. mehrere Fachkräfte haben sich mit den Kriterien für unter Dreijährige vertraut gemacht.

• *Zeitrahmen und Material*
– 1 Stunde und 30 Minuten
– Pro Fachkraft eine Checkliste für den ausgewählten Qualitätsbereich
– Nationaler Kriterienkatalog

Die Vorgehensweise

1. Vorstellen der Leitgesichtspunkte und zentraler Begriffe
– Zeitrahmen: 45 Minuten
– Bitten Sie die Fachkräfte bzw. Arbeitsgruppen, die sechs Leitgesichtspunkte sowie die zentralen Begriffe des Qualitätsbereichs nacheinander vorzustellen.
– Weisen Sie darauf hin, dass jeder der zwanzig Qualitätsbereiche nach diesen sechs Leitgesichtspunkten gegliedert ist.

2. Die Checkliste zur Selbsteinschätzung der pädagogischen Qualität
– Zeitrahmen: 15 Minuten
– Verteilen Sie die kopierten Checklisten zum ausgewählten Qualitätsbereich.
– Führen Sie in die Arbeit mit der Checkliste anhand des Kapitels 2.4.1 zum ersten Qualitätsschritt ein.

3. Vereinbarungen zum Umgang mit der Checkliste
– Zeitrahmen: 30 Minuten
– Treffen Sie im Team verbindliche Vereinbarungen zum Umgang mit der Checkliste.
– Halten Sie diese Vereinbarungen auch im Protokoll fest.

Ablaufschema für die zweite Teambesprechung

Inhalte:
- Auswertung der Checklisten
- Zweiter Qualitätsschritt: Diskussion über das Qualitätsprofil

Vorbereitende Aktivitäten

- *Vorbereitung der Leiterin bzw. Moderatorin*
– Bereiten Sie sich auf die Teambesprechung vor, indem Sie das Kapitel 2.4.2 zum zweiten Qualitätsschritt gründlich lesen.
– Bereiten Sie das Qualitätsprofil der Einrichtung vor. Benutzen Sie dazu die Spalten »Qualitätsprofil« und »Teamprofil« einer Kopiervorlage der Checkliste.

- *Individuelle Vorbereitung der Fachkräfte*
– Ausfüllen der Checkliste und Abgabe
– Lesen des Qualitätsprofils oder Teamprofils

- *Zeitrahmen und Material*
– 1 Stunde und 30 Minuten
– Spalten zum Qualitätsprofil oder Teamprofil der Checkliste

Die Vorgehensweise

1. Auswertung der Checklisten
Sofern Sie vereinbart haben, dass die Checklisten der Fachkräfte untereinander verglichen und einzelne Aspekte besprochen werden, folgen Sie dem Moderationskonzept zur Auswertung der Checklisten (→ Kap. 2.4.2). Gegebenenfalls können Sie auch direkt mit dem nächsten Punkt beginnen.

2. Diskussion des Qualitätsprofils/Teamprofils
– Vorstellen des Qualitätsprofils/Teamprofils
– Stärken und Schwächen der pädagogischen Arbeit
– Unterschiedliche Einschätzungen der pädagogischen Arbeit
– Gemeinsame Bewertung des Profils

3. Auswahl fachlicher Schwerpunkte für die Qualitätsentwicklung
Das Team entscheidet gemeinsam, welche fachlichen Schwerpunkte für die Weiterentwicklung ausgewählt werden. Nehmen Sie sich nur so viel vor, wie sie in der Ihnen zur Verfügung stehenden Zeit schaffen können. Bei zu vielen Themen geht der Überblick verloren und die Ergebnissicherung leidet!

Ablaufschema für die dritte Teambesprechung

Inhalte:
- Dritter Qualitätsschritt: Fachliche Orientierung
- Vierter Qualitätsschritt: Diskussion möglicher Qualitätsziele
- Fünfter Qualitätsschritt: Einführung in die Arbeit mit Zielvereinbarungen

Vorbereitende Aktivitäten

- *Vorbereitung der Leiterin bzw. Moderatorin*
Bereiten Sie sich auf die Teambesprechung vor, in dem Sie die Kapitel 2.4.3 bis 2.4.5 zum dritten, vierten und fünften Qualitätsschritt gründlich lesen.

- *Individuelle Vorbereitung der Fachkräfte*
Einzelne, mehrere oder alle Fachkräfte bereiten sich vor, indem sie den ausgewählten Qualitätsbereich sowie zusätzliche Fachtexte bearbeiten oder einen methodischen Arbeitsschritt vorbereiten (Hinweise und Vorschläge in Kapitel 2.4.3 zum dritten Qualitätsschritt).

- *Zeitrahmen und Material*
- 2 Stunden
- Ausgewählter Qualitätsbereich
- Fachtexte
- Gegebenenfalls Medien

Die Vorgehensweise

1. *Fachliche Diskussion*
- Zeitrahmen: 60 Minuten
- Um ein Thema fachlich zu bearbeiten, gibt es verschiedene methodische Möglichkeiten. Bitte orientieren Sie sich dazu in Kapitel 2.4.3 zum dritten Qualitätsschritt.

2. *Diskussion von Veränderungszielen*
- Zeitrahmen: 15 bis 30 Minuten
- Halten Sie zum Abschluss der fachlichen Diskussion erste Vorschläge für Veränderungsziele schriftlich fest.
- Achten Sie als Leiterin bzw. Moderatorin darauf, dass diese Ideen noch nicht bewertet werden (vgl. → Kap. 3.1.3, Hinweise zur Gesprächsführung).

3. *Einführung in die Arbeit mit Zielvereinbarungen*
- Zeitrahmen: 20 Minuten
- Geben Sie einen Input zur Arbeit mit Zielvereinbarungen entsprechend Kapitel 2.4.3.
- Weisen Sie dabei auf die Aspekte Verbindlichkeit und Verantwortung für Zielvereinbarungen hin.

4. *Arbeitsauftrag für die nächste Teambesprechung*
- Zeitrahmen: 10 Minuten
- Vereinbaren Sie, wer auf Grundlage der Teamdiskussion einen bzw. mehrere Vorschläge für Qualitätsziele und Umsetzungsschritte ausarbeitet.
- Verwenden Sie dazu das Formblatt »Zielvereinbarungen« und orientieren Sie sich am Kapitel 2.4.5 und 2.4.6 zum fünften und sechsten Qualitätsschritt Zielvereinbarungen und Umsetzungsschritte.
- Verweisen Sie bereits jetzt darauf, dass Qualitätsziele immer im Team beschlossen werden, auch wenn sie eine gruppenspezifische Ausprägung erhalten werden.

Ablaufschema für die vierte Teambesprechung

Inhalte:
- Fünfter Qualitätsschritt: Entscheidung über Zielvereinbarungen
- Sechster Qualitätsschritt: Planung von Umsetzungsschritten

Vorbereitende Aktivitäten

- *Vorbereitung der Leiterin bzw. Moderatorin*
- Bereiten Sie sich auf die Teambesprechung vor, indem Sie die Kapitel 2.4.5 und 2.4.6 zum fünften und sechsten Qualitätsschritt gründlich lesen.
- Sammeln Sie die Vorbereitungen für die Zielvereinbarungen und planen Sie die Reihenfolge, falls mehrere Qualitätsziele besprochen werden.

- *Individuelle Vorbereitung der Fachkräfte*
- Gegebenenfalls können bereits Vorschläge für Umsetzungsschritte ausgearbeitet werden.

- *Zeitrahmen und Material*
- 1 Stunde und 30 Minuten bis 2 Stunden
- Kriterienkatalog
- Schriftliche ausgearbeitete Qualitätsziele und Umsetzungsschritte (Wandzeitung oder Kopien für jede Fachkraft)

Die Vorgehensweise

1. *Die Vorschläge für Zielvereinbarungen werden vorgestellt und diskutiert.*
- Diskutieren Sie zunächst nur über das angestrebte Ziel und erst danach über konkrete Umsetzungsschritte, damit sich die Diskussion nicht verzettelt.

2. *Die Entscheidung für die Zielvereinbarungen wird getroffen.*
- Beschränken Sie sich auf ein bis maximal drei Zielvereinbarungen pro Qualitätsbereich.
- Treffen Sie eine Teamentscheidung über die Zielvereinbarung. Alle Beteiligten unterzeichnen persönlich die gemeinsam verabschiedeten Zielvereinbarungen.

Ablaufschema für die fünfte Teambesprechung

Inhalt:
- Siebter Qualitätsschritt: Ergebnissicherung

Der Zeitpunkt für diese Teambesprechung liegt *nach* dem Datum, das in der Zielvereinbarung für die Erreichung des Ziels festgehalten ist. Bei längerfristigen Vorhaben sollten die Zwischenergebnisse in überschaubaren Abständen (z. B. monatlich) gesichert werden.

Vorbereitende Aktivitäten

- *Vorbereitung der Leiterin bzw. Moderatorin*
- Bereiten Sie sich auf die Teambesprechung vor, indem Sie das Kapitel 2.4.7 zum siebten Qualitätsschritt gründlich lesen.
- Bereiten Sie die Besprechung mit der oder den Hauptverantwortlichen für die zu überprüfenden Zielvereinbarungen vor.

- *Individuelle Vorbereitung der Fachkräfte*
- Jede Fachkraft wertet für sich persönlich aus, inwieweit das oder die Ziele in ihrem Arbeitsbereich erreicht worden sind und wie das Erreichte gesichert werden kann.

- *Zeitrahmen und Material*
- Variabler Zeitrahmen, je nach Anzahl der Ziele, deren Umsetzung überprüft wird
- Zielvereinbarungen und Umsetzungsplanung

Die Vorgehensweise

Die Ergebnissicherung der Qualitätsziele kann ein spezieller Tagesordnungspunkt jeder Teambesprechung sein, damit jeweils zeitnah berichtet wird, inwieweit die Ziele erreicht worden sind. Zusätzlich bietet sich in größeren Abständen eine extra Teambesprechung zum siebten Qualitätsschritt an, in der z. B. für ein Jahr »Bilanz« gezogen wird.

1. *Bericht der Hauptverantwortlichen über die Erreichung der Ziele*
2. *Diskussion des Teams, individuelle Berichte der Fachkräfte über Erfolge, Schwierigkeiten*
3. *Gemeinsame Bewertung des Ergebnisses im Team*
4. *Vorschläge zur Ergebnissicherung*
5. *Festlegung von Zeitpunkten und Verfahren, an denen das Team die Ergebnissicherung erneut überprüft*

2.6 Organisation und Zeitplanung der internen Qualitätsentwicklung

Es ist für ein Team nicht leistbar, den gesamten Kriterienkatalog im Rahmen eines Qualitätsentwicklungsprojekts zu bearbeiten. Deshalb wählt die Einrichtung bestimmte Qualitätsbereiche aus. Da jeder Qualitätsbereich nach der gleichen Systematik aufgebaut ist und sich inhaltlich an sechs pädagogischen Leitgesichtspunkten orientiert, erwerben die Fachkräfte auch ein Gesamtverständnis des Kriterienkatalogs, wenn sie ausgewählte Qualitätsbereiche bearbeiten.

Die Zeitplanung und Organisation eines internen Qualitätsentwicklungsprojekts sollte so angelegt sein, dass Fortschritte und Veränderungen in überschaubaren Zeitetappen sichtbar werden können. Zu große Zeiträume führen wegen der Fluktuation der Fachkräfte und der betreuten Kinder eher zu einem Motivationsverlust. Da die Ergebnisse der Qualitätsentwicklung dokumentiert werden, können die Fachkräfte jederzeit daran anknüpfen, wenn ein Qualitätsbereich nach einer Unterbrechung erneut bearbeitet wird. Ebenso können neue Mitarbeiterinnen die vorangegangene Entwicklung nachvollziehen.

2.6.1 Zeitbudgets

Für die Bearbeitung eines Qualitätsbereichs benötigen die Fachkräfte der Einrichtung mindestens folgende Zeitkontingente für folgende Tätigkeiten:

Teambesprechungen

Fünf Termine zu je eineinhalb bis zwei Stunden. Gegebenenfalls kann sich die Anzahl der Teambesprechungen je nach Umfang der fachlichen Schwerpunkte erhöhen.

Einzelarbeit der Fachkräfte

Jede Fachkraft benötigt zwischen den Teambesprechungen für sich Zeit für die Vor- und Nachbereitung sowie für die Aufgaben, die sie im Qualitätsentwicklungsprozess übernommen hat. Dazu gehört z. B. die Bearbeitung der Checkliste zur Selbstevaluation, das Lesen von Fachtexten, Dokumentations- und Protokollaufgaben usw. Das Zeitvolumen dafür umfasst insgesamt ca. zweieinhalb bis vier Stunden.

Steuerungsaufgaben der Leiterin oder der von ihr beauftragten Fachkräfte

Dazu gehören die Vor- und Nachbereitung der Teambesprechungen, das Erstellen des Qualitätsprofils, die Vorbereitung von Zielvereinbarungen, Protokoll- und Dokumentationsaufgaben. Dafür sollten insgesamt ca. sechs Stunden eingeplant werden.

Wenn Sie die Zeitkontingente für Teambesprechungen, Einzelarbeiten der Fachkräfte und die Steuerungs- und Koordinierungsaufgaben der Leiterin addieren, kommen Sie auf ein Gesamtzeitvolumen von sechzehn bis zwanzig Stunden für die Bearbeitung eines Qualitätsbereichs. Im Rahmen eines Qualitätsentwicklungsprojekts könnten Sie also mit einem durchschnittlichen Zeitaufwand von zwei Stunden pro Arbeitswoche einen Qualitätsbereich in acht bis zehn Wochen bearbeiten. Dabei sind Zeiten für die praktische Umsetzung der erarbeiteten Qualitätsziele nicht enthalten, weil dies im Rahmen der täglichen pädagogischen Arbeit (wie z. B. Räume gestalten, ein Elterngespräch führen, ein Kind begrüßen, Interaktionen beobachten) geschieht.

Wie die erforderliche Zeit in den Dienstplan eingebaut wird, entscheiden die Einrichtungen und der Träger nach örtlichen Gegebenheiten. Das erforderliche Zeitvolumen ist unter den gegebenen Bedingungen nicht immer einfach zu realisieren. Umso wichtiger sind eine langfristige Planung, frühzeitige Absprachen und eine klare Prioritätensetzung.

2.6.2 Arbeits- und Organisationsformen für die Qualitätsentwicklung im Team

Wir empfehlen Ihnen, Qualitätsentwicklung langfristig zu planen und zu organisieren und klare Verantwortlichkeiten zu benennen. Welche Organisationsform Sie wählen, sollte sich an der Größe des Teams sowie an den zur Verfügung stehenden zeitlichen und personellen Ressourcen orientieren. Finden Sie eine Form, die sich dauerhaft praktizieren und in den üblichen Rhythmus Ihrer Teamarbeit einbauen lässt.

Teambesprechungen sinnvoll nutzen

Die wichtigste Frage für die Organisation des Qualitätsentwicklungsprozesses lautet: »Was erarbeiten wir alle zusammen auf Teambesprechungen, was lässt sich besser arbeitsteilig bearbeiten?« Wir empfehlen Ihnen, die knappe Zeit bei Teambesprechungen vorrangig für die fachliche Diskussion (Qualitätsprofil, Kriterienkatalog, Qualitätsziele) zu nutzen und alle organisatorischen Aufgaben sowie das Lesen von Texten, Informationsbeschaffung, Dokumentation usw. auszulagern.

Arbeitsteilig mit klaren Aufgaben und Zuständigkeiten arbeiten

Zeitsparend ist es, wenn die Aufgaben und Zuständigkeiten nicht ständig wechseln, sondern für einen längeren Zeitraum geklärt sind. Eine Möglichkeit ist, dass die Steuerungsaufgaben für jeweils einen Qualitätsbereich von der Leiterin gemeinsam mit einer weiteren Fachkraft übernommen werden. Gegebenenfalls kann auch eine Steuerungs- und Koordinationsgruppe gebildet werden, die für einen Qualitätsbereich das »Sieben-Schritte-Verfahren« durchführt. Die Zusammensetzung dieser Gruppe kann bei jedem neuen Qualitätsbereich wechseln.

Informationsfluss und Dokumentation sichern

Das Gelingen längerfristiger Arbeitsprozesse im Team hängt davon ab, inwieweit die notwendigen Informationen alle Beteiligten erreichen. Mitarbeiterinnen, die Teilzeit arbeiten oder wegen Urlaub, Fortbildung und Krankheit abwesend waren, müssen jederzeit wieder einsteigen können. Sichern Sie den Informationsfluss durch folgende Maßnahmen:

- Jede Kollegin hat ein Fach für Informationen. Der Arbeitsstand zu Qualitätsentwicklung, Terminen und Zuständigkeiten wird für alle Mitarbeiterinnen übersichtlich auf einer Informationswand dargestellt. Jede Mitarbeiterin weiß, wo der Kriterienkatalog und die sonstigen Arbeitsmaterialien stehen und kann sich nach einer Abwesenheit auf den neuesten Stand bringen.
- Diese Arbeitsunterlagen sind in jeder organisatorischen Einheit der Einrichtung vorhanden und jederzeit zugänglich.

Arbeits- und Organisationsformen für große Tageseinrichtungen

Das in den Ablaufplänen beschriebene Vorgehen geht davon aus, dass sich das Team der Tageseinrichtung zu wöchentlichen oder zweiwöchentlichen Besprechungen trifft. In sehr großen Kindertageseinrichtungen finden Gesamt-Teambesprechungen jedoch oft nur in größeren Abständen, etwa vierwöchig, statt. Der fachliche Austausch und die pädagogische Planung geschehen in Untereinheiten (Abteilungen, Bereiche o. Ä.), Kollegen aus anderen Abteilungen/Einheiten sieht man eher selten. Wenn diese Merkmale auf Ihre Einrichtung zutreffen, brauchen Sie eine arbeitsteilige Organisationsform für den Prozess der Qualitätsfeststellung und -entwicklung.

	Leitung		
	Feste Ansprechpartner koordinieren den Qualitätsentwicklungsprozess		
	Abteilung/Einheit	**Abteilung/Einheit**	**Abteilung/Einheit**
	Checklisten und Qualitätsprofil	Checklisten und Qualitätsprofil	Checklisten und Qualitätsprofil
Diskussion im Gesamtteam	**Gemeinsames Qualitätsprofil**		
	Auswahl von Schwerpunkten und Fachdiskussion	Auswahl von Schwerpunkten und Fachdiskussion	Auswahl von Schwerpunkten und Fachdiskussion
	Transparenz durch Infowand/Info-Ordner		
Information und Diskussion im Gesamtteam	**Berichte aus den Bereichen**		
	Ziele Umsetzungsschritte Dokumentation	Ziele Umsetzungsschritte Dokumentation	Ziele Umsetzungsschritte Dokumentation

Abbildung 11: Vorgehensweise für ein arbeitsteiliges Vorgehen

Dabei sind folgende Punkte zu beachten:
- Führen Sie fachliche Diskussionen eher in Klein- und Untergruppen. Eine Gruppengröße bis zu sieben Personen ist dafür sinnvoll.
- Bilden Sie ein Gremium, das die Ergebnisse koordiniert und zusammenfasst (Einrichtungsleitung plus je ein Vertreter einer Untereinheit).
- Dieses Gremium entscheidet, was in die Gesamt-Teambesprechung gehört.

Die einzelnen Schritte der Qualitätsentwicklung werden also nicht alle im Gesamtteam durchgeführt, sondern in die Abteilungen und Bereiche delegiert. Es obliegt der Einrichtungsleitung, mit den verantwortlichen Koordinatoren der organisatorischen Einheiten regelmäßig darüber zu sprechen, inwieweit die Aufgaben erfüllt worden sind.

Eine mögliche Vorgehensweise für ein arbeitsteiliges Vorgehen zeigt Abbildung 11.

2.7 Dokumentationssystem für die interne Qualitätsentwicklung

2.7.1 Sinn und Zweck eines Dokumentationssystems

Die Dokumentation erfüllt zwei Funktionen: Zum einen ist sie ein Arbeitsmittel für das Team; zum anderen ein Leistungsnachweis der Tageseinrichtung nach außen. Zu Beginn eines Qualitätsentwicklungsprojekts vereinbart der Träger mit der Einrichtung, in welcher Form er über die Ergebnisse der Qualitätsentwicklung informiert wird. Der Träger und das Team sollten auch entscheiden, in welcher Weise die Eltern Einblick in die Prozesse erhalten. Für diese unterschiedlichen Zwecke wird neben einer umfangreichen, vollständigen Dokumentation, die dem Team als ständiges Arbeitsmittel dient, eine kürzere Fassung benötigt, die Personen außerhalb des Teams einen Überblick über den Stand der Qualitätsentwicklung gibt.

Für das Team hat die Dokumentation die Funktion, Kontinuität, Transparenz und die Erfolgskontrolle zu erleichtern. Im Laufe der Qualitätsentwicklung beschäftigt sich das Team jeweils für einen gewissen Zeitraum mit verschiedenen Qualitätsbereichen des Katalogs bzw. mit ausgewählten Teilaspekten. Damit die erreichten Ergebnisse zu einem späteren Zeitpunkt wieder aufgegriffen werden können, ist es notwendig, den jeweiligen Arbeitsstand festzuhalten und kontinuierlich zu erweitern. Das erleichtert nach einer längeren Unterbrechung den Wiedereinstieg in die Qualitätsentwicklungsarbeit.

Ein gut geführtes Dokumentationssystem ermöglicht jedem Teammitglied zu jeder Zeit

- einen schnellen Überblick über den Stand der Arbeitsergebnisse zu den einzelnen Qualitätsbereichen;
- eine zusammenfassende Darstellung des gesamten Qualitätsentwicklungsprozesses an einem Ort;
- Klarheit über den jeweiligen Prozessabschnitt;
- Klarheit über die gemeinsam vereinbarten Ziele und Arbeitsschritte.

Verwaltung des Dokumentationssystems

Die Verwaltung des Dokumentationssystems sollte nach Möglichkeit in einer Hand bleiben – in der Regel bei der Leiterin oder auch bei einer Qualitätsbeauftragten des Teams. Alle Mitarbeiterinnen der Kindertageseinrichtung sollten jedoch in die Erstellung der Dokumentation durch konkrete Zuarbeiten (z. B. Erstellen von Zielvereinbarungen, Protokollierung der Ergebnissicherung) eingebunden werden. Das schafft eine größere Akzeptanz, Verantwortlichkeit und Transparenz im Team.

Zugang zum Dokumentationssystem

Jedes Teammitglied sollte jederzeit Zugang zum Dokumentationssystem haben, um den

Informationsfluss und das Erledigen von Aufgaben ohne Verzögerung zu gewährleisten. Auf einem Deckblatt sollte deutlich vermerkt sein, wer gegebenenfalls außerhalb des Teams Zugang zum Dokumentationssystem hat (dies wird zu Beginn der Qualitätsentwicklung zwischen Träger und Tageseinrichtung unter dem Punkt »Informations- und Berichtspflichten« vereinbart). Außerdem wird an dieser Stelle auf die Vertraulichkeit der Dokumente hingewiesen.

Die Tageseinrichtung bestimmt im Rahmen ihrer Eltern- und Öffentlichkeitsarbeit, wo die für Eltern oder die Öffentlichkeit bestimmte Fassung der Dokumentation ausliegt.

2.7.2 Empfehlungen für die Form des Dokumentationssystems

Die folgenden Empfehlungen können Sie sowohl in einem Ordnungssystem mit gedruckten Dokumenten wie auch als elektronisches Ordnungssystem auf einem Computer umsetzen.

Dokumentationsordner für einen Qualitätsbereich

Dieser Ordner enthält ein Dokumentationsblatt mit einer Übersicht der bisher für diesen Qualitätsbereich abgeschlossene Zielvereinbarungen, sowie sämtliche Zielvereinbarungen. Halten Sie überblicksartig fest, wann und wie lange sich die Tageseinrichtung mit den verschiedenen Qualitätsbereichen beschäftigt hat und wo Sie bei der Umsetzung von Zielvereinbarungen stehen. Dies ist Ihre quantitative Erfolgsbilanz. Dazu können sie das Formblatt 5 zur Dokumentation von Zielvereinbarungen, sowie das Formblatt 6 zur Langzeitdokumentation nutzen (beide Formblätter finden sich als Kopiervorlagen im Anhang).

Formblatt 5
Dokumentation von Zielvereinbarungen

Qualitätsbereich: _____

	Zielvereinbarung	Zielvereinbarung
Nummer der Zielvereinbarung:		
Kurztext:		
Datum:		
Verantwortlich:		
Umsetzungszeitraum:	von: bis:	von: bis:
Zeitpunkt der Ergebniskontrolle:		
Vereinbarung für Weiterarbeit:		
Fort- und Weiterbildungsbedarf:		

Formblatt 6
Langzeitdokumentation Zielvereinbarungen

Qualitätsbereiche	Bearbeitungszeitraum	Zielvereinbarung	Umsetzung abgeschlossen
Name des Qualitätsbereichs	von: bis:	Nr.: Nr.: Nr.:	am: am: am:
Name des Qualitätsbereichs	von: bis:	Nr.: Nr.: Nr.:	am: am: am:
Name des Qualitätsbereichs	von: bis:	Nr.: Nr.: Nr.:	am: am: am:
Name des Qualitätsbereichs	von: bis:	Nr.: Nr.: Nr.:	am: am: am:
Name des Qualitätsbereichs	von: bis:	Nr.: Nr.: Nr.:	am: am: am:
Name des Qualitätsbereichs	von: bis:	Nr.: Nr.: Nr.:	am: am: am:
Name des Qualitätsbereichs	von: bis:	Nr.: Nr.: Nr.:	am: am: am:
Name des Qualitätsbereichs	von: bis:	Nr.: Nr.: Nr.:	am: am: am:
Name des Qualitätsbereichs	von: bis:	Nr.: Nr.: Nr.:	am: am: am:

Methoden für die interne Qualitätsentwicklung

3

3.1 Moderation und Gesprächsführung in der Qualitätsentwicklung

3.1.1 Aufgaben der Moderation

Was ist Moderation? Eine Moderation unterscheidet sich von einer gewöhnlichen Diskussion durch ein strukturiertes methodisches Vorgehen und die Visualisierung der Arbeitsschritte auf Wandzeitungen und Moderationskarten. Vorrangiges Ziel ist dabei die Beteiligung aller Teammitglieder an der Meinungsbildung und Entscheidungsfindung. Damit eignet sich die Moderationsmethode besonders für Qualitätsentwicklungsprozesse.

Als Moderatorin einer Teambesprechung – das kann die Leiterin oder ein anderes Teammitglied sein – sollten Sie bei Ihrer Planung und Durchführung drei Aspekte im Auge behalten:
1. Die Strukturorientierung: Das bedeutet, den Zusammenhang der jeweiligen Sitzung zum Gesamtprozess der Qualitätsentwicklung herzustellen und in überschaubare Arbeitsschritte zu gliedern. Dabei helfen die Vorschläge für Ablaufpläne (→ Kap. 2.5).
2. Die Prozessorientierung: Die Moderation gestaltet den Arbeitsprozess so, dass eine breite Beteiligung aller Teammitglieder ermöglicht wird. Sie spricht Probleme und Konflikte an, wenn dies notwendig ist.
3. Die Ergebnisorientierung: Die Moderation hat die Ziele des jeweiligen Arbeitsschrittes im Blick. Sie achtet darauf, dass das Team nicht abschweift und ohne Ergebnisse und Entscheidungen auseinandergeht. Um dies im Blick zu haben, ist es sinnvoll, wenn die Moderatorin sich mehr für die Form und den Verlauf als für die Inhalte der Besprechung zuständig fühlt. Dies kann in Konflikt geraten mit dem Interesse, die eigene fachliche Position als Teammitglied zu vertreten. Aus diesem Grund ist es hilfreich, die Besprechung zu zweit zu moderieren und jeweils zu vermitteln, wann man die Rolle der Moderatorin verlässt und als Kollegin einen fachlichen Beitrag oder Vorschlag macht.

3.1.2 Überblick über Frageformen in der Moderation

In moderierten Besprechungen gibt es vier Frageformen, mit denen hauptsächlich gearbeitet wird:
- Einpunkt-Frage
- Zuruf-Frage
- Karten-Abfrage
- Mehr-Punkt-Frage

Diese im Folgenden beschriebenen Frageformen können Sie bei jedem beliebigen Thema während Ihres Qualitätsentwicklungsprozesses einsetzen. Der folgende Text ist mit leichten Veränderungen entnommen aus: Pesch, Ludger. Moderation und Gesprächsführung. Wie Kindergärten TOP werden. Beltz-Verlag 2001, S. 69–75.

Die Einpunkt-Frage

Die Einpunktfrage fordert auf, zu einer klar formulierten Fragestellung zu beziehen. Dazu wird die Frage und eine Skala mit Antwortmöglichkeiten auf einen Flipchart-Bogen geschrieben. Häufig besteht diese Skala aus einer durchgehenden Linie mit zwei gegensätzlichen Meinungen an den Enden. Mit einem Klebepunkt markiert jede Mitarbeiterin ihre Meinung.

Beispiel für eine Einpunktfrage: »Wie groß ist mein Interesse am Thema »Bewegungsbaustelle«?«

Der Zweck der Einpunktfrage kann sein:
- eine erste Annäherung an das Thema, eventuell in spielerischer Weise;
- einen Eindruck von der Stimmung der Gruppe in Bezug auf das Thema zu gewinnen;
- Erwartungen (positiv wie negativ) transparent zu machen;
- eine Abschlussbewertung vorzunehmen.

Durchführung

- Alle Teilnehmerinnen erhalten einen Klebepunkt.
- Die Moderatorin stellt eine klar formulierte Frage. Diese Frage ist auf einem Plakat visualisiert, auf dem eine Fläche oder Linie markiert ist, auf der die Punkte aufgeklebt werden können.
- Die Moderatorin erkundigt sich, ob die Frage von allen verstanden worden ist.
- Sie fordert dazu auf, die Frage individuell und stumm zu beantworten.
- Die Teilnehmerinnen machen durch Handzeichen deutlich, dass sie sich entschieden haben.
- Die Moderatorin fordert die Teilnehmerinnen auf, möglichst gleichzeitig nach vorne zu kommen und die Punkte zu vergeben.
- Das entstandene Meinungsbild wird besprochen; zunächst als Gesamtbild, dann werden einzelne Punkthäufungen (sofern vorhanden) kommentiert. Dabei wird keinesfalls die Anonymität des Verfahrens aufgehoben (»Wer hat denn diesen Punkt geklebt?«). Mögliche Fragestellungen sind:
  – »Was drückt dieses Bild für Sie aus?«
  – »Wie könnte man das interpretieren?«
  – »Welche Motive/Erfahrungen könnten hinter dieser Bewertung stecken?«
- Die Moderatorin schreibt die Kommentare der Teilnehmerinnen stichwortartig auf ein Flipchart.

Erläuterung und Varianten

Die Kommentierung des entstandenen Bildes ist der entscheidende Schritt des Verfahrens. Dadurch wird ein Perspektivenwechsel ermöglicht, der die Gruppenmitglieder einander näher bringt. Das oben geschilderte Verfahren ist halbanonym, denn es kann nicht verhindert werden, dass einzelne Teilnehmerinnen bei ihrer Punktabgabe von anderen beobachtet werden. Von einzelnen Teilnehmerinnen wird das oft geradezu provoziert, indem sie betont langsam als letzte zur Pinnwand schreiten. Völlig anonym wird das Verfahren dann, wenn Sie die Teilnehmerinnen bitten, ihr Votum auf einen Zettel zu schreiben. Sie sammeln dann diese Zettel ein und übertragen die Wertungen auf die Pinnwand.

Die Zuruf-Frage

Bei der Zuruf-Frage fordert die Moderatorin die Mitarbeiterinnen auf, eine klar formulierte Frage durch Zurufe zu beantworten. Die Antworten werden stichwortartig auf einen Flipchart-Bogen geschrieben.

Beispiel für eine Zuruf-Frage: »Was könnten wir tun, damit die Umsetzung unseres Qualitätsziels im Sande verläuft?«

Zweck der Zuruf-Frage kann sein:

- das unsystematische und spontane Sammeln von Einfällen und Themen;
- die gegenseitige Anregung innerhalb der Gruppe;
- das Sammeln von Kriterien.

Durchführung

- Die Moderatorin stellt eine klar formulierte Frage, die auf einer Wandzeitung visualisiert ist.
- Sie fordert die Teilnehmerinnen auf, ihr spontane Einfälle zu dieser Frage zuzurufen.
- Die Zurufe werden in zwei Kolonnen untereinander notiert.
- Wenn keine Zurufe mehr aus der Gruppe kommen, schlägt die Moderatorin vor, diesen Arbeitsschritt zu beenden.

Erläuterung und Varianten

Die Zuruf-Frage ähnelt dem bekannten Brainstorming. Sie ist ein gutes Verfahren, wenn die Aussagenproduktion durch gegenseitige Anregung angekurbelt werden soll. Die im Beispiel gezeigte Frage ist eine »Kopfstandfrage«. Kopfstandfragen provozieren und fördern damit Aspekte zu Tage, die sonst nicht genannt werden. Wenn keine Zurufe mehr kommen, kann es sinnvoll sein, in einem weiteren Schritt die Aussagen positiv umzuformulieren. Wählen Sie Zuruf-Fragen nur für Themen, bei denen Sie nicht unendlich viele Antworten erwarten. Das Aufschreiben dauert sonst zu lange. Da die Zurufe öffentlich sind, ist es für diese Frage besonders wichtig, die Gruppe einzuschätzen. Sonst stehen Sie am Ende vor einem stummen Publikum, das sich zur Frage nicht äußern möchte oder darf. Um den Gedankenfluss nicht zu sehr drosseln zu müssen, sollten Sie die Zurufe zu zweit aufschreiben.

Die Kartenabfrage

Bei der Kartenabfrage schreiben die Mitarbeiterinnen ihre Antworten auf eine von der Moderatorin formulierte Frage auf Moderationskarten.
   Beispiel für eine Kartenabfrage: »Welche Ideen habe ich für die Einrichtung der Bewegungsbaustelle?«

Zweck der Kartenabfrage ist es:
- Ideen, Vorschläge oder Meinungen der Teilnehmerinnen zu erfragen;
- durch das (halb)anonyme Verfahren auch ungewöhnliche Gedanken öffentlich zu machen;
- durch die Möglichkeit von Doppelungen Übereinstimmungen deutlich werden zu lassen.

Durchführung

- Alle Teilnehmerinnen erhalten rechteckige Karten der gleichen Farbe und je einen Filzschreiber.
- Die Moderatorin stellt eine klar formulierte Frage, die auf einem Streifen visualisiert ist.
- Sie lädt die Teilnehmerinnen ein, auf den Karten ihre Antworten zur Frage zu notieren. Auf jede Karte wird nur eine Antwort geschrieben.
- Die Moderatorin sammelt die Karten ein.
- Nacheinander werden nun die Karten von der Moderatorin vorgelesen und an die Pinnwand geheftet. Zusammengehörende Antworten werden nebeneinander angebracht (Clusterbildung). Die Entscheidung darüber trifft die Gruppe.
- Am Ende wird die Clusterbildung noch einmal überprüft. Zum Abschluss der Überprüfung umrahmt die Moderatorin die einzelnen Cluster und gibt ihnen eine Nummer oder – in Abstimmung mit der Gruppe – eine Überschrift.

Erläuterung und Varianten

Die Kartenabfrage steht im Zentrum der Moderationsmethode. Da die Gruppenmitglieder ihre Beiträge selbst aufschreiben, ist es wichtig, dass die Moderatorin zuvor die Regeln des Aufschreibens erläutert.
- maximal sieben Wörter in drei Zeilen
- nur eine Aussage pro Karte
- Stichworte

Um das »Clustern« nicht endlos auszudehnen, begrenzen Sie die Anzahl der Karten. Insgesamt sollten nicht mehr als ca. 40 Karten ausgegeben werden. Pro Teilnehmerin sind das bei bis zu 10 Teilnehmerinnen drei bis vier Karten pro Person, bei 11–15 Teilnehmerinnen zwei bis drei Karten pro Person und bei 16–20 Teilnehmerinnen zwei Karten pro Person. Anstatt die einzelnen Teilnehmerinnen Karten schreiben zu lassen, können Sie auch Kleingruppen (von zwei bis fünf Personen) bilden lassen, die eine entsprechende Kartenanzahl erhalten. Dadurch ist es möglich, auch in größeren Gruppen eine Kartenabfrage durchzuführen.
   Kleiner Trick: Durch das Mischen der Karten vor dem Vorlesen erschweren Sie, dass alle Karten einer Person frühzeitig »abgearbeitet« sind. Für mehr als 25 Karten brauchen Sie bereits eine zweite Pinnwand. Wenn alle Karten angepinnt sind, können Sie dazu einladen, noch zusätzliche Karten mit Ideen zu schreiben, die bisher nicht an der Wand hängen (»Löcheranalyse«). Beim Sortieren zu Clustern können einzelne Aussagen häufig zu mehreren Clustern gehören. Führen Sie dann keine langen Diskussionen. Verdoppeln Sie einfach die Karte, indem Sie die Aussage noch einmal auf eine zweite Karte schreiben.

Die Mehr-Punkt-Frage

Die Mehr-Punkt-Frage ermöglicht eine Auswahl aus einer Menge von Themen. Sie folgt meist nach einer Kartenabfrage. Auf eine klar formulierte Frage markiert jede Mitarbeiterin mit Hilfe von Klebepunkten, welche Themen auf einer Wandzeitung oder Moderationswand hervorgehoben werden sollen.

Beispiel: »Welche der Ideen aus der Kartenabfrage möchte ich für unser Konzept »Bewegungsbaustelle« realisieren? Vergeben Sie insgesamt drei Klebepunkte.«

Zweck der Mehr-Punkt-Frage kann sein:
- eine Gewichtung unter mehreren Themen vorzunehmen;
- unterschiedliche Aussagen zu bewerten;
- zu einem Meinungsbild der Gruppe zu kommen.

Durchführung

- Alle Teilnehmerinnen erhalten eine begrenzte Anzahl von Selbstklebepunkten.
- Die Moderatorin stellt eine klar formulierte Frage, die sich auf die Gewichtung der in der Kartenabfrage gebildeten Cluster bezieht. Diese Frage ist auf der Wandzeitung visualisiert. Für jedes Cluster ist eine Fläche markiert (zum Beispiel durch eine unbeschriebene Karte), auf der die Punkte angebracht werden können.
- Die Moderatorin fordert die Gruppenmitglieder auf, individuell und ohne Austausch ihre Wahl zu treffen. Diese Entscheidung notieren sich die Teilnehmerinnen auf einem Notizzettel.
- Durch ein Handzeichen signalisieren die Teilnehmerinnen, dass sie sich entschieden haben.
- Wenn alle das Signal gegeben haben, fordert die Moderatorin die Teilnehmerinnen auf, ihre Wahl durch möglichst gleichzeitiges Anbringen der Klebepunkte an den entsprechenden Clustern auf der Pinnwand zu dokumentieren.
- Die Moderatorin zählt die Punkte; die jeweilige Summe wird für alle erkennbar auf die Wandzeitung geschrieben.

Praxisbeispiel zur Moderation mit verschiedenen Fragetechniken

Das folgende Praxisbeispiel einer moderierten Teambesprechung zum Thema »Die Rolle der Eltern im Qualitätsentwicklungs-Prozess« zeigt, wie die verschiedenen Frageformen im Ablaufplan einer Besprechung kombiniert werden können.

Einführung

Die Einführung dauert ca. fünf bis zehn Minuten, führen Sie folgendermaßen in das Thema ein:
- Verweisen Sie auf den gesetzlichen Auftrag zur Information und Beteiligung von Eltern (KJHG, Landesgesetz, Trägerauftrag, Konzeption).
- Beschreiben Sie die IST-Situation in Ihrer Einrichtung (Sind die Eltern bereits informiert, dass ein Qualitätsentwicklungsprozess stattfindet? Wie genau?).
- Formulieren Sie das Ziel dieser Besprechung: Meinungsbildung im Team zur Beteiligung der Eltern.
- Erläutern Sie kurz, dass Sie die Besprechung als Moderation durchführen wollen und beantworten Sie gegebenenfalls Fragen dazu.

Für den Erfolg einer Besprechung ist wichtig, das Ziel klar zu benennen. Unterscheiden Sie zwischen:
- Meinungsbildung (Fragen und Meinungen zu einem Thema sammeln, austauschen, Gemeinsamkeiten festhalten);
- Entscheidungsfindung (Entscheidungen sind verbindliche Beschlüsse);
- Empfehlungen (sind gemeinsam erarbeitete Vorschläge, das Teammitglied ist frei in seiner Entscheidung, sie zu übernehmen).

Benennen Sie auch den (Entscheidungs-) Spielraum des Teams. Durch die Darlegung des gesetzlichen Auftrags stellen Sie klar, dass das Team die Beteiligung von Eltern nicht ablehnen kann.

Die Vorgehensweise

- Beginnen Sie mit der Ein-Punkt-Frage
  - Dauer: insgesamt ca. 10 Minuten
  - Frage: Können Eltern die Qualität unserer pädagogischen Arbeit beurteilen?
- Gehen Sie nun über zur Kartenabfrage
  - Dauer: insgesamt ca. 20 Minuten
  - Beginnen Sie eventuell so: »Wir erarbeiten uns mit Hilfe des Kriterienkatalogs, welche pädagogische Qualität wir in unserer Einrichtung verwirklichen und anstreben.

Wenn wir wollen, dass Eltern dies verstehen und mittragen, müssen wir sie informieren und beteiligen. Jede von euch hat nun die Möglichkeit, auf drei Karten Vorschläge dazu aufzuschreiben.«
- Heften Sie folgende Frage auf eine leere Pinnwand: »Welche Ideen und Wünsche habe ich, um die Eltern über den Qualitätsentwicklungsprozess zu informieren und einzubeziehen?«
- Wenn Sie alle Karten geordnet haben, gehen Sie weiter zur Mehr-Punkt-Frage.
- Mehr-Punkt-Frage
  - Dauer: ca. 10 Minuten
  - Führen Sie folgendermaßen ein: »Aus der Fülle von Ideen sollten wir nun diejenigen auswählen, die in nächster Zeit realisiert werden können. Jede von euch erhält drei Klebepunkte. Markiert die drei Karten, die euch am meisten motivieren. Ihr könnt die drei Punkte auch alle auf eine Karte oder nur zwei Karten kleben.«
  - Wenn das »Punkten« beendet ist, werden die bepunkteten Karten von der Pinnwand genommen und beginnend mit der höchsten Punktzahl untereinander geheftet. Das Team entscheidet nun, an wie vielen Ideen weiter gearbeitet werden soll (nur die mit der höchsten Punktzahl, die ersten drei usw. – je nach Teamgröße und Arbeitskapazität).
- Weiterarbeit in Kleingruppen
  - Die Ausgestaltung der Idee(n) erfolgt in Kleingruppen. Das Ergebnis wird auf einer der nächsten Teambesprechungen vorgestellt.

3.1.3 Hinweise zur Gesprächsführung

Die Qualitätsentwicklung in Ihrer Einrichtung besteht aus vielen aufeinanderfolgenden Besprechungen, in denen Sie Ihre pädagogische Praxis einschätzen und sich Veränderungsziele setzen. Die Moderation und Gesprächsleitung dieser Besprechungen erfordern viel Geschick, insbesondere wenn qualitative Unterschiede in der pädagogischen Arbeit angesprochen werden. Probleme sollen so besprochen werden, dass sich keine Mitarbeiterin bloßgestellt fühlt. In jedem Fall muss die Leitung zwischen der Bewertung der Einrichtungsqualität und der Personalbeurteilung unterscheiden, letztere ist vertraulichen Personalgesprächen vorbehalten.

Die folgenden Hinweise zur Gesprächsführung sollen Ihnen als Moderatorin helfen, in den Besprechungen den richtigen Ton zu finden.

Erfolge vor Problemen

- Betrachten Sie bei der Auswertung von Checklisten und Qualitätsprofilen zunächst die Erfolge, also die Bereiche, die weitgehend übereinstimmend als positiv und gelungen bewertet wurden. Sprechen Sie darüber, was Sie schon erreicht haben. Auch wenn Sie von Zeit zu Zeit Ihre Teamarbeit auswerten (z. B. mit dem »Team-Check«), beginnen Sie mit den positiven Aspekten.
- Achten Sie als Gesprächsleitung darauf, dass die Diskussion vorwurfsfrei und lösungsorientiert ist. Insgesamt sollte mehr Diskussionszeit für die zukunftsorientierte Suche nach Lösungen als für die Betrachtung der Probleme aufgewandt werden.
- Wenn z. B. bei der Diskussion des Qualitätsprofils eine Kollegin mit ihrer Meinung allein da steht, achten Sie als Moderatorin darauf, dass solche »Minderheiten« nicht übergangen oder abgewertet werden. Klären Sie, welche Erfahrungen dahinterstehen und versuchen Sie, Lösungen zu finden. Ebenso sollten Kolleginnen mit ihrer Einzelmeinung die Diskussion nicht dominieren. Auf die Balance kommt es an.
- Sprechen Sie von Zeit zu Zeit über die Gesprächskultur des Teams und wie »Killerphrasen« vermieden werden können.

Wenn es im Team knistert – Hinweise zur konstruktiven Konfliktbearbeitung

Es ist möglich, dass im Laufe eines Qualitätsentwicklungsprozesses auch die Unzufriedenheit von Teammitgliedern mit bestimmten Kolleginnen oder nicht ausgetragene Konflikte zur Sprache kommen. Das kann sich auf die pädagogische Arbeit mit den Kindern oder auch auf die Teamarbeit beziehen, beispielsweise wenn sich jemand nicht an Verabredungen und Entscheidungen hält oder sich zu wenig beteiligt.

Die folgenden Hinweise helfen Ihnen als Moderatorin, in Teambesprechungen mit solchen Konflikten umzugehen.
- Besprechen Sie jeweils nur einen Sachverhalt.
- Lassen Sie die Vermischung verschiedener Themen nicht zu. Erstellen Sie eventuell eine Liste der nacheinander zu bearbeitenden Punkte.
- Achten Sie darauf, dass immer über einzelne konkrete Verhaltensweisen und Sachverhalte gesprochen wird und keine Pauschalurteile zu einzelnen Personen abgegeben werden.
- Fassen Sie die Diskussion nach einiger Zeit zusammen: »Welches Problem ist hier genannt worden, wofür brauchen wir eine Lösung?« Ohne eine gemeinsame Problemdefinition ist eine Lösungssuche sinnlos!
- In manchen Fällen kann das Team sofort Lösungsvorschläge sammeln und vereinbaren, zum Beispiel, wenn in einem großen Team einige oft und sehr lange reden. Mit der folgenden Frage kann ein direkter Lösungsprozess eingeleitet werden: »Welche Ideen habt ihr, die Beiträge so kurz zu fassen, dass viele zu Wort kommen?« Verschiedene Ideen werden gesammelt. Das Team bewertet die Ideen. Die meisten Teammitglieder wünschen eine Redezeitbegrenzung. Für die nächsten drei Besprechungen wird eine Probezeit vereinbart.
- In anderen Fällen ist es sinnvoller, dass Team aufzufordern, bis zur nächsten Sitzung Vorschläge zu machen (und eventuell schon zwischenzeitlich auf eine Wandzeitung im Teamraum zu schreiben). Danach einigt sich das Team auf eine Lösung.
- Wenn sich eine Kollegin durch die Diskussion persönlich angegriffen fühlt, ist es schwer, zu einem konstruktiven Ergebnis zu kommen. Vermeiden Sie Negativformulierungen. Bitten Sie als Gesprächsleitung alle darum, positiv zu formulieren, was Sie von der Kollegin möchten und warum.
- Gegebenenfalls ist ein weiteres Gespräch sinnvoll, damit alle Beteiligten Gelegenheit haben, emotionalen Abstand zu gewinnen. Die Einrichtungsleitung trägt die Verantwortung dafür, dass solche atmosphärischen Störungen wieder aufgegriffen werden.
- Voraussetzung für die konstruktive Konfliktbearbeitung ist allerdings ein Mindestmaß an gegenseitiger Kooperationsbereitschaft und Wertschätzung im Team. Wenn dies nicht gegeben ist, bleibt auch die Qualitätsentwicklung ein formaler Akt, der nichts verändert. Wenn »nichts mehr geht« oder die Leitung selbst in das Konfliktgeschehen involviert ist, wird unter Umständen Unterstützung von außen (Teamberatung, Supervision, Mediation) notwendig.

Methodenbaustein: Stolpersteine und Gesprächssperren in der pädagogischen Fachdiskussion

Wenn Aspekte besprochen werden, die nicht so gut laufen, führen Vorwürfe und Pauschalurteile gegen einzelne Mitarbeiterinnen schnell in eine Sackgasse, weil sie sich angegriffen fühlen und aus der Kommunikation aussteigen. Treffen Sie im Team Vereinbarungen zur Gesprächskultur.

Ablauf

- Sammeln Sie auf einer Wandzeitung »Killerphrasen«. Damit sind Redebeiträge gemeint, die von anderen als Abwertung oder Verurteilung empfunden werden und jede weitere Zusammenarbeit erschweren. Erstellen Sie in einer zweiten Spalte als Liste mit konstruktiven Alternativen. Bei Bedarf können Sie beide Listen ergänzen.
- Beispiel für eine Wandzeitung
  »So nicht«:
  – Unterstellung, es mangele am guten Willen und der Einsatzbereitschaft
  – Vermutungen anstellen und die Persönlichkeit der Kollegin analysieren
  – In der Vergangenheit wühlen (»alte Kamellen aufwärmen«)
  – Die Verantwortung auf schlechte Bedingungen oder »die Gesellschaft« schieben
  – Vorwürfe und Reizworte (immer, niemals) verwenden (»Du hältst dich immer raus«)

  So gelingt es:
  – Über konkrete beobachtbare Verhaltensweisen sprechen und sich sachlich austauschen

- Herausfinden, was genau jemanden daran hindert, ein Qualitätsziel umzusetzen
- Statt »Du machst das nicht...« erfragen: »Was hindert dich daran?«
- Gemeinsam kleine Schritte festlegen, wie diese Hindernisse ausgeräumt werden können

3.2 Methodenbausteine für lebendige Teamsitzungen

Das Sieben-Schritte-Verfahren zur Qualitätsentwicklung ist ein stark strukturiertes Verfahren. Es dient der Einrichtung als stabiles Grundgerüst für die Teamarbeit. Um diese Teamarbeit lebendig und abwechslungsreich zu gestalten, stellen wir Ihnen zusätzlich einige bewährte Methoden der Teamarbeit vor, jeweils mit einem praktischen Beispiel. Wir möchten Sie ermutigen, diese Methoden situativ abzuwandeln und zusätzlich weitere Methoden, die Sie im Laufe Ihrer beruflichen Tätigkeit kennen gelernt haben, anzuwenden. Folgende Methodenbausteine möchten wir Ihnen vorstellen:
- Alphabet belegen
- Mind Map
- Ideenprotokoll
- Pro und Contra-Spiel
- U-Prozedur
- Übungs-Gespräch

3.2.1 Das Alphabet belegen

Die Methode eignet sich
- als Einstiegsmethode in einen neuen Qualitätsbereich;
- zur Erkundung von Themen und Interessen für die Diskussion.

Aussagen auf Alphabet-Karten ablegen

Bereiten Sie zweiunddreißig Karten (Kartei- oder farbige Moderationskarten) mit jeweils einem Buchstaben des Alphabets vor. Diese Karten werden großzügig im Kreis verteilt oder an eine Pinnwand geheftet. Zu einer bestimmten Frage beschriften die Teamkolleginnen die Moderationskarten. Wenn Sie z. B. in den Qualitätsbereich »Fantasie- und Rollenspiel« einführen, könnten Sie die Fragestellung »Was ist mir beim Thema Rollenspiel besonders wichtig zu diskutieren?« wählen. Jede Karte sollte nur eine Aussage enthalten. Dabei wird der Anfangsbuchstabe des Schlüsselbegriffs dem entsprechenden Buchstaben des Alphabets zugeordnet (z. B. »Aufräumen nach dem Spiel« gehört zu A, »Monsterfiguren« zu M).

Die Karten werden mit A beginnend der Reihe nach von den Kolleginnen vorgelesen und der jeweiligen Alphabet-Karte zugeordnet. Die Moderatorin lässt Verständnis- oder Rückfragen und Vertiefungen zu. Die Aussagen der Karten können anschließend protokolliert werden.

Kommentar

Von Vorteil ist, dass alle Kolleginnen mit ihren Aussagen zum ausgewählten Thema zu Wort kommen. Die Methode eignet sich gut für den Einstieg, um Erwartungen, Einstellungen und unterschiedliche Aspekte eines Themas abzufragen.

Variation für die Weiterarbeit

Ein Themenbereich wird ausgewählt, an dem intensiv diskutiert werden soll.
- Jede Kollegin bekommt drei Klebepunkte und verteilt die Punkte auf die Karten, zu denen sie mit den Kolleginnen arbeiten möchte. Die Klebepunkte können alle auf ein Thema gesetzt oder auf verschiedene angesprochene Themenschwerpunkte verteilt werden.
- Anschließend werden die vier am meisten gewünschten Themenschwerpunkte an-

hand der Anzahl der Klebepunkte ermittelt und vier Arbeitsgruppen gebildet.
- Oder: Der Themenschwerpunkt mit den meisten Klebepunkten wird von allen gemeinsam bearbeitet.

3.2.2 Die Mind Map

Die Methode eignet sich
- als Einstieg in ein neues Thema;
- zur Einführung in einen Qualitätsbereich.

Mind Map (zu deutsch: Ideen-Landkarte) ist eine Methode aus dem Kreativitätstraining. Mit einem Mind Map lassen sich in kurzer Zeit sehr viele Aspekte eines Themas erfassen und strukturieren.

Vorteile gegenüber einer unstrukturierten Diskussion

- Alle Ideen werden für alle sichtbar aufgeschrieben.
- Kein Aspekt geht verloren.
- Wiederholungen sind weitgehend ausgeschlossen.
- Gedankenverbindungen werden aufgezeigt.
- Fehlende Informationen werden sichtbar.
- Die Methode stimuliert den Ideenfluss in einer Gruppe.

Vorgehen

- Schreiben Sie den Begriff, zu dem Ideen gesammelt werden sollen, in die Mitte eines großen Papierbogens. Das kann beispielsweise der Titel oder ein Gliederungsaspekt eines Qualitätsbereichs oder ein Stichwort aus einem Qualitätskriterium sein.

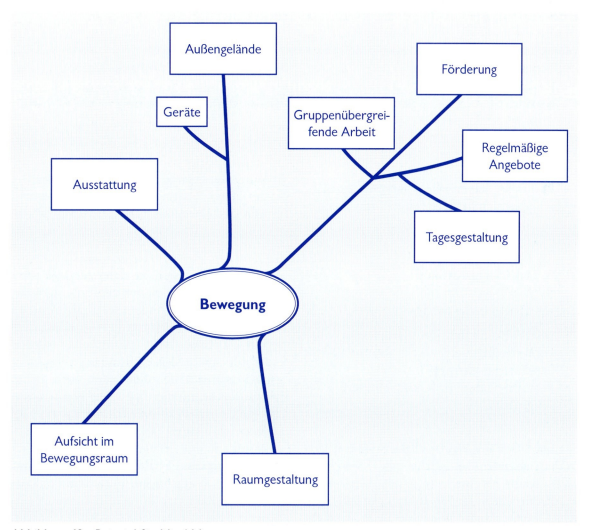

Abbildung 12: Beispiel für Mind Map

- Fordern Sie die Gruppe auf, wichtige Aspekte dieses Themas zu nennen. Diese Aspekte bilden die Hauptzweige, die von dem Stamm mit dem zentralen Begriff ausgehen. Von jedem Hauptzweig können Nebenzweige abgehen. Fahren Sie so lange fort, bis keine neuen Ideen mehr genannt werden.
- Wichtig: Es soll frei assoziiert werden. Die Ideen fließen nur, wenn nicht bewertet oder diskutiert wird.
- Jeder genannte Aspekt wird festgehalten.

Auswertung

Durch das Aufschreiben ohne Bewertung und die grafische Darstellung werden oft verblüffende Verbindungen zwischen den Verzweigungen und Übergänge zu anderen Qualitätsbereichen sichtbar.

Weiterarbeit mit der Mind Map

Jedes Teammitglied markiert die Aspekte, die weiterbearbeitet werden sollen. Je nach der Teamsituation stehen unterschiedliche Fragestellungen im Mittelpunkt:
- Welcher Aspekt ist mir am wichtigsten?
- Wo sind wir uns als Team am wenigsten einig, wo unterscheiden wir uns am meisten?
- Wo sind wir oft unterschiedlicher Meinung mit den Eltern?
- Wo möchte ich etwas verändern?
- Es bilden sich Arbeitsgruppen, die je einen Hauptzweig weiterbearbeiten.

3.2.3 Das Ideenprotokoll

Diese Methode eignet sich
- während der Schritte »Diskussion von Veränderungszielen« und »Planung von Umsetzungsschritten«;
- zum Festhalten von Einfällen und Lösungsideen.

Halten Sie in der Phase »Diskussion von Veränderungszielen« möglichst alle Ideen fest, auch wenn sie nur von einer Minderheit vertreten werden oder abwegig erscheinen. Manchmal erweisen sich diese Ideen zu einem späteren Zeitpunkt als sehr brauchbar.

Vorgehen

Nach einer Phase des Sammelns von Ideen (mit Hilfe einer Zuruf-Frage) werden die Vorschläge in vier Kategorien eingeteilt (vgl. Wack, Dettlinger, Grothoff, 1993):
- Heiße Ideen: sofort zu realisierende Ideen
- Warme Ideen: später zu realisierende Ideen
- Lauwarme Ideen: Bearbeitungswerte Ideen, die aber noch weiterer Überlegungen bedürfen
- Kalte Ideen: (noch) nicht realisierbare Ideen, die jedoch später wichtig werden könnten; Assoziationen, Bilder, Analogien, die festgehalten, aber noch weitergedacht werden sollen.

Werden die Lösungsansätze nach diesem Schema aufgelistet, entsteht ein Ideen-Notizbuch. In späteren Sitzungen kann man zur Weiterentwicklung von Lösungen oder zur Lösungsfindung für andere Probleme leicht darauf zurückgreifen.

3.2.4 Das Pro & Contra-Spiel

Diese Methode eignet sich
- für die Qualitätsschritte »Fachliche Orientierung« und »Diskussion von Veränderungszielen«;
- zum Herausarbeiten fachlich begründeter Standpunkte;
- für die Diskussion kontroverser Meinungen.

Das Team einigt sich auf eine Aussage oder Entscheidungsfrage, zu der die Pro- und Contra-Diskussion stattfinden soll. Die Aussage oder Frage muss so formuliert werden, dass sie mit »Ja« bzw. »Nein« beantwortet werden kann. (Beispiel: Müssen Kinder nach jedem Spiel aufräumen?/Kinder sollen nach jedem Spiel sofort aufräumen!). Für die Pro-Position und die Contra-Position bildet sich jeweils eine Expertinnengruppe aus zwei bis drei Erzieherinnen. Die Expertinnen können eine Vorbereitungszeit erhalten oder direkt in das Streitgespräch einsteigen. Innerhalb der Pro- bzw. Contra-Gruppe können sich die Expertinnen noch unterschiedliche Rollen überlegen und aus diesen Rollen argumentieren.

Beispiel-Thema: Kinder sollen nach jedem Spiel sofort aufräumen

Position Pro:
- Rolle einer Gruppenerzieherin (Expertin 1)
- Rolle einer Mutter (Expertin 2)

Position Contra:
- Rolle eines Kindes (Experte 1)
- Rolle der Kita-Leiterin (Expertin 2)

Eine Kollegin moderiert das Gespräch und achtet dabei streng auf die Zeitvorgaben. Die anderen Kolleginnen sind Zuschauer und geben vor und nach der Diskussion ihr Votum ab. Ein Auswertungsgespräch schließt sich an.

Hinweis für die Moderation

Das Pro- und Contra-Spiel »lebt« von der Zuspitzung und sogar Übertreibung der Argumente. Weisen Sie darauf hin, dass es während des Spiels nicht darum geht, eine ausgewogene Meinung zu vertreten, die meistens einen Kompromiss aus »pro« und »contra« darstellt. Dies ist Aufgabe der anschließenden Auswertung. Manchmal finden sich für die unterschiedlichen Positionen und Rollen nicht genügend Spieler mit dem Hinweis, man selbst verträte eine Zwischenposition. Bitten Sie das Team in diesem Fall, auch in andere Rollen zu schlüpfen, weil es dazu beiträgt, andere Meinungen besser nachvollziehen zu können.

Ablauf und Zeitplan

Tabelle 4 zeigt, wie und in welchem Zeitrahmen Sie den Ablauf gestalten können.

Material und Rahmenbedingungen

- Das Spiel gewinnt, wenn der Raum als Fernsehstudio umgestaltet wird: Bühne und Zuschauerraum, Videokamera (Auswertung), Namensschilder (entsprechend der verabredeten Rollen), Musik einspielen.
- Materialien zur Gestaltung des Fernsehstudios, Namensschilder, evt. Musik
- Dauer: ca. 90–120 Minuten
- Gruppengröße: mindestens 8 Teilnehmerinnen
- Einsatzmöglichkeiten: geeignet für Teamsitzungen, aber auch für einen spannenden Elternabend, um Eltern Positionen des Teams unaufdringlich zu vermitteln, ihre Meinung dazu in Erfahrung zu bringen und mit ihnen darüber in eine Diskussion zu kommen.

Aktivität	Zeitrahmen
Einigung auf das Thema, Erläuterung des Ablaufs durch die Moderatorin	Ca. 10 Min.
Bildung von zwei Expertengruppen, Rollenverteilung innerhalb der Expertengruppe	Ca. 5–10 Min.
Vorbereitungszeit von Experten und Moderatorin	Ca. 25 Min. Wahlweise auch zum nächsten Teamsitzungstermin (oder Elternversammlung)
Sendung • Begrüßung/Einführung durch die Moderatorin • Erste Abstimmung der Zuschauer • Eingangsstatement der Experten • Diskussion der Experten • Fragen aus dem Publikum • Abschlussstatement der Experten (je 1 Min.) • Zweite Abstimmung der Zuschauer • Abmoderation	 Ca. 2 Min. Ca. 4 Min. Ca. 4–5 Min. Ca. 12–15 Min. Ca. 5–10 Min. Ca. 4–5 Min. Ca. 4 Min. Ca. 2 Min.
Reflexion (evtl. Videoaufnahmen einbeziehen, dann mehr Zeit)	Ca. 25 Min.

Tabelle 4: Zeitplan

Stärken dieser Methode:
- Alle setzen sich intensiv mit den unterschiedlichen Aspekten auseinander.
- Das Thema wird vertieft.
- Durch genaues Zuhören werden unterschiedliche Argumentationen nachvollzogen.
- Die Beteiligten lernen, eine Meinung überzeugend zu vertreten.

3.2.5 Die U-Prozedur

Diese Methode eignet sich
- für die Qualitätsschritte »Fachliche Orientierung« und »Diskussion von Veränderungszielen«;
- zur Reflexion des eigenen Verhaltens;
- zum Hinterfragen pädagogischer Einstellungen und Werte;
- zur Entwicklung von Zielen.

Als Ergebnis der Diskussion der Checklisten und des Qualitätsprofils gibt es im Team häufig konkrete Situationen oder Aspekte der pädagogischen Arbeit, die fachlich weiterbearbeitet werden sollen. Sie sind Ausgangspunkt (Frage 1) der »U-Prozedur«, eines Frageschemas, mit dem man von einer Ist-Situation zu einer Zieldefinition kommt. Die U-Prozedur kann sowohl von einer Gruppe als auch von einzelnen angewendet werden.

Vorgehen

Zeichnen Sie auf einer Moderationswand das U-Schema mit den sieben Fragen oder kopieren Sie es für jede Kollegin. Beschreiben Sie die ausgewählte Situation so genau wie möglich: Was machen die Kinder – wie handeln Sie bzw. Kolleginnen? Tragen Sie diese Beschreibung (eventuell Stichworte) in das Kästchen 1 ein. Beantworten Sie nun nacheinan-

IST-Situation

1. Wie verhalte ich mich bzw. verhalten wir uns gegenwärtig? Welche Methoden, Mittel, Regeln usw. wenden wir an?

2. Worin sehe ich meine Aufgabe/sehen wir unsere Aufgabe als Erzieherin? Wofür fühle ich mich verantwortlich?

3. Warum verhalte ich mich/verhalten wir uns so? Welche ausgesprochenen (oder unausgesprochenen) Auffassungen und Wertvorstellungen liegen dem zugrunde?

SOLL-Situation

7. Wie möchte ich/wollen wir zukünftig in der Situation reagieren oder handeln?

6. Welche Konsequenzen ergeben sich daraus für mein Verhalten/unser Verhalten? Worin sehe ich meine/sehen wir unsere Aufgabe als Fachkräfte in dieser Situation?

5. Von welchen Auffassungen und Zielvorstellungen will ich/wollen wir zukünftig unser Handeln leiten lassen?

4. Entsprechen diese Auffassungen nach der Beschäftigung mit dem Qualitätsbereich noch meinem/unserem heutigen Denken? Will ich/wollen wir unser Verhalten beibehalten? Oder sehen wir die Dinge jetzt anders?

Abbildung 13: U-Prozedur: Frageschema

der die sieben Fragen des U. Dazu haben Sie verschiedene Möglichkeiten:
- Jede Frage wird 5–10 Minuten im Team diskutiert, die Ergebnisse werden stichwortartig im entsprechenden Kästchen festgehalten.
- Jede Kollegin beantwortet die entsprechende Frage in Einzelarbeit. Danach Austausch zu zweit oder in Kleingruppen.
- Jede Kollegin beantwortet das ganze U für sich allein. Die Fragen 4 und 7 werden schwerpunktmäßig diskutiert.
- Die Antworten auf die Frage 7 können Ausgangspunkt für die Erarbeitung von Zielvereinbarungen sein.

3.2.6 Das Übungsgespräch

Diese Methode eignet sich
- für alle Qualitätsziele, in denen es um Kommunikation und Gesprächsführung geht;
- zur gemeinsamen Vorbereitung der Umsetzung von Qualitätszielen;
- zum Training und zur Verbesserung der gemeinsamen Gesprächsführung.

Das folgende Beispiel bezieht sich auf die Kommunikation mit Eltern. Es können jedoch auch Gespräche mit anderen Kommunikationspartnern geübt werden. Die Kommunikation mit Eltern ist eine zentrale Aufgabe der pädagogischen Fachkräfte. Schwerpunktmäßig wird diese Aufgabe in den Qualitätsbereichen »Zusammenarbeit mit Eltern« und »Eingewöhnung« beschrieben, jedoch kann prinzipiell jeder Qualitätsbereich Gegenstand von Gesprächen mit Eltern sein.

Bei der Methode des Übungs-Gesprächs geht es darum, die Perspektive der Eltern einzunehmen. Sie können diese Methode für alle Qualitätsbereiche unter folgenden Fragestellungen einsetzen:
- Was ist Eltern bei diesem Qualitätsbereich möglicherweise wichtig?
- Welche Fragen und Erwartungen haben sie an uns?
- Wie gehen wir darauf ein?
- Welche Aspekte sind für uns verhandelbar, welche nicht und wie begründen wir das?

Das Übungs-Gespräch wird von allen anwesenden Fachkräften gleichzeitig in Zweier-Gruppen durchgeführt. Somit entsteht kein Bühneneffekt wie bei anderen Rollenspielen, in denen sich Spieler oft gehemmt fühlen. Alle Kolleginnen sind beteiligt, es gibt keine Zuschauer. Bei einer ungeraden Zahl der Teammitglieder kann es auch Dreier-Gruppen geben, dann werden jeweils zwei Elternrollen und eine Erzieherinnenrolle besetzt.

Ablauf

Ein Teammitglied sollte den folgenden Ablauf moderieren.
- Das Team einigt sich auf ein Gesprächsthema.
- Das Team teilt sich in zwei Untergruppen (Eltern und Erzieherinnen).
- Jede Untergruppe bereitet sich ca. 15 Minuten auf das Gespräch vor.

Die Elterngruppe überlegt:
- Was ist uns als Eltern wichtig?
- Was wollen wir wissen?
- Was erwarten wir von der Einrichtung?

Darüber hinaus überlegt sich noch jede in dieser Gruppe einige besondere Merkmale einer Mutter/eines Vaters, die sie im Rollenspiel einbringen will (z. B. ich bin Schichtarbeiter, mein Kind soll in der Einrichtung nicht schlafen usw.). Wählen sie – vor allem in rollenspiel-unerfahrenen Gruppen – keine besonders »schwierigen« Elternrollen aus, es sei denn, sie wollen Konfliktgespräche üben.

Die Erzieherinnengruppe überlegt:
- Was wollen wir den Eltern in diesem Gespräch mitteilen?
- Mit welchen Fragen rechnen wir?
- Mit welchen Meinungen, eventuell auch Einwänden rechnen wir? Wie gehen wir damit um?

Danach kommen beide Gruppen wieder zusammen. Nun finden sich jeweils zwei Kolleginnen (je ein »Elternteil« und eine Erzieherin) zusammen. Für die nächsten 10 Minuten führen beide aus ihren Rollen heraus ein Gespräch. Da die Erzieherin die Rollenvorbereitung des »Elternteils« nicht kennt, muss sie in diesem Übungs-Gespräch ganz spontan auf

Fragen und Wünsche reagieren. Für die Kollegin, die sich mit dem »Elternteil« identifiziert, ist es wichtig, dass sie wirklich bereit ist, einmal aus der Elternposition zu argumentieren. Davon lebt dieses Übungs-Gespräch.

Auf ein Zeichen (Gong o. Ä.) wird das Gespräch beendet. Es folgt ein Austausch der beiden Partnerinnen.

Auswertungsfragen

- Wie habe ich als Elternteil die Erzieherin erlebt? Hat sie meine Bedürfnisse verstanden und geachtet? Fühlte ich mich wertgeschätzt?
- Was hat mir eingeleuchtet, was nicht?
- Wie habe ich als Erzieherin den Elternteil erlebt: angenehm, unangenehm, fordernd, bittend usw.?
- Wie war ich mit meinem Gesprächsverhalten zufrieden? Was gelang mir gut, was würde ich nächstes Mal anders machen?

Jedes »Paar« fasst seine »Erkenntnisse« in drei bis vier Merksätzen für erfolgreiche Eltern-Gespräche zusammen (auf Karten schreiben). Diese werden vorgelesen und an eine Pinnwand geheftet. Weil der Perspektivenwechsel in die Rolle von Eltern besonders lehrreich ist, können – sofern Zeit dafür vorhanden ist – in einer zweiten Runde neue Paare gebildet werden, in denen jede die jeweils andere Rolle einnimmt.

3.3 Methodenbausteine für die Reflexion des Arbeitsprozesses

Ein Qualitätsentwicklungsprozess stellt hohe Anforderungen an die Reflexions- und Kooperationsfähigkeit des Teams. Mit dem »Sieben-Schritte-Verfahren« wird eine systematische, zielgerichtete Arbeitsweise eingeführt, die möglicherweise ungewohnt ist. Besprechen Sie im Team von Zeit zu Zeit, wie zufrieden die Mitarbeiterinnen mit der gemeinsamen Qualitätsentwicklung sind. Dies gibt Ihnen als Leitung bzw. Moderatorin der Qualitätsentwicklung Hinweise, welche Punkte besonders berücksichtigt werden sollten, wann etwas zu schnell oder zu langsam geht oder wie stark jede einzelne Mitarbeiterin von der Qualitätsentwicklung profitiert.

Sie können eine solche Auswertung des gemeinsamen Arbeitsprozesses zum ersten Mal durchführen, nachdem das Team ungefähr drei Qualitätsbereiche bearbeitet hat. Dann ist eine gewisse Sicherheit mit dem Sieben-Schritte-Verfahren entstanden und eventuell der Wunsch, die Effektivität der Arbeitsformen zu reflektieren. Bei einem längeren Qualitätsentwicklungsprojekt sollte es zur Halbzeit eine »Zwischenbilanz« geben, in der das Team wiederum die gemeinsame Arbeit auswertet.

Die folgenden Methoden eignen sich für die Reflexion:
- Stimmungs-Pole
- Freudenturm und Klagemauer
- Als Qualitäts-Reporter unterwegs
- Teamcheck zur Zwischenauswertung
- Qualitätsentwicklung als Teamprozess
- Unsere Zusammenarbeit als Landschaft

3.3.1 Stimmungs-Pole
Material
- Flipchart-Bogen mit einer Darstellung der Stimmungs-Pole
- Klebepunkte
- Variation: mit Tesakrepp eine Linie auf den Fußboden kleben und an die beiden Pole eine Moderationskarte mit den gegensätzlichen Aussagen legen

Zeitbedarf
- Ca. 5 Minuten zum Anbringen der Klebepunkte
- Ca. 15–30 Minuten für die Diskussion

METHODENBAUSTEINE FÜR DIE REFLEXION DES ARBEITSPROZESSES

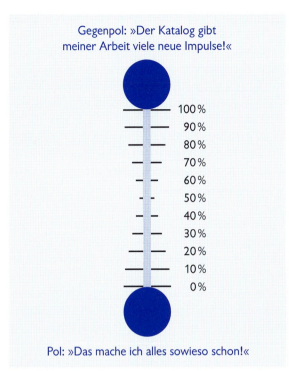

Abbildung 14: Stimmungspole

Ablauf

An den beiden Polen befinden sich zwei herausfordernde, möglichst gegensätzliche Aussagen. In der oben aufgeführten Beispielgrafik beziehen sich die Aussagen auf den Kriterienkatalog. Fordern Sie nun die Teammitglieder auf, sich auf der Skala mit ihrer Meinung zu positionieren. Ein Klebepunkt in der Nähe einer der beiden Pole bedeutet starke oder völlige Zustimmung, ein Punkt eher in der Mitte der Skala bedeutet »teils/teils«.

Wenn Sie die Stimmungs-Pole auf dem Fußboden ausgelegt haben, stellt sich jede Kollegin an die Stelle, die ihre Meinung ausdrückt. Anschließend kann jede ihre Meinung begründen.

3.3.2 Freudenturm und Klagemauer

Material

- Karteikarten (pro Teammitglied ca. vier bis sechs) in zwei Farben
- Dicke Filzstifte

Zeitbedarf

- Ca. 5–10 Minuten zum Beschreiben der Karten (je nach Teamgröße)
- Ca. 15–30 Minuten für die Auswertungsdiskussion

Ablauf

- Bitte sagen Sie zunächst an, dass pro Karte nur ein Aspekt aufgeschrieben werden darf, dass groß und deutlich und maximal sieben Worte geschrieben werden sollen.
- Jede Kollegin beschreibt Karten zu folgenden Impulsen)
  – Was mich an unserer Qualitätsentwicklung ärgert, stört, an der Weiterarbeit hindert...
  – Was mich motiviert, freut, weiterbringt...
- Die Karten werden unter den vorbereiteten Überschriften »Freudenturm« und »Klagemauer« an eine Moderationswand oder die Zimmerwand geheftet und bei Bedarf weiter besprochen. Eventuell werden vorher durch Klebepunkte Aspekte ausgewählt, die den Mitarbeiterinnen besonders wichtig sind.

3.3.3 Als Qualitäts-Reporter unterwegs

Wenn der Qualitätsentwicklungsprozess in Ihrer Einrichtung vorrangig in Arbeitsgruppen stattfindet und sich das Gesamtteam nur in großen Abständen trifft, eignet sich diese Methode als Einstieg, um die Teilprozesse zusammenzuführen und möglichst alle Mitarbeiterinnen miteinander ins Gespräch zu bringen.

Reporter-Fragen an das aktuelle Thema der Qualitätsentwicklung können z. B. sein:

- Wie liefen die letzten 4 Wochen in deiner/eurer Qualitätsarbeit? Findet dafür einen treffenden Titel (z. B. in Anlehnung an einen Buch- oder Filmtitel)!
- Beschreibe deine eigene Rolle im Qualitätsentwicklungs-Prozess mit einem Vergleich oder einem Symbol (»Ich komme mir vor wie...«).
- Worum drehte sich die spannendste Diskussion in deiner/meiner Arbeitsgruppe?

Material und Zeitbedarf

- Moderations- oder Karteikarten, Stifte
- Zeitrahmen: ca. 20–30 Minuten; bitte halten Sie den Zeitrahmen ein. Es geht nicht um eine ausführliche inhaltliche Diskussion, sondern um einen kurzen Austausch.

Ablauf

- Bereiten Sie drei oder vier Reporter-Fragen vor.
- Zur ersten Frage tauschen sich jeweils zwei Fachkräfte aus. Die Ergebnisse werden auf Karten mit Stichworten notiert, um sie später zu sammeln. Nach fünf Minuten wechseln die Gesprächspartnerinnen, das heißt, jede Erzieherin sucht sich eine neue Gesprächspartnerin. Mit dieser Partnerin tauscht sich jede Kollegin weitere fünf Minuten zur nächsten Frage aus. Auch dazu werden die Ergebnisse wieder stichwortartig auf Karten notiert. Die Wechsel der Gesprächspartnerinnen werden zu jeder weiteren Frage durchgeführt, so dass möglichst viele Kolleginnen miteinander Gelegenheit zum Austausch haben.
- Hinweis: Es ist sinnvoll darauf hinzuweisen, dass sich die Kolleginnen aus derselben Arbeitsgruppe Gesprächspartner aus anderen Arbeitsgruppen suchen.
- Abschließend werden die Karten mit den Ergebnissen nach den besprochenen Fragen geordnet und an einer Pinnwand befestigt.

Die Ergebnisse können beispielsweise als nächstes Thema für eine Fachdiskussion ausgewählt werden.

3.3.4 Teamcheck zur Zwischenauswertung

Schlagen Sie eine Zwischenauswertung beispielsweise nach einem halben Jahr der Qualitätsentwicklung vor und benutzen Sie dafür das Formblatt 7. Es erfragt die Meinung jeder Kollegin zu den Aspekten: Information – Transparenz – Beteiligungsmöglichkeiten – Atmosphäre und Gruppenklima – Fähigkeit zur Problemlösung – Kontrolle. Diese Aspekte spielen in der Teamarbeit eine wichtige Rolle und wirken sich auf die Arbeitszufriedenheit und Motivation aus.

Vorgehen

- Jede Kollegin füllt den Fragebogen auf Formblatt 7 für sich aus.
- Übertragen Sie die Einschätzungen jeder Kollegin auf eine vorbereitete Wandzeitung oder in eine Kopie des Fragebogens. Als Ergebnis sollte für jeden namentlich erkennbar sein, wer welche Einschätzung vorgenommen hat.
- Nehmen Sie sich ausreichend Zeit für die Auswertung und Diskussion von Verbesserungen.

3.3.5 Qualitätsentwicklung als Teamprozess

Etwas neu zu entdecken ist aufregend und anstrengend zugleich. Das gilt auch für den (in dieser Form) neuen Aufgabenbereich »Qualitätsfeststellung und -entwicklung«. Wer eine neue Stadt erkundet, schaut wahrscheinlich häufig auf den Stadtplan. Und wer ein neues technisches Gerät anschließt, versucht die Gebrauchsanweisung zu begreifen. Genauso sind die Vorgaben im »Sieben-Schritte-Verfahren« zu verstehen: als Leitfaden, der Ihnen die Arbeit erleichtern soll.

Irgendwann wird das Neue zur selbstverständlichen Gewohnheit – Lernprozesse haben stattgefunden. Das Gute daran: »Es« läuft, auch ohne dass das Team immer wieder Grundsätzliches klären muss; es geht schneller und routinierter. Das Schlechte: Aus Gewohnheit kann Trott werden, der ohne wirkliche innere Beteiligung nur noch abgehakt wird. Um bei dem Beispiel der Stadterkundung zu bleiben: Man geht immer dieselben Straßen und Wege entlang und versäumt viele Gelegenheiten, etwas Neues, Interessantes und vielleicht sogar Wichtiges zu entdecken.

Dazu soll es möglichst nicht kommen. Gute Teamarbeit bewegt sich immer in der Spannung von formalisiertem, strukturiertem Vorgehen (das schafft Sicherheit und Orientierung) und spontanen Aktivitäten (das macht den Prozess lebendig).

Stationen der Arbeit mit den Qualitäts-Materialien

Die folgenden Aussagen verdeutlichen typische Stationen, die ein Team bei der Anwendung des »Sieben-Schritte-Verfahrens« durchlaufen kann. Überlegen Sie gemeinsam, wo Sie jetzt gerade sind:

Formblatt 7
Einschätzung der Teamarbeit zur Qualitätsentwicklung

Bitte schätzen Sie die Zusammenarbeit im Team und Ihre Mitarbeit im Qualitätsentwicklungs-Prozess ein. Beziehen Sie sich dabei zum Beispiel auf die vergangenen sechs Wochen (falls es für den gesamten Zeitraum Schwankungen gibt).	Stimmt überhaupt nicht						Stimmt völlig
	7	6	5	4	3	2	1
Vorbereitung							
1 Unsere Teambesprechungen und Arbeitsgruppen zur Qualitätsentwicklung sind gut vorbereitet und klar strukturiert.							
Information und Transparenz							
2 Alle Unterlagen zur Qualitätsentwicklung sind für mich zugänglich und jederzeit einsehbar.							
3 Ich weiß, an welchem Punkt der Qualitätsentwicklung sich das Team zur Zeit befindet.							
4 Unsere Dokumentation zu den bisher bearbeiteten Qualitäts-Bereichen ist vollständig und übersichtlich geordnet.							
Beteiligung							
5 In der bisherigen Qualitätsentwicklung haben sich alle Teammitglieder beteiligt und Aufgaben übernommen.							
6 Mit meinem eigenen Beitrag in der Qualitätsentwicklung bin ich zufrieden.							
Klima							
7 Die Gesprächs- und Arbeitsatmosphäre ist motivierend und aneinander interessiert.							
8 Die Aussprache über die Checklisten und das Qualitäts-Profil empfinde ich als offen.							
9 Über Unterschiede in unserer Arbeit können wir konstruktiv sprechen.							
10 Ich habe den Eindruck, dass meine Meinung und Mitarbeit für die anderen wichtig ist und anerkannt wird.							
Problemlösung und Zielorientierung							
11 Unsere Schwachpunkte in der Arbeit beschreiben wir konkret und genau.							
12 Wir sind in der Lage, uns erreichbare und realistische Veränderungsziele zu setzen.							
13 Unsere Ziele fixieren wir schriftlich in verbindlichen Zielvereinbarungen.							
14 Die Umsetzungsplanung verabreden wir so, dass jede ihre Aufgabe und ihre Verantwortlichkeiten dabei kennt.							
15 An unsere Entscheidungen zur Qualitätsentwicklung fühle ich mich gebunden.							
16 Wir kontrollieren regelmäßig, ob die vereinbarten Ziele erreicht worden sind.							

1. »Schon wieder was Neues?«
   Befürchtung vor Überforderung zu Beginn der Qualitätsentwicklung.
2. »Wie ist das gemeint?«
   Verunsicherung und Versuch, das »Sieben-Schritte-Verfahren« zu verstehen.
3. »Machen wir es so richtig?«
   Das Team gewinnt Sicherheit bei der Anwendung des »Sieben-Schritte-Verfahrens«.
4. »Ach ja, so geht das ... «
   Routine schafft ein gutes Gefühl.
5. »......................................«
   Selbstverständliches Arbeiten – alle wissen, was zu tun ist.
6. »Schon wieder? Wir haben doch erst letzte Woche ...«
   Aufkommen von Langeweile; im Team macht sich das Gefühl breit, schematisch etwas abzuarbeiten.

STOPP!
Wenn Sie dies bemerken, ist es an der Zeit, neuen Schwung in den Qualitätsentwicklungsprozess zu bringen!

3.3.6 Unsere Zusammenarbeit als Landschaft

Zeitrahmen

- 5 Minuten Einführung
- Ca. 15 Minuten Karten schreiben
- Ca. 15–30 Minuten (je nach Teamgröße) gemeinsame Auswertung

Ablauf

- Deuten Sie auf einem großen Plakat mit farbiger Kreide oder Wachsmalstiften eine Landschaft an. Verzichten Sie auf dabei auf Details; eine weniger deutliche Zeichnung regt die Phantasie eher an. Zeichnen Sie von unten nach oben mit wenigen Strichen folgende Elemente:
  - Wasser mit Wellen
  - Klippen und Strand
  - Landschaftsformen wie Wald, Wiese, Weg, Berge, Tal, Felsen, See, Fluss
  - Ein Haus in der Landschaft
  - Himmel mit Wetter (Sonne, Regenwolke, Nebel)

- Bitten Sie das Team, sich die bisherige Zusammenarbeit der Qualitätsentwicklung als Landschaft vorzustellen. Ihr Impuls könnte sein: »Denkt bitte darüber nach, wie ihr unsere Zusammenarbeit bisher erlebt habt. Wenn euch zu den verschiedenen Landschaftsformen etwas Passendes einfällt, nehmt eine Karte und schreibt euren Einfall und Namen dazu. Damit meine ich beispielsweise:
  - Wo ging es hoch her, wo war stürmisches Meer?
  - Wo stießen wir auf Klippen?
  - Wo sahen wir den Wald vor lauter Bäumen nicht?
  - Wo gab es Irrwege?
  - Wo waren wir auf dem Gipfel des Erfolgs oder im Tal des Trübsinns? usw.

Variationen

- Als persönliche Momentaufnahme: Führen Sie ähnlich wie oben ein. Fordern Sie dann die Kolleginnen auf, ihren aktuellen Platz in dieser Landschaft zu finden. Jede legt eine Karte mit ihrem Namen, einer stichwortartigen Begründung und/oder einem selbstgewählten Symbol an die entsprechende Stelle.
- Für kleinere Teams (oder in Kleingruppen): Das Plakat liegt auf einem Tisch, um den die Teammitglieder sitzen. Alle zeichnen nun gemeinsam weiter. Sie konkretisieren und verändern die Landschaft entsprechend ihrer Wahrnehmung des Qualitätsentwicklungs-Prozesses. Durch gemalte Symbole macht jede Mitarbeiterin die Aspekte deutlich (wie z. B. Hinweisschilder, Schnecke für Schnecken-Tempo, der »Baum der Erkenntnis«, ein Schatz für eine wertvolle Entdeckung usw.), die ihr wichtig sind. Der Prozess ist intensiver, wenn dabei nicht gesprochen wird. Auswertung: Das Team lässt das Gesamtwerk auf sich wirken und spricht darüber; Hervorheben positiver Aspekte, Bearbeitung störender Aspekte.

Ausblick

Sie sind am Schluss unseres Arbeitsbuchs zur Qualitätsentwicklung angekommen. Damit haben Sie das praktische Handwerkszeug für einen Teamprozess zur Weiterentwicklung Ihrer pädagogischen Arbeit kennen gelernt und vielleicht auch erste Schritte erfolgreich gemeistert.

Wir hoffen, dass das Arbeitsbuch weiterhin ein nützlicher und vielgelesener Begleiter Ihrer Qualitätsentwicklung bleibt.

Ein einzelnes Buch kann nicht alle Fragen des vielfältigen und in dauernder Veränderung begriffenen Praxisfeldes der Tageseinrichtungen für Kinder beantworten. Wir freuen uns deshalb auf vielfältige Rückmeldungen aus der Praxis und Ihre Anregungen für die Weiterentwicklung unseres Verfahrens der Qualitätsentwicklung.

Anhang

Verzeichnis aller Kopiervorlagen

Hinweise für die Bearbeitung des Formblatts »Checkliste/Qualitätsprofil«

Formblätter »Checklisten/Qualitätsprofile« für die Qualitätsbereiche

- Raum für Kinder
- Tagesgestaltung
- Mahlzeiten und Ernährung
- Gesundheit und Körperpflege
- Ruhen und Schlafen
- Sicherheit
- Sprache und Kommunikation
- Kognitive Entwicklung
- Soziale und emotionale Entwicklung
- Bewegung
- Fantasie- und Rollenspiel
- Bauen und Konstruieren
- Bildende Kunst, Musik und Tanz
- Natur-, Umgebungs- und Sachwissen
- Interkulturelles Lernen
- Integration von Kindern mit Behinderungen
- Eingewöhnung
- Begrüßung und Verabschiedung
- Zusammenarbeit mit Familien
- Leitung

Allgemeine Formblätter für den Qualitätsentwicklungsprozess

- Formblatt 1: »Vereinbarungen zur Zusammenarbeit im Team«
- Formblatt 2: »Zielvereinbarung«
- Formblatt 3: »Zielvereinbarung mit mir selbst: persönliche Verhaltens- und Entwicklungsziele«
- Formblatt 4: »Aufgabenliste«
- Formblatt 5: »Dokumentation für einen Qualitätsbereich«
- Formblatt 6: »Langzeitdokumentation der Qualitätsentwicklung«
- Formblatt 7: »Einschätzung der Teamarbeit zur Qualitätsentwicklung«

Hinweise zur Bearbeitung der Checklisten

Zu jedem der zwanzig Qualitätsbereiche des Kriterienkatalogs gibt es eine Checkliste, die Sie als Fachkraft zu einer individuellen Einschätzung Ihrer Situation und Ihrer pädagogischen Arbeit auffordert. Jede Checkliste umfasst praxisnah formulierte Kriterien bester Fachpraxis zu einem Qualitätsbereich.

Mit dieser Selbsteinschätzung erhalten Sie einen Überblick über zentrale Qualitätsaspekte eines pädagogischen Bereichs und haben die Möglichkeit, eigene Stärken, aber auch Schwächen und Verbesserungspotenziale zu erkennen.

Die Checklisten sind für die Arbeit in allen Formen der Gruppenstruktur und Alterszusammensetzung geeignet, in denen Kinder im Alter bis zu sechs Jahren betreut werden. Spezielle Kriterien für Kleinstkinder und jüngere Kinder im Alter bis zu drei Jahren sind in den Checklisten mit einem Symbol – drei Würfel – am linken Rand eines Kriteriums gekennzeichnet:

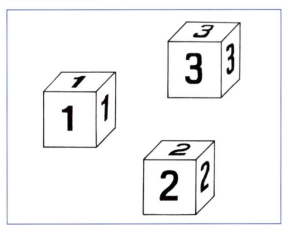

Wenn Kinder unter drei Jahren in Ihrer Gruppe betreut werden, schätzen Sie diese Kriterien bitte immer zusätzlich ein!

Die Anwendung der Checklisten ist einfach. Sie schätzen Ihre Arbeit ein, indem Sie für jedes Kriterium eine der vorgegebenen Antwortmöglichkeiten ankreuzen. Bitte entscheiden Sie sich immer für einen Wert! Bitte kreuzen Sie nicht mehrere Antwortmöglichkeiten an und setzen Sie keine Kreuze zwischen zwei Antwortmöglichkeiten. Die Kriterien der Checklisten werden auf einer aufsteigenden, sechsstufigen Skala eingeschätzt. Unter jedem Skalenwert befinden sich zwei Spalten, die mit »Selbsteinschätzung« und »Qualitätsprofil« überschrieben sind. Bitte benutzen Sie nur die Spalte »Selbsteinschätzung« und setzen Sie Ihr Kreuz in die dafür vorgesehenen Kästchen der Spalte. Die andere Spalte »Qualitätsprofil« wird später für die Erstellung eines Qualitätsprofils für die gesamte Einrichtung gebraucht.

Mit dem Ankreuzen der Skalenstufen »überhaupt nicht/nie«, »weniger/selten«, »teils-teils«, »zu einem guten Teil/häufiger«, »überwiegend/fast immer« oder »voll & ganz/immer« schätzen Sie ein, in welchem Umfang Sie das Qualitätskriterium umsetzen.

Im Leitgesichtspunkt Material gibt es zwei Antwortmöglichkeiten, bitte entscheiden Sie sich zwischen Ja und Nein.

Vor dem Ausfüllen sollten Sie die Checkliste in Ruhe durchlesen. Danach füllen Sie die Checkliste hinsichtlich *Ihrer Situation* und *Ihres eigenen pädagogischen Handelns* aus. Bitte füllen Sie die Checklisten zunächst alleine aus, ohne Austausch mit Kolleginnen. Es geht in diesem Schritt nicht darum, zu einer gemeinsamen und einheitlichen Einschätzung zu kommen.

Im Anschluss, wenn alle Fachkräfte ihre Checkliste ausgefüllt haben, können Sie sich im Team über die Einschätzungen sowohl in den jeweiligen Gruppen als auch in der gesamten Einrichtung austauschen.

Erzieherin-Kind-Interaktion/Beobachtung	überhaupt nicht/nie		weniger/ selten		teils-teils		zu einem guten Teil/ häufiger		überwiegend/ fast immer		voll & ganz/ immer	
	Selbsteinschätzung	Qualitätsprofil	Selbsteinschätzung	Qualitätsprofil	Selbsteinschätzung	Qualitätsprofil	Selbsteinschätzung	Qualitätsprofil	Selbsteinschätzung	Qualitätsprofil	Selbsteinschätzung	Qualitätsprofil
25 Ich achte darauf, dass die Gestaltung des Außengeländes den unterschiedlichen Bedürfnissen der Kinder entspricht.	☐		☐		☐		☐		☐		☐	

Checkliste
zur Selbstevaluation

für den Qualitätsbereich
Raum für Kinder
(01)

1. Lesen Sie bitte die gesamte Checkliste einmal in Ruhe durch, bevor Sie die Fragen beantworten.
2. Schätzen Sie danach bitte ausschließlich Ihre eigene pädagogische Arbeit und Situation ein.
3. Bitte beantworten Sie jede Frage.
4. Kreuzen Sie in jeder Zeile nur **einen** Selbsteinschätzungs-Wert an.
5. Bitte lassen Sie die Spalte »Qualitätsprofil« frei. Sie wird später für die Erstellung des Profils für die gesamte Einrichtung benötigt.

  Wenn Sie Kinder unter drei Jahren in Ihrer Gruppe betreuen, schätzen Sie **zusätzlich** immer die mit dem Würfel versehenen Kriterien ein.

Bitte entscheiden Sie sich immer für **einen** Wert (kein Kreuz zwischen zwei Antwortmöglichkeiten).

Räumliche Bedingungen/Innenbereich

	überhaupt nicht/nie		weniger/ selten		teils-teils		zu einem guten Teil/ häufiger		überwiegend/ fast immer		voll & ganz/ immer	
	Selbsteinschätzung	Qualitätsprofil	Selbsteinschätzung	Qualitätsprofil	Selbsteinschätzung	Qualitätsprofil	Selbsteinschätzung	Qualitätsprofil	Selbsteinschätzung	Qualitätsprofil	Selbsteinschätzung	Qualitätsprofil
1 Meiner Gruppe steht täglich ein fester Gruppenraum zur Verfügung.	☐		☐		☐		☐		☐		☐	
2 Meiner Gruppe steht täglich mindestens ein weiterer Raum zur Verfügung.	☐		☐		☐		☐		☐		☐	
3 Der Raum bzw. die Räume meiner Gruppe ist/sind mit verschiedenartigen Bodenbelägen ausgestattet.	☐		☐		☐		☐		☐		☐	
4 Die Räume meiner Gruppe können durch unterschiedliche Ebenen, bewegliche Raumteiler und Nischen flexibel von den Kindern genutzt werden.	☐		☐		☐		☐		☐		☐	
5 In Bereichen oder Räumen meiner Gruppe, in denen Kleinstkinder und jüngere Kinder auf dem Boden spielen, sind feste Beläge ausgelegt.	☐		☐		☐		☐		☐		☐	
6 In Bereichen oder Räumen meiner Gruppe, in denen Kleinstkinder und jüngere Kinder liegen oder krabbeln, sind weiche Beläge ausgelegt.	☐		☐		☐		☐		☐		☐	
7 Meiner Gruppe steht ein Raum zur Verfügung, in dem großräumiges Bewegen, Klettern, Springen, Rennen und Tanz möglich sind.	☐		☐		☐		☐		☐		☐	
8 In den Räumen meiner Gruppe ist der Tageslichteinfall regulierbar.	☐		☐		☐		☐		☐		☐	
9 Die Räume meiner Gruppe lassen sich gut belüften.	☐		☐		☐		☐		☐		☐	
10 Die Räume meiner Gruppe lassen sich angemessen temperieren.	☐		☐		☐		☐		☐		☐	
11 Die Bodenbereiche in meiner Gruppe lassen sich so temperieren, dass Kleinstkinder und jüngere Kinder auf dem Boden spielen können.	☐		☐		☐		☐		☐		☐	

Teamprofil für Räumliche Bedingungen/Innenbereich

Räumliche Bedingungen/Außenbereich

12 Fest installierte Geräte bieten den Kindern eine Vielzahl unterschiedlicher Spielmöglichkeiten (Schaukeln, Klettergerüste, Rutschen, Röhren, Sandkästen, Matschanlage).	☐		☐		☐		☐		☐		☐	
13 Die Kinder haben in einem gesonderten Bereich die Möglichkeit, Beete anzulegen.	☐		☐		☐		☐		☐		☐	
14 Das Außengelände wird von den Kindern täglich genutzt.	☐		☐		☐		☐		☐		☐	
15 Es gibt ein ausreichend großes Außengelände für die Kinder meiner Gruppe.	☐		☐		☐		☐		☐		☐	

QUALITÄTSBEREICH RAUM FÜR KINDER (01) ▸ 97

Räumliche Bedingungen/Außenbereich (Forts.)	überhaupt nicht/nie		weniger/ selten		teils-teils		zu einem guten Teil/ häufiger		überwiegend/ fast immer		voll & ganz/ immer	
	Selbsteinschätzung	Qualitätsprofil	Selbsteinschätzung	Qualitätsprofil	Selbsteinschätzung	Qualitätsprofil	Selbsteinschätzung	Qualitätsprofil	Selbsteinschätzung	Qualitätsprofil	Selbsteinschätzung	Qualitätsprofil
16 Im Außengelände gibt es viele verschiedene Bepflanzungen.	☐		☐		☐		☐		☐		☐	
17 Im Außengelände gibt es verschiedenartige Flächen (z. B. ebene und unebene Areale, Rasen, Mulden, Sand, feste Flächen).	☐		☐		☐		☐		☐		☐	
18 Es gibt einen abgetrennten Bereich für Kleinstkinder und jüngere Kinder.	☐		☐		☐		☐		☐		☐	
19 Der Bereich für Kleinstkinder und jüngere Kinder ist großzügig angelegt.	☐		☐		☐		☐		☐		☐	
20 Der Außenbereich ist so gestaltet, dass sich auch Kleinstkinder frei bewegen können.	☐		☐		☐		☐		☐		☐	
21 Im Spielbereich für Kleinstkinder und jüngere Kinder gibt es unterschiedliche Bepflanzungen.	☐		☐		☐		☐		☐		☐	
22 Im Spielbereich für Kleinstkinder und jüngere Kinder gibt es verschiedenartige Flächen (z. B. ebene und unebene Areale, Rasen, Mulden, Sand, feste Flächen).	☐		☐		☐		☐		☐		☐	
23 Kleinstkinder und jüngere Kinder können in ihrem Spielbereich ungestört verschiedenen Spielen nachgehen (z. B. Sand, Wasser, Wiese, Geräte, Versteckmöglichkeiten).	☐		☐		☐		☐		☐		☐	
Teamprofil für Räumliche Bedingungen/Außenbereich												
Erzieherin-Kind-Interaktion/Beobachtung												
24 Ich achte darauf, dass die Raumgestaltung (innen) den unterschiedlichen Bedürfnissen der Kinder nach Bewegung und Aktivität wie auch nach Ruhe und Entspannung entspricht.	☐		☐		☐		☐		☐		☐	
25 Ich achte darauf, dass die Gestaltung des Außengeländes den unterschiedlichen Bedürfnissen der Kinder entspricht.	☐		☐		☐		☐		☐		☐	
26 Ich beobachte, wie sich der Aktionsradius von Kleinstkindern und jüngeren Kindern erweitert.	☐		☐		☐		☐		☐		☐	
27 Ich sorge durch Sicherheitsmaßnahmen dafür, dass sich Kleinstkinder und jüngere Kinder im Innenbereich frei bewegen können (durch Treppenschutzgitter, Türschutzpolster).	☐		☐		☐		☐		☐		☐	
28 Ich sorge durch Sicherheitsmaßnahmen dafür, dass sich Kleinstkinder und jüngere Kinder im Außengelände frei bewegen können (Treppenhandläufe, Schließbügel für Gartentore).	☐		☐		☐		☐		☐		☐	

Erzieherin-Kind-Interaktion/Beobachtung (Forts.)

	überhaupt nicht/nie		weniger/ selten		teils-teils		zu einem guten Teil/ häufiger		überwiegend/ fast immer		voll & ganz/ immer	
	Selbsteinschätzung	Qualitätsprofil	Selbsteinschätzung	Qualitätsprofil	Selbsteinschätzung	Qualitätsprofil	Selbsteinschätzung	Qualitätsprofil	Selbsteinschätzung	Qualitätsprofil	Selbsteinschätzung	Qualitätsprofil
29 Ich sorge durch Sicherheitsmaßnahmen dafür, dass Kleinstkinder und jüngere Kinder freien Zugriff auf Materialien haben (z. B. durch Schubladenstopper, Regalstandsicherungen).	☐		☐		☐		☐		☐		☐	
Teamprofil für Erzieherin-Kind-Interaktion/Beobachtung												

Erzieherin-Kind-Interaktion/ Dialog- & Beteiligungsbereitschaft

30 Ich spreche mit den Kindern über verschiedene Möglichkeiten, den Raum zu nutzen.	☐		☐		☐		☐		☐		☐	
31 Ich spreche mit den Kindern über verschiedene Möglichkeiten, die Materialien zu nutzen.	☐		☐		☐		☐		☐		☐	
32 Ich zeige Kleinstkindern und jüngeren Kindern, wo sich Materialien befinden.	☐		☐		☐		☐		☐		☐	
33 Ich zeige Kleinstkindern und jüngeren Kindern, wie sie die Materialien erreichen können.	☐		☐		☐		☐		☐		☐	
34 Ich zeige Kleinstkindern und jüngeren Kindern, was man mit den Materialien alles machen kann.	☐		☐		☐		☐		☐		☐	
35 Ich mache Kleinstkinder und jüngere Kinder auf Kennzeichnungen aufmerksam (welches Piktogramm für welches Material).	☐		☐		☐		☐		☐		☐	
36 Wenn ich die Raumgestaltung oder die Materialauswahl für Kleinstkinder und jüngere Kinder auf Grund meiner Beobachtungen verändere, begleite ich die Veränderungen sprachlich.	☐		☐		☐		☐		☐		☐	
Teamprofil für Erzieherin-Kind-Interaktion/ Dialog- & Beteiligungsbereitschaft												

Erzieherin-Kind-Interaktion/Impuls

37 Ich unterstütze die Kinder aktiv, wenn sie ihre räumliche Umgebung verändern und umgestalten wollen.	☐		☐		☐		☐		☐		☐	
Teamprofil für Erzieherin-Kind-Interaktion/Impuls												

Planung/Grundlagen und Orientierung

38 Bei der Gestaltung der Räume orientiere ich mich an den Bedürfnissen der Kinder.	☐		☐		☐		☐		☐		☐	

QUALITÄTSBEREICH RAUM FÜR KINDER (01) ▸ 99

Planung/Grundlagen und Orientierung (Forts.)	überhaupt nicht/nie		weniger/ selten		teils-teils		zu einem guten Teil/ häufiger		überwiegend/ fast immer		voll & ganz/ immer	
	Selbsteinschätzung	Qualitätsprofil	Selbsteinschätzung	Qualitätsprofil	Selbsteinschätzung	Qualitätsprofil	Selbsteinschätzung	Qualitätsprofil	Selbsteinschätzung	Qualitätsprofil	Selbsteinschätzung	Qualitätsprofil
39 Bei der Gestaltung der Räume orientiere ich mich an den strukturellen Merkmalen meiner Gruppe (Alterszusammensetzung, offene Arbeit, konzeptionelle Aspekte).	☐		☐		☐		☐		☐		☐	
40 Bei der Gestaltung der Räume orientiere ich mich an meinen Beobachtungen zur Attraktivität und Nutzung von Räumen.	☐		☐		☐		☐		☐		☐	
41 Bei der Gestaltung der Räume orientiere ich mich an den Ideen und Vorschlägen der Kinder.	☐		☐		☐		☐		☐		☐	
Teamprofil für Planung/Grundlagen und Orientierung												
Planung/Pädagogische Inhalte und Prozesse												
42 Die meisten Räume der Tageseinrichtung sind für die Kinder selbstständig zugänglich.	☐		☐		☐		☐		☐		☐	
43 Die Räume sind einladend gestaltet.	☐		☐		☐		☐		☐		☐	
44 Die Räume regen zu vielfältigen Aktivitäten an.	☐		☐		☐		☐		☐		☐	
45 Die Räume bieten Möglichkeiten zum Rückzug und für Beobachtungen durch die Kinder.	☐		☐		☐		☐		☐		☐	
46 Es gibt Bereiche für Kleinstkinder und jüngere Kinder, von denen aus sie das Geschehen in der Gruppe gut mitverfolgen können.	☐		☐		☐		☐		☐		☐	
47 Die Räume sind mit Arbeiten der Kinder aller Altersgruppen ausgestaltet.	☐		☐		☐		☐		☐		☐	
48 Die ausgestellten Arbeiten sind aktuell (aus zeitnahen Aktivitäten/Projekten stammend).	☐		☐		☐		☐		☐		☐	
49 Diese Arbeiten sind altersangemessen für die jeweiligen Altersgruppen.	☐		☐		☐		☐		☐		☐	
50 Diese Arbeiten sind in Augenhöhe der Kinder angebracht.	☐		☐		☐		☐		☐		☐	
51 Die Funktionsbereiche sind so großzügig bemessen, dass auch mehrere Kinder gemeinsam ihre Spielideen verwirklichen können.	☐		☐		☐		☐		☐		☐	
Teamprofil für Planung/Pädagogische Inhalte und Prozesse												
Planung/Dokumentation												
52 Ich dokumentiere regelmäßig, in welcher Weise und in welchem Umfang die Kinder die Räume nutzen.	☐		☐		☐		☐		☐		☐	

Planung/Dokumentation (Forts.)	überhaupt nicht/nie		weniger/ selten		teils-teils		zu einem guten Teil/ häufiger		überwiegend/ fast immer		voll & ganz/ immer	
	Selbsteinschätzung	Qualitätsprofil	Selbsteinschätzung	Qualitätsprofil	Selbsteinschätzung	Qualitätsprofil	Selbsteinschätzung	Qualitätsprofil	Selbsteinschätzung	Qualitätsprofil	Selbsteinschätzung	Qualitätsprofil
53 Ich dokumentiere regelmäßig, in welcher Weise und in welchem Umfang die Kinder die Materialien nutzen.	☐		☐		☐		☐		☐		☐	
54 Ich dokumentiere regelmäßig, welche Veränderungen in der Raumgestaltung die Kinder selbst vornehmen.	☐		☐		☐		☐		☐		☐	
Teamprofil für Planung/Dokumentation												
Vielfalt und Nutzung von Material												
55 Die Materialien haben einen festen Platz in offenen Regalen, Kisten oder Behältern.	☐		☐		☐		☐		☐		☐	
56 Die Materialien sind so untergebracht, dass sie von den Kindern selbstständig erreichbar sind.	☐		☐		☐		☐		☐		☐	
57 Die Materialkisten und -behälter sind gekennzeichnet (Piktogramme/Bilder).	☐		☐		☐		☐		☐		☐	
58 Materialien für Kleinstkinder und jüngere Kinder sind sichtbar aufbewahrt (Klarsichtschubladen und -türen).	☐		☐		☐		☐		☐		☐	
59 Alle Möbel sind so stabil, dass sich Kleinstkinder und jüngere Kinder daran hochziehen können.	☐		☐		☐		☐		☐		☐	
60 Das Mobiliar ist altersangemessen.	☐		☐		☐		☐		☐		☐	
61 Das Mobiliar entspricht den unterschiedlichen Körpergrößen der Kinder.	☐		☐		☐		☐		☐		☐	
62 Das Mobiliar entspricht den Spielbedürfnissen und -interessen von Kindern.	☐		☐		☐		☐		☐		☐	
63 Das Mobiliar ist in einem guten Zustand.	☐		☐		☐		☐		☐		☐	
Teamprofil für Vielfalt und Nutzung von Material												
Individualisierung/Berücksichtigung individueller Bedürfnisse und Interessen												
64 Die räumliche Gestaltung und Möblierung für die Kinder meiner Gruppe ist so, dass sie den verschiedenen individuellen Bedürfnissen aller Kinder gerecht wird.	☐		☐		☐		☐		☐		☐	
65 Die räumliche Gestaltung und Möblierung für die Kinder meiner Gruppe ist so, dass jedes Kind die für seine Altersgruppe angemessenen Materialien nutzen kann.	☐		☐		☐		☐		☐		☐	
Teamprofil für Individualisierung/Berücksichtigung individueller Bedürfnisse und Interessen												

QUALITÄTSBEREICH RAUM FÜR KINDER (01) ▸ 101

Individualisierung/Individueller Umgang mit Material und Angeboten	überhaupt nicht/nie		weniger/ selten		teils-teils		zu einem guten Teil/ häufiger		überwiegend/ fast immer		voll & ganz/ immer	
	Selbsteinschätzung	Qualitätsprofil	Selbsteinschätzung	Qualitätsprofil	Selbsteinschätzung	Qualitätsprofil	Selbsteinschätzung	Qualitätsprofil	Selbsteinschätzung	Qualitätsprofil	Selbsteinschätzung	Qualitätsprofil
66 Jedes Kind hat die Möglichkeit, die Räume und das Außengelände so zu nutzen, dass es seine Spielideen ungestört umsetzen kann.	☐	☐	☐	☐	☐	☐	☐	☐	☐	☐	☐	☐
Teamprofil für Individualisierung/Individueller Umgang mit Material und Angeboten												
Partizipation/Einbeziehung der Kinder in Entscheidungsprozesse												
67 Ich verabrede gemeinsam mit den Kindern Regeln zur Nutzung der Räume.	☐	☐	☐	☐	☐	☐	☐	☐	☐	☐	☐	☐
68 Ich verabrede gemeinsam mit den Kindern Regeln zur Nutzung des Materials.	☐	☐	☐	☐	☐	☐	☐	☐	☐	☐	☐	☐
69 Ich erkläre nicht verhandelbare Regeln.	☐	☐	☐	☐	☐	☐	☐	☐	☐	☐	☐	☐
70 Kleinstkinder und jüngere Kinder sind anwesend bei Gesprächen über Regeln.	☐	☐	☐	☐	☐	☐	☐	☐	☐	☐	☐	☐
71 Ich erläutere Kleinstkindern und jüngeren Kindern Regeln in verständlicher Weise.	☐	☐	☐	☐	☐	☐	☐	☐	☐	☐	☐	☐
72 Die Kinder werden in die Auswahl neuer Möbel und Ausstattungsgegenstände einbezogen.	☐	☐	☐	☐	☐	☐	☐	☐	☐	☐	☐	☐
73 Die Kinder werden in die Auswahl neuer Spiel- und Beschäftigungsmaterialien einbezogen.	☐	☐	☐	☐	☐	☐	☐	☐	☐	☐	☐	☐
74 Jüngeren Kindern erläutere ich die gemeinsame Auswahl von Mobiliar und Materialien in verständlicher Weise (Beispiele neuer Materialien oder Abbildungen zeigen).	☐	☐	☐	☐	☐	☐	☐	☐	☐	☐	☐	☐
Teamprofil für Partizipation/Einbeziehung der Kinder in Entscheidungsprozesse												
Partizipation/Einbeziehung der Kinder in Gestaltungsprozesse												
75 Bewegliche Möbel (z. B. Schaumstoffelemente, Stühle, Puppenschränke), Regale, Raumteiler können von einzelnen Kindern/Kindergruppen entsprechend den gemeinsam vereinbarten Regeln selbstständig umgestellt werden.	☐	☐	☐	☐	☐	☐	☐	☐	☐	☐	☐	☐
76 Bewegliche Möbel (z. B. Schaumstoffelemente, Stühle, Puppenschränke) sind die meiste Zeit des Tages frei verfügbar.	☐	☐	☐	☐	☐	☐	☐	☐	☐	☐	☐	☐
77 Sämtliche Materialien sind die meiste Zeit des Tages frei verfügbar.	☐	☐	☐	☐	☐	☐	☐	☐	☐	☐	☐	☐

Partizipation/Einbeziehung der Kinder in Gestaltungsprozesse (Forts.)	überhaupt nicht/nie		weniger/ selten		teils-teils		zu einem guten Teil/ häufiger		überwiegend/ fast immer		voll & ganz/ immer	
	Selbsteinschätzung	Qualitätsprofil	Selbsteinschätzung	Qualitätsprofil	Selbsteinschätzung	Qualitätsprofil	Selbsteinschätzung	Qualitätsprofil	Selbsteinschätzung	Qualitätsprofil	Selbsteinschätzung	Qualitätsprofil
78　Jüngere Kinder können Raumgestaltungselemente eigenständig umstellen (Rollkästen, Sitzelemente, Tische).	☐		☐		☐		☐		☐		☐	
Teamprofil für Partizipation/Einbeziehung der Kinder in Gestaltungsprozesse												
Partizipation/Balance zwischen Individuum und Gruppe												
79　Die Bereiche für Spiele einzelner Kinder und von Kleingruppen stehen in einem angemessenen Verhältnis zum Platz für die Gesamtgruppe.	☐		☐		☐		☐		☐		☐	
80　Für Kleinstkinder und jüngere Kinder überwiegt das Angebot an kleineren Spielbereichen für individuelles Spiel und Kleingruppenspiele gegenüber dem Platz für die Gesamtgruppe.	☐		☐		☐		☐		☐		☐	
81　Ich finde mit den Kindern gemeinsam Lösungen, wenn Kinder im selben Spielbereich spielen oder die gleichen Materialien nutzen wollen.	☐		☐		☐		☐		☐		☐	
82　Ich schaffe bei Bedarf mit beweglichen Raumelementen zusätzliche Spielbereiche für Kleinstkinder und jüngere Kinder.	☐		☐		☐		☐		☐		☐	
83　Ich erläutere Kleinstkindern und jüngeren Kindern, warum einige Bereiche nur von älteren Kindern genutzt werden dürfen (z. B. Fahrradstrecken im Außengelände, Werkbereich).	☐		☐		☐		☐		☐		☐	
Teamprofil für Partizipation/Balance zwischen Individuum und Gruppe												

Checkliste
zur Selbstevaluation

für den Qualitätsbereich
Tagesgestaltung (02)

1. Lesen Sie bitte die gesamte Checkliste einmal in Ruhe durch, bevor Sie die Fragen beantworten.
2. Schätzen Sie danach bitte ausschließlich Ihre eigene pädagogische Arbeit und Situation ein.
3. Bitte beantworten Sie jede Frage.
4. Kreuzen Sie in jeder Zeile nur **einen** Selbsteinschätzungs-Wert an.
5. Bitte lassen Sie die Spalte »Qualitätsprofil« frei. Sie wird später für die Erstellung des Profils für die gesamte Einrichtung benötigt.

 Wenn Sie Kinder unter drei Jahren in Ihrer Gruppe betreuen, schätzen Sie **zusätzlich** immer die mit dem Würfel versehenen Kriterien ein.

Bitte entscheiden Sie sich immer für **einen** Wert (kein Kreuz zwischen zwei Antwortmöglichkeiten).

Erzieherin-Kind-Interaktion/Beobachtung	überhaupt nicht/nie		weniger/ selten		teils-teils		zu einem guten Teil/ häufiger		überwiegend/ fast immer		voll & ganz/ immer	
	Selbsteinschätzung	Qualitätsprofil	Selbsteinschätzung	Qualitätsprofil	Selbsteinschätzung	Qualitätsprofil	Selbsteinschätzung	Qualitätsprofil	Selbsteinschätzung	Qualitätsprofil	Selbsteinschätzung	Qualitätsprofil
1 Ich beobachte den Tagesrhythmus der Kinder.	☐		☐		☐		☐		☐		☐	
2 Ich beobachte die Tätigkeiten der Kinder in ihren Aktivitäts- und Ruhephasen.	☐		☐		☐		☐		☐		☐	
3 Ich beobachte die Interessen der Kinder in ihren Aktivitäts- und Ruhephasen.	☐		☐		☐		☐		☐		☐	
4 Ich achte im Tagesverlauf auf Signale von emotionaler Anspannung, Erschöpfung, Überforderung, Müdigkeit und Gereiztheit bei Kindern.	☐		☐		☐		☐		☐		☐	
5 Ich erkenne wechselnde Bedürfnisse nach Kommunikation und Interaktion.	☐		☐		☐		☐		☐		☐	
6 Ich erkenne wechselnde Bedürfnisse nach Aktivität.	☐		☐		☐		☐		☐		☐	
7 Ich erkenne wechselnde Bedürfnisse nach Rückzug und Ruhe.	☐		☐		☐		☐		☐		☐	
8 Ich erkenne wechselnde Bedürfnisse nach Körperkontakt und Zuwendung.	☐		☐		☐		☐		☐		☐	
9 Ich informiere mich bei Eltern von Kleinstkindern und jüngeren Kindern über den Tagesrhythmus des Kindes in der Familie.	☐		☐		☐		☐		☐		☐	
10 Ich tausche mich mit den Eltern über meine Beobachtungen zu Aktivitäts- und Ruhephasen ihres Kindes in der Einrichtung aus.	☐		☐		☐		☐		☐		☐	
Teamprofil für Erzieherin-Kind-Interaktion/Beobachtung												
Erzieherin-Kind-Interaktion/ Dialog- & Beteiligungsbereitschaft												
11 Ich spreche mit den Kindern über die Tagesplanung für den Tag.	☐		☐		☐		☐		☐		☐	
12 Ich spreche mit den Kindern über Fixpunkte und Routinen.	☐		☐		☐		☐		☐		☐	
13 Ich spreche mit den Kindern über langfristige Vorhaben.	☐		☐		☐		☐		☐		☐	
14 Ich erläutere Kleinstkindern und jüngeren Kindern die Planung des Tages, indem ich Routinen, Aktivitäten und Spielphasen sprachlich begleite.	☐		☐		☐		☐		☐		☐	
15 Ich frage die Kinder, wie ich sie bei der Gestaltung selbstinitiierter Aktivitäten unterstützen kann.	☐		☐		☐		☐		☐		☐	

QUALITÄTSBEREICH TAGESGESTALTUNG (02)

Erzieherin-Kind-Interaktion/ Dialog- & Beteiligungsbereitschaft (Forts.)	überhaupt nicht/nie		weniger/ selten		teils-teils		zu einem guten Teil/ häufiger		überwiegend/ fast immer		voll & ganz/ immer	
	Selbsteinschätzung	Qualitätsprofil	Selbsteinschätzung	Qualitätsprofil	Selbsteinschätzung	Qualitätsprofil	Selbsteinschätzung	Qualitätsprofil	Selbsteinschätzung	Qualitätsprofil	Selbsteinschätzung	Qualitätsprofil
16 [1][3][2] Ich frage jüngere Kinder, bevor ich oder ein älteres Kind es unterstützen (z. B. »Soll ich dir das Band an der Mütze binden?«; »Willst du dir von ... die Schuhe zubinden lassen?«) und achte auf die Reaktion der Kinder, bevor ich etwas tue.	☐		☐		☐		☐		☐		☐	
Teamprofil für Erzieherin-Kind-Interaktion/ Dialog- & Beteiligungsbereitschaft												
Erzieherin-Kind-Interaktion/Impuls												
17 Ich ermutige die Kinder, ihre Aktivitäten im Tagesverlauf selbst zu wählen.	☐		☐		☐		☐		☐		☐	
18 Ich ermutige die Kinder, Alltagsroutinen eigenständig zu bewältigen.	☐		☐		☐		☐		☐		☐	
19 [1][3][2] Ich ermögliche Kleinstkindern, bei Alltagsroutinen aktiv zu sein (z. B. Trinkbecher/Löffel selbst halten, Kleidungsstücke allein auszuziehen).	☐		☐		☐		☐		☐		☐	
20 [1][3][2] Jüngere Kinder rege ich an, Aktivitäten selbst zu wählen.	☐		☐		☐		☐		☐		☐	
21 [1][3][2] Jüngere Kinder rege ich an, Alltagsroutinen möglichst selbst zu bewältigen, auch wenn es längere Zeit braucht.	☐		☐		☐		☐		☐		☐	
22 Ich stelle Materialien und Gegenstände bereit, die die Kinder bei der Bewältigung von Alltagsroutinen unterstützen (z. B. Piktogramme, Bildtafeln, Informationswand für Kinder).	☐		☐		☐		☐		☐		☐	
23 [1][3][2] Ich zeige jüngeren Kindern den Gebrauch von Gegenständen zur Alltagsbewältigung (z. B. Klapptritte, Türenstopper).	☐		☐		☐		☐		☐		☐	
24 Ich achte auf einen ausgewogenen Tagesablauf. Dazu initiiere ich Spiele und Aktivitäten, die Ruhe und Konzentration fördern.	☐		☐		☐		☐		☐		☐	
25 Ich achte auf einen ausgewogenen Tagesablauf. Dazu initiiere ich Spiele und Aktivitäten, die Bewegungsimpulse bieten und anregen.	☐		☐		☐		☐		☐		☐	
Teamprofil für Erzieherin-Kind-Interaktion/Impuls												

Planung/Grundlagen und Orientierung	überhaupt nicht/nie		weniger/ selten		teils-teils		zu einem guten Teil/ häufiger		überwiegend/ fast immer		voll & ganz/ immer	
	Selbsteinschätzung	Qualitätsprofil	Selbsteinschätzung	Qualitätsprofil	Selbsteinschätzung	Qualitätsprofil	Selbsteinschätzung	Qualitätsprofil	Selbsteinschätzung	Qualitätsprofil	Selbsteinschätzung	Qualitätsprofil
26 Ich plane den Tagesverlauf so, dass Fixpunkte und Routinen (wie Mahlzeiten, Ruhephasen) und Aktivitätsphasen für die Kinder vorhersehbar sind.	☐		☐		☐		☐		☐		☐	
27 Ich kündige für Kleinstkinder und jüngere Kinder geplante Aktivitäten mit bekannten Wörtern an und wiederhole diese Ankündigungen.	☐		☐		☐		☐		☐		☐	
28 Ich plane für Kleinstkinder und jüngere Kinder eine regelmäßige Abfolge der Tagesabschnitte.	☐		☐		☐		☐		☐		☐	
29 Dabei bin ich darauf eingestellt, dass sich die Dauer einzelner Tagesabschnitte (wie Wach- und Ruhephasen) kurzfristig ändern können.	☐		☐		☐		☐		☐		☐	
30 Ich passe die Dauer der Tagesabschnitte kurzfristig flexibel an.	☐		☐		☐		☐		☐		☐	
31 Wir stimmen im Team die Planung der Tagesabschnitte ab, so dass die Möglichkeiten der Tageseinrichtung im Innen- und Außenbereich genutzt werden können.	☐		☐		☐		☐		☐		☐	
32 Der Tagesablauf ist zeitlich so geplant, dass sich die Kinder an der Vorbereitung und Durchführung der Tagesabschnitte beteiligen können.	☐		☐		☐		☐		☐		☐	
33 Ich plane so viel Zeit für die einzelnen Tagesabschnitte ein, dass Kleinstkinder und jüngere Kinder ihrem Tempo entsprechend daran teilnehmen können.	☐		☐		☐		☐		☐		☐	
34 Ich plane so viel Zeit für die einzelnen Tagesabschnitte ein, dass Kleinstkinder und jüngere Kinder sie ihren Bedürfnissen entsprechend mitgestalten können.	☐		☐		☐		☐		☐		☐	
35 Ich sehe täglich mehrere längere Spielphasen vor.	☐		☐		☐		☐		☐		☐	
36 Ich berücksichtige bei der Planung von Spielphasen für Kleinstkinder und jüngere Kinder ihre Ausdauer und ihr Konzentrationsvermögen.	☐		☐		☐		☐		☐		☐	
37 Meine Planung sieht Aktivitäten für einzelne Kinder vor.	☐		☐		☐		☐		☐		☐	
38 Meine Planung sieht Aktivitäten für kleine Kindergruppen vor.	☐		☐		☐		☐		☐		☐	
39 Meine Planung sieht Aktivitäten für die Gesamtgruppe vor.	☐		☐		☐		☐		☐		☐	

Planung/Grundlagen und Orientierung (Forts.)	überhaupt nicht/nie		weniger/ selten		teils-teils		zu einem guten Teil/ häufiger		überwiegend/ fast immer		voll & ganz/ immer	
	Selbsteinschätzung	Qualitätsprofil	Selbsteinschätzung	Qualitätsprofil	Selbsteinschätzung	Qualitätsprofil	Selbsteinschätzung	Qualitätsprofil	Selbsteinschätzung	Qualitätsprofil	Selbsteinschätzung	Qualitätsprofil
40 Ich plane für jüngere Kinder überwiegend Aktivitäten in Kleingruppen mit höchstens vier Kindern.	☐		☐		☐		☐		☐		☐	
41 Ich plane für Kleinstkinder überwiegend Aktivitäten für einzelne Kinder.	☐		☐		☐		☐		☐		☐	
42 Alle Aktivitäten sind Teil einer umfassenden und langfristigen Planung.	☐		☐		☐		☐		☐		☐	
Teamprofil für Planung/Grundlagen und Orientierung												
Planung/Pädagogische Inhalte und Prozesse												
43 Ich sorge dafür, dass Alternativen für die Kinder zur Verfügung stehen, die sich an bestimmten Aktivitäten nicht beteiligen.	☐		☐		☐		☐		☐		☐	
44 Ich plane für Übergänge genügend Zeit ein, so dass die Kinder in Ruhe zwischen Aktivitäten und Routinen wechseln können.	☐		☐		☐		☐		☐		☐	
45 Beim Wechseln von Aktivitäten und Routinen achte ich darauf, dass für Kleinstkinder und jüngere Kinder keine langen Wartezeiten entstehen.	☐		☐		☐		☐		☐		☐	
46 Meine Planung ermöglicht, dass Kleinstkinder und jüngere Kinder nach ihrem individuellen Rhythmus zu unterschiedlichen Zeiten essen, spielen, schlafen oder mit mir einer Aktivität nachgehen können.	☐		☐		☐		☐		☐		☐	
Teamprofil für Planung/Pädagogische Inhalte und Prozesse												
Planung/Dokumentation												
47 Der aktuelle Tagesplan ist sichtbar ausgehängt.	☐		☐		☐		☐		☐		☐	
48 Regelmäßige Aktivitäten sind sichtbar ausgehängt.	☐		☐		☐		☐		☐		☐	
49 Langfristige Vorhaben und Aktivitäten sind sichtbar ausgehängt.	☐		☐		☐		☐		☐		☐	
50 Für die Kinder gibt es altersangemessene Darstellungen der Planungen (z. B. Bildtafeln, Piktogramme oder Symbole).	☐		☐		☐		☐		☐		☐	
51 Diese Planungen sind in ihren wesentlichen Elementen schriftlich dokumentiert (z. B. in einem Gruppenbuch).	☐		☐		☐		☐		☐		☐	

Planung/Dokumentation (Forts.)	überhaupt nicht/nie		weniger/ selten		teils-teils		zu einem guten Teil/ häufiger		überwiegend/ fast immer		voll & ganz/ immer	
	Selbsteinschätzung	Qualitätsprofil	Selbsteinschätzung	Qualitätsprofil	Selbsteinschätzung	Qualitätsprofil	Selbsteinschätzung	Qualitätsprofil	Selbsteinschätzung	Qualitätsprofil	Selbsteinschätzung	Qualitätsprofil
52 Die Dokumentation des Tagesrhythmus von Kleinstkindern und jüngeren Kindern ist aktuell.	☐		☐		☐		☐		☐		☐	
53 Die Dokumentation des Tagesrhythmus von Kleinstkindern und jüngeren Kindern ist zugänglich, so dass jede Mitarbeiterin die Bedürfnisse von Kleinstkindern und jüngeren Kindern berücksichtigen kann.	☐		☐		☐		☐		☐		☐	
Teamprofil für Planung/Dokumentation												
Individualisierung/Berücksichtigung individueller Bedürfnisse und Interessen												
54 Ich achte darauf, dass die individuellen Bedürfnisse der Kleinstkinder die Reihenfolge der Tagesabschnitte bestimmen.	☐		☐		☐		☐		☐		☐	
55 Ich achte darauf, dass die individuellen Bedürfnisse der Kleinstkinder die Dauer einzelner Tagesabschnitte bestimmen.	☐		☐		☐		☐		☐		☐	
56 Für jüngere Kinder lege ich einen Orientierungsrahmen für den Tagesablauf fest. Die Dauer der einzelnen Tagesabschnitte richtet sich aber nach den Bedürfnissen der Kinder.	☐		☐		☐		☐		☐		☐	
57 Alle Kinder können für Fixpunkte und Routinen im Tagesablauf, wie Begrüßung, Mahlzeiten, Pflegeabläufe, Ruhezeiten und Verabschiedung, ihr individuelles Tempo finden.	☐		☐		☐		☐		☐		☐	
Teamprofil für Individualisierung/Berücksichtigung individueller Bedürfnisse und Interessen												
Individualisierung/Individueller Umgang mit Material und Angeboten												
58 Ich biete einzelnen Kindern und Kleingruppen Aktivitäten an, an denen diese Kinder bisher kein oder nur geringes Interesse gezeigt haben.	☐		☐		☐		☐		☐		☐	
Teamprofil für Individualisierung/Individueller Umgang mit Material und Angeboten												

QUALITÄTSBEREICH TAGESGESTALTUNG (02) ▸ 109

Partizipation/Einbeziehung der Kinder in Entscheidungsprozesse	überhaupt nicht/nie		weniger/ selten		teils-teils		zu einem guten Teil/ häufiger		überwiegend/ fast immer		voll & ganz/ immer	
	Selbsteinschätzung	Qualitätsprofil	Selbsteinschätzung	Qualitätsprofil	Selbsteinschätzung	Qualitätsprofil	Selbsteinschätzung	Qualitätsprofil	Selbsteinschätzung	Qualitätsprofil	Selbsteinschätzung	Qualitätsprofil
59 Die Kinder wählen die meiste Zeit des Tages ihre Spielpartner selbst.	☐		☐		☐		☐		☐		☐	
60 Die Kinder wählen die meiste Zeit des Tages ihre Aktivitäten selbst.	☐		☐		☐		☐		☐		☐	
61 Ich bestärke Kleinstkinder und jüngere Kinder darin, ihre Aktivitäten und Spielpartner selbst zu wählen.	☐		☐		☐		☐		☐		☐	
Teamprofil für Partizipation/Einbeziehung der Kinder in Entscheidungsprozesse												
Partizipation/Einbeziehung der Kinder in Gestaltungsprozesse												
62 Die Kinder bringen ihre Ideen in die aktuelle Tagesplanung ein.	☐		☐		☐		☐		☐		☐	
63 Die Kinder bringen ihre Ideen in die Planung langfristiger Angebote ein.	☐		☐		☐		☐		☐		☐	
64 Kleinstkinder und jüngere Kinder beteilige ich dadurch an der Tagesplanung, dass ich ihre nichtsprachlichen und sprachlichen Interessensbekundungen zum Tagesgeschehen beachte und einbeziehe.	☐		☐		☐		☐		☐		☐	
65 Die Kinder regen Änderungen des Tagesablaufs auf Grund aktueller Situationen und Interessen an.	☐		☐		☐		☐		☐		☐	
66 Ich achte auf Signale von Kleinstkindern und jüngeren Kindern, die ein Bedürfnis nach Änderung von Abläufen signalisieren.	☐		☐		☐		☐		☐		☐	
Teamprofil für Partizipation/Einbeziehung der Kinder in Gestaltungsprozesse												

Partizipation/Balance zwischen Individuum und Gruppe	überhaupt nicht/nie		weniger/ selten		teils-teils		zu einem guten Teil/ häufiger		überwiegend/ fast immer		voll & ganz/ immer	
	Selbsteinschätzung	Qualitätsprofil	Selbsteinschätzung	Qualitätsprofil	Selbsteinschätzung	Qualitätsprofil	Selbsteinschätzung	Qualitätsprofil	Selbsteinschätzung	Qualitätsprofil	Selbsteinschätzung	Qualitätsprofil
67 Die Struktur des Tages ermöglicht den Kindern, sich als Teil der Gemeinschaft zu erleben (z. B. durch gemeinsame Mahlzeiten, Begrüßungs- oder Verabschiedungsrituale, gemeinsame Feiern).	☐		☐		☐		☐		☐		☐	
68 Die Struktur des Tages ermöglicht den Kindern die eigene Individualität zu bewahren (z. B. selbstgewählte Aktivitäten, individuelle Abläufe von Routinen).	☐		☐		☐		☐		☐		☐	
69 Die Kinder erfahren, dass sie durch eigene Ideen und Aktivitäten den Tag der Gruppe mitgestalten (z. B. indem sie Spiele oder Aktivitäten initiieren, an denen sich mehrere Kinder beteiligen).	☐		☐		☐		☐		☐		☐	
Teamprofil für Partizipation/Balance zwischen Individuum und Gruppe												

Checkliste
zur Selbstevaluation

für den Qualitätsbereich
Mahlzeiten & Ernährung (03)

1. Lesen Sie bitte die gesamte Checkliste einmal in Ruhe durch, bevor Sie die Fragen beantworten.
2. Schätzen Sie danach bitte ausschließlich Ihre eigene pädagogische Arbeit und Situation ein.
3. Bitte beantworten Sie jede Frage.
4. Kreuzen Sie in jeder Zeile nur **einen** Selbsteinschätzungs-Wert an.
5. Bitte lassen Sie die Spalte »Qualitätsprofil« frei. Sie wird später für die Erstellung des Profils für die gesamte Einrichtung benötigt.

  Wenn Sie Kinder unter drei Jahren in Ihrer Gruppe betreuen, schätzen Sie **zusätzlich** immer die mit dem Würfel versehenen Kriterien ein.

Bitte entscheiden Sie sich immer für **einen** Wert (kein Kreuz zwischen zwei Antwortmöglichkeiten).

Räumliche Bedingungen/Innenbereich

	überhaupt nicht/nie		weniger/ selten		teils-teils		zu einem guten Teil/ häufiger		überwiegend/ fast immer		voll & ganz/ immer	
	Selbsteinschätzung	Qualitätsprofil	Selbsteinschätzung	Qualitätsprofil	Selbsteinschätzung	Qualitätsprofil	Selbsteinschätzung	Qualitätsprofil	Selbsteinschätzung	Qualitätsprofil	Selbsteinschätzung	Qualitätsprofil
1 In meiner Gruppe stehen für alle Kinder entsprechend ihrer Körpergröße Tische und Stühle zur Verfügung.	☐		☐		☐		☐		☐		☐	
2 Es gibt genügend Hochstühle für Kleinstkinder.	☐		☐		☐		☐		☐		☐	
3 Die Hochstühle sind so verstellbar, dass sie an Gemeinschaftstischen stehen können.	☐		☐		☐		☐		☐		☐	
4 Es gibt ansprechendes Geschirr aus Porzellan oder Keramik.	☐		☐		☐		☐		☐		☐	
5 Es gibt dem Entwicklungsstand der Kinder entsprechendes Besteck.	☐		☐		☐		☐		☐		☐	
6 Es gibt für jüngere Kinder vollständiges Besteck.	☐		☐		☐		☐		☐		☐	
7 Es gibt Kannen, Schüsseln und Löffel, die zum selbstständigen Auftun und Einschenken anregen.	☐		☐		☐		☐		☐		☐	
8 Kannen und Schüsseln sind nicht zu schwer, so dass sich auch jüngere Kinder selbst bedienen können.	☐		☐		☐		☐		☐		☐	
Teamprofil für Räumliche Bedingungen/Innenbereich												

Erzieherin-Kind-Interaktion/Beobachtung

9 Ich achte darauf, ob sich die Kinder während der Mahlzeit wohl fühlen.	☐		☐		☐		☐		☐		☐	
10 Ich achte bei Kleinstkindern und jüngeren Kindern darauf, in welchem Tempo das jeweilige Kind essen will.	☐		☐		☐		☐		☐		☐	
11 Ich achte bei Kleinstkindern und jüngeren Kindern darauf, welche Speisen sie mögen.	☐		☐		☐		☐		☐		☐	
12 Ich achte bei Kleinstkindern und jüngeren Kindern darauf, wann sie satt sind.	☐		☐		☐		☐		☐		☐	
13 Ich beobachte bei jüngeren Kindern, wann sie Interesse am selbstständigen Auftun und Einschenken zeigen.	☐		☐		☐		☐		☐		☐	
Teamprofil für Erzieherin-Kind-Interaktion/Beobachtung												

Erzieherin-Kind-Interaktion/ Dialog- & Beteiligungsbereitschaft

14 Ich beteilige mich an den Gesprächen der Kinder.	☐		☐		☐		☐		☐		☐	
15 Ich bringe dabei auch eigene Themen in das Tischgespräch ein.	☐		☐		☐		☐		☐		☐	

QUALITÄTSBEREICH MAHLZEITEN & ERNÄHRUNG (03) ▸ 113

Erzieherin-Kind-Interaktion/ Dialog- & Beteiligungsbereitschaft (Forts.)	überhaupt nicht/nie		weniger/ selten		teils-teils		zu einem guten Teil/ häufiger		überwiegend/ fast immer		voll & ganz/ immer	
	Selbsteinschätzung	Qualitätsprofil	Selbsteinschätzung	Qualitätsprofil	Selbsteinschätzung	Qualitätsprofil	Selbsteinschätzung	Qualitätsprofil	Selbsteinschätzung	Qualitätsprofil	Selbsteinschätzung	Qualitätsprofil
16 ③ ②① Bei Mahlzeiten mit Kleinstkindern und jüngeren Kindern beantworte ich ihre Äußerungen und Kommunikationssignale.	☐		☐		☐		☐		☐		☐	
17 ③ ②① Bei Mahlzeiten mit Kleinstkindern und jüngeren Kindern erzähle ich über Begebenheiten, Sachthemen oder eigene Erlebnisse.	☐		☐		☐		☐		☐		☐	
18 ③ ②① Beim Füttern eines Kleinstkindes sitze ich dem Kind gegenüber.	☐		☐		☐		☐		☐		☐	
19 ③ ②① Beim Füttern eines Kleinstkindes lasse ich das Kind mit einem eigenen Löffel hantieren.	☐		☐		☐		☐		☐		☐	
20 ③ ②① Beim Füttern eines Kleinstkindes halte ich das Kind im Arm, wenn es noch nicht sitzen kann.	☐		☐		☐		☐		☐		☐	
Teamprofil für Erzieherin-Kind-Interaktion/ Dialog- & Beteiligungsbereitschaft												
Erzieherin-Kind-Interaktion/Impuls												
21 Ich rege die Kinder an, von allen Speisen zu probieren.	☐		☐		☐		☐		☐		☐	
22 Ich überlasse die Entscheidung, Speisen zu essen, stets den Kindern.	☐		☐		☐		☐		☐		☐	
23 ③ ②① Ich lasse Kleinstkinder und jüngere Kinder an den Speisen riechen.	☐		☐		☐		☐		☐		☐	
24 ③ ②① Ich lasse Kleinstkinder und jüngere Kinder die Speisen anfassen.	☐		☐		☐		☐		☐		☐	
25 ③ ②① Wenn ein Kind die Speise nicht essen mag, biete ich eine Alternative an.	☐		☐		☐		☐		☐		☐	
26 Ich mache die Kinder auf Unterschiede im Aussehen und Geschmack aufmerksam.	☐		☐		☐		☐		☐		☐	
27 Ich mache die Kinder auf angemessene Mengen von Speisen und Getränken aufmerksam.	☐		☐		☐		☐		☐		☐	
28 ③ ②① Ich begleite die Reaktionen von Kleinstkindern und jüngeren Kindern auf Speisen und Getränke sachlich angemessen (z.B. »Ist dir das zu sauer?«; »Hmmm, ich sehe, das schmeckt dir gut.«).	☐		☐		☐		☐		☐		☐	
Teamprofil für Erzieherin-Kind-Interaktion/Impuls												

Planung/Grundlagen und Orientierung	überhaupt nicht/nie		weniger/ selten		teils-teils		zu einem guten Teil/ häufiger		überwiegend/ fast immer		voll & ganz/ immer	
	Selbsteinschätzung	Qualitätsprofil	Selbsteinschätzung	Qualitätsprofil	Selbsteinschätzung	Qualitätsprofil	Selbsteinschätzung	Qualitätsprofil	Selbsteinschätzung	Qualitätsprofil	Selbsteinschätzung	Qualitätsprofil
29 Ich plane so, dass ich möglichst während der gesamten Mahlzeit mit den Kindern am Tisch sitze, so dass das Essen in einer entspannten Atmosphäre verlaufen kann.	☐		☐		☐		☐		☐		☐	
30 Ich berücksichtige, dass Kleinstkinder und jüngere Kinder einen individuellen Tagesrhythmus haben und erst allmählich in einen Tagesrhythmus der Gruppe finden.	☐		☐		☐		☐		☐		☐	
31 Ich berücksichtige bei meiner Planung der Mahlzeiten die Informationen über den Tagesrhythmus des Kindes in der Familie.	☐		☐		☐		☐		☐		☐	
Teamprofil für Planung/Grundlagen und Orientierung												
Planung/Pädagogische Inhalte und Prozesse												
32 Die Kinder wählen die Speisen und Getränke in der ihnen passend erscheinenden Menge selbst aus.	☐		☐		☐		☐		☐		☐	
33 Die Kinder dürfen trinken oder eine Nachspeise essen, ohne vorher den Teller leer essen zu müssen.	☐		☐		☐		☐		☐		☐	
34 Kleinstkinder und jüngere Kinder werden nicht zum Aufessen überredet.	☐		☐		☐		☐		☐		☐	
35 Kein Kind wird mit Belohnungen zum Essen angeregt oder zum Essen gezwungen.	☐		☐		☐		☐		☐		☐	
36 Die Kinder tun sich das Essen selbst auf.	☐		☐		☐		☐		☐		☐	
37 Die Kinder schenken sich Getränke selbst ein.	☐		☐		☐		☐		☐		☐	
38 Die Kinder nehmen sich Speisen selbst nach.	☐		☐		☐		☐		☐		☐	
39 Ich unterstütze selbstständiges Auftun und Einschenken von Kleinstkindern und jüngeren Kindern, indem ich kleinere oder weniger gefüllte Schüsseln und Kannen bereitstelle.	☐		☐		☐		☐		☐		☐	
40 Das Essen ist so zusammengestellt, dass die Kinder Wahlmöglichkeiten haben.	☐		☐		☐		☐		☐		☐	
41 Ich biete auch Kleinstkindern und jüngeren Kindern Wahlmöglichkeiten an (z. B. verschiedene Gemüsesorten oder Brotbeläge).	☐		☐		☐		☐		☐		☐	
42 Ich biete den Kindern Nachschläge an.	☐		☐		☐		☐		☐		☐	
Teamprofil für Planung/Pädagogische Inhalte und Prozesse												

QUALITÄTSBEREICH MAHLZEITEN & ERNÄHRUNG (03) ▸ 115

Planung/Dokumentation	überhaupt nicht/nie		weniger/ selten		teils-teils		zu einem guten Teil/ häufiger		überwiegend/ fast immer		voll & ganz/ immer	
	Selbsteinschätzung	Qualitätsprofil	Selbsteinschätzung	Qualitätsprofil	Selbsteinschätzung	Qualitätsprofil	Selbsteinschätzung	Qualitätsprofil	Selbsteinschätzung	Qualitätsprofil	Selbsteinschätzung	Qualitätsprofil
43 Ich dokumentiere Essgewohnheiten von Kindern, die Rücksprache mit den Eltern erfordern (z. B. einseitige Ernährung oder geringe Flüssigkeitsaufnahme).	☐		☐		☐		☐		☐		☐	
44 Ich dokumentiere Lebensmittelallergien der Kinder meiner Gruppe so, dass sie von jeder pädagogischen Fachkraft und dem Küchenpersonal eingesehen werden können.	☐		☐		☐		☐		☐		☐	
45 Der Speiseplan ist für Eltern sichtbar ausgehängt.	☐		☐		☐		☐		☐		☐	
Teamprofil für Planung/Dokumentation												
Vielfalt und Nutzung von Material												
46 Kinder mit einer zusammenhängenden Betreuungszeit von sechs und mehr Stunden erhalten eine warme Mahlzeit.	☐		☐		☐		☐		☐		☐	
47 Kleinstkinder und jüngere Kinder erhalten die ihren Ernährungsgewohnheiten entsprechenden Mahlzeiten unabhängig von ihrer Aufenthaltsdauer in der Einrichtung.	☐		☐		☐		☐		☐		☐	
48 Flaschennahrung wird in der Einrichtung frisch zubereitet.	☐		☐		☐		☐		☐		☐	
49 Den Kindern stehen jederzeit Getränke zur Verfügung, die sie trinken können, wenn sie Durst haben.	☐		☐		☐		☐		☐		☐	
50 Getränke und Fläschchen für Kleinstkinder stehen in Sichtweite.	☐		☐		☐		☐		☐		☐	
51 Für jüngere Kinder befinden sich Getränke in ihrer Reichweite.	☐		☐		☐		☐		☐		☐	
52 Die angebotenen Mahlzeiten und Zwischenmahlzeiten sind abwechslungsreich.	☐		☐		☐		☐		☐		☐	
53 Die angebotenen Mahlzeiten und Zwischenmahlzeiten sind ausgewogen.	☐		☐		☐		☐		☐		☐	
54 Die angebotenen Mahlzeiten und Zwischenmahlzeiten sind appetitlich.	☐		☐		☐		☐		☐		☐	
55 Mahlzeiten und Zwischenmahlzeiten für Kleinstkinder und jüngere Kinder werden appetitlich angerichtet (Brei auf einem Wärmeteller, Nachspeise in einer Schale).	☐		☐		☐		☐		☐		☐	
Teamprofil für Vielfalt und Nutzung von Material												

Individualisierung/Berücksichtigung individueller Bedürfnisse und Interessen

	überhaupt nicht/nie		weniger/ selten		teils-teils		zu einem guten Teil/ häufiger		überwiegend/ fast immer		voll & ganz/ immer	
	Selbsteinschätzung	Qualitätsprofil	Selbsteinschätzung	Qualitätsprofil	Selbsteinschätzung	Qualitätsprofil	Selbsteinschätzung	Qualitätsprofil	Selbsteinschätzung	Qualitätsprofil	Selbsteinschätzung	Qualitätsprofil
56 Ich berücksichtige bei der Dauer der Mahlzeiten den Entwicklungsstand der Kinder.	☐		☐		☐		☐		☐		☐	
57 In diesem zeitlichen Rahmen kann jedes Kind in seinem individuellen Tempo essen.	☐		☐		☐		☐		☐		☐	
58 Ich achte darauf, dass jüngere Kinder, die langsam essen, sich zunächst kleinere Portionen auftun, um später einen Nachschlag zu nehmen.	☐		☐		☐		☐		☐		☐	

Teamprofil für Individualisierung/Berücksichtigung individueller Bedürfnisse und Interessen

Partizipation/Einbeziehung der Kinder in Entscheidungsprozesse

59 Die Kinder entscheiden selbst über die Zusammensetzung der Tischgemeinschaften.	☐		☐		☐		☐		☐		☐	
60 Die Kinder legen gemeinsam mit mir die Verhaltensweisen bei Tisch fest.	☐		☐		☐		☐		☐		☐	
61 Ich achte darauf, dass Kleinstkinder und jüngere Kinder dabei sind, wenn über Verhaltensweisen bei Tisch, Entscheidungen über Tischgemeinschaften oder Aufgabenverteilungen gesprochen wird.	☐		☐		☐		☐		☐		☐	

Teamprofil für Partizipation/Einbeziehung der Kinder in Entscheidungsprozesse

Partizipation/Einbeziehung der Kinder in Gestaltungsprozesse

62 Die Kinder essen ihren Fähigkeiten entsprechend selbstständig.	☐		☐		☐		☐		☐		☐	
63 Jüngere Kinder werden beim Essen und Trinken nur dann unterstützt, wenn sie diese Unterstützung benötigen.	☐		☐		☐		☐		☐		☐	
64 Für Mahlzeiten, die in der Gruppe gemeinsam zubereitet werden, wählen die Kinder die Zutaten mit aus und beteiligen sich an der Zubereitung.	☐		☐		☐		☐		☐		☐	
65 Jüngere Kinder werden an allen Vorbereitungen einer Mahlzeit beteiligt.	☐		☐		☐		☐		☐		☐	
66 Ich unterstütze jüngere Kinder teilzuhaben, indem ich Zutaten bereitstelle, Handlungen erläutere und zeige und die Kinder zum Mitmachen anrege.	☐		☐		☐		☐		☐		☐	

QUALITÄTSBEREICH MAHLZEITEN & ERNÄHRUNG (03) ▸ 117

Partizipation/Einbeziehung der Kinder in Gestaltungsprozesse (Forts.)	überhaupt nicht/nie		weniger/ selten		teils-teils		zu einem guten Teil/ häufiger		überwie- gend/ fast immer		voll & ganz/ immer	
	Selbsteinschätzung	Qualitätsprofil	Selbsteinschätzung	Qualitätsprofil	Selbsteinschätzung	Qualitätsprofil	Selbsteinschätzung	Qualitätsprofil	Selbsteinschätzung	Qualitätsprofil	Selbsteinschätzung	Qualitätsprofil
67 ③ Kleinstkinder können bei der Zubereitung von Mahlzeiten zuschauen.	☐		☐		☐		☐		☐		☐	
Teamprofil für Partizipation/Einbeziehung der Kinder in Gestaltungsprozesse												
Partizipation/Balance zwischen Individuum und Gruppe												
68 Die Kinder erleben die Mahlzeiten als kommunikatives Ereignis der Gruppe, zu dem sich Kinder und Erwachsene einfinden.	☐		☐		☐		☐		☐		☐	
69 ③ Individuelle Bedürfnisse von Kleinstkindern finden dabei Berücksichtigung (z. B. Ruhephasen, während die Gruppe isst).	☐		☐		☐		☐		☐		☐	
Teamprofil für Partizipation/Balance zwischen Individuum und Gruppe												

Checkliste
zur Selbstevaluation

für den Qualitätsbereich
Gesundheit & Körperpflege (04)

1. Lesen Sie bitte die gesamte Checkliste einmal in Ruhe durch, bevor Sie die Fragen beantworten.
2. Schätzen Sie danach bitte ausschließlich Ihre eigene pädagogische Arbeit und Situation ein.
3. Bitte beantworten Sie jede Frage.
4. Kreuzen Sie in jeder Zeile nur **einen** Selbsteinschätzungs-Wert an.
5. Bitte lassen Sie die Spalte »Qualitätsprofil« frei. Sie wird später für die Erstellung des Profils für die gesamte Einrichtung benötigt.

  Wenn Sie Kinder unter drei Jahren in Ihrer Gruppe betreuen, schätzen Sie **zusätzlich** immer die mit dem Würfel versehenen Kriterien ein.

Bitte entscheiden Sie sich immer für **einen** Wert (kein Kreuz zwischen zwei Antwortmöglichkeiten).

Räumliche Bedingungen/Innenbereich	überhaupt nicht/nie		weniger/ selten		teils-teils		zu einem guten Teil/ häufiger		überwiegend/ fast immer		voll & ganz/ immer	
	Selbsteinschätzung	Qualitätsprofil	Selbsteinschätzung	Qualitätsprofil	Selbsteinschätzung	Qualitätsprofil	Selbsteinschätzung	Qualitätsprofil	Selbsteinschätzung	Qualitätsprofil	Selbsteinschätzung	Qualitätsprofil
1 Meine Gruppenräume und die Ausstattung sind in gutem Zustand (z. B. keine beschädigten Möbel, Wände, Decken, Fußböden oder Spielmaterialien).	☐		☐		☐		☐		☐		☐	
2 Meine Gruppenräume und die Ausstattung sind in hygienisch einwandfreiem Zustand.	☐		☐		☐		☐		☐		☐	
3 Meine Gruppenräume und die Ausstattung werden regelmäßig gereinigt.	☐		☐		☐		☐		☐		☐	
4 Meine Gruppenräume und die Ausstattung lassen sich angemessen beleuchten.	☐		☐		☐		☐		☐		☐	
5 Meine Gruppenräume und die Ausstattung lassen sich angemessen temperieren (konstante Raumtemperatur).	☐		☐		☐		☐		☐		☐	
6 Meine Gruppenräume und die Ausstattung lassen sich gut belüften.	☐		☐		☐		☐		☐		☐	
7 Die Toiletten sind durch Sichtschutzwände voneinander getrennt.	☐		☐		☐		☐		☐		☐	
8 Die Toilettenkabinen haben Türen.	☐		☐		☐		☐		☐		☐	
9 Die Waschräume sind so gestaltet, dass Kinder dort mit Wasser spielen und experimentieren können.	☐		☐		☐		☐		☐		☐	
10 Der Wickelbereich ist sicher.	☐		☐		☐		☐		☐		☐	
11 Der Wickelbereich ist weich gepolstert.	☐		☐		☐		☐		☐		☐	
12 Der Wickelbereich ist angemessen temperiert.	☐		☐		☐		☐		☐		☐	
13 Der Wickelbereich hat eine angemessene Höhe.	☐		☐		☐		☐		☐		☐	
14 Der Wickelbereich verfügt über fließend kaltes und warmes Wasser.	☐		☐		☐		☐		☐		☐	
15 Am Wickelplatz gibt es separate geschlossene Behälter für die Entsorgung der Windeln.	☐		☐		☐		☐		☐		☐	
16 Ich erreiche die Wickelutensilien vom Wickeltisch aus bequem.	☐		☐		☐		☐		☐		☐	
Teamprofil für Räumliche Bedingungen/Innenbereich												
Räumliche Bedingungen/Außenbereich												
17 Der Außenbereich wird regelmäßig gereinigt.	☐		☐		☐		☐		☐		☐	
18 Der Außenbereich wird täglich auf Verunreinigungen überprüft.	☐		☐		☐		☐		☐		☐	
Teamprofil für Räumliche Bedingungen/Außenbereich												

QUALITÄTSBEREICH GESUNDHEIT & KÖRPERPFLEGE (04) ▶ 121

Erzieherin-Kind-Interaktion/Beobachtung	überhaupt nicht/nie		weniger/ selten		teils-teils		zu einem guten Teil/ häufiger		überwiegend/ fast immer		voll & ganz/ immer	
	Selbsteinschätzung	Qualitätsprofil	Selbsteinschätzung	Qualitätsprofil	Selbsteinschätzung	Qualitätsprofil	Selbsteinschätzung	Qualitätsprofil	Selbsteinschätzung	Qualitätsprofil	Selbsteinschätzung	Qualitätsprofil
19 Ich beobachte das gesundheitliche Befinden der Kinder.	☐		☐		☐		☐		☐		☐	
20 Ich beobachte die Interessen, Abneigungen und Vorlieben jedes Kindes bei der Körperpflege.	☐		☐		☐		☐		☐		☐	
Teamprofil für Erzieherin-Kind-Interaktion/Beobachtung												
Erzieherin-Kind-Interaktion/ Dialog- & Beteiligungsbereitschaft												
21 Ich begleite die Kinder bei der Körperpflege entsprechend ihrem Entwicklungsstand, ohne dabei ihre Privatsphäre zu verletzen.	☐		☐		☐		☐		☐		☐	
22 Ich nutze die Zeiten für Körperpflege zum Gespräch und zum freundlichen Kontakt mit dem Kind.	☐		☐		☐		☐		☐		☐	
23 Ich beschreibe meine Handlungen während Pflegesituationen mit Kleinstkindern und jüngeren Kindern.	☐		☐		☐		☐		☐		☐	
24 Ich erkläre ihnen aufeinanderfolgende Schritte von Pflegehandlungen.	☐		☐		☐		☐		☐		☐	
25 Bei der Körperpflege von Kleinstkindern und jüngeren Kindern schaffe ich eine angenehme Atmosphäre (indem ich dem Kind z. B. eine kleine Geschichte erzähle oder mit ihm einen Abzählreim spiele).	☐		☐		☐		☐		☐		☐	
Teamprofil für Erzieherin-Kind-Interaktion/ Dialog- & Beteiligungsbereitschaft												
Erzieherin-Kind-Interaktion/Impuls												
26 Ich setze Impulse, um die Erfahrungen der Kinder zu erweitern (z. B. Kämmen, Wickeln oder Baden von Puppen).	☐		☐		☐		☐		☐		☐	
27 Ich unterstütze bei der Körperpflege von Kleinstkindern und jüngeren Kindern ihre Selbstständigkeit.	☐		☐		☐		☐		☐		☐	
28 Ich fördere bei der Körperpflege von Kleinstkindern und jüngeren Kindern den Erwerb neuer Kompetenzen.	☐		☐		☐		☐		☐		☐	
29 Ich nutze Situationen im Tagesgeschehen, um die Körperwahrnehmung der Kinder im Spiel zu fördern (verkleiden, schminken, berühren, zeigen).	☐		☐		☐		☐		☐		☐	
Teamprofil für Erzieherin-Kind-Interaktion/Impuls												

Planung/Grundlagen und Orientierung	überhaupt nicht/nie		weniger/ selten		teils-teils		zu einem guten Teil/ häufiger		überwiegend/ fast immer		voll & ganz/ immer	
	Selbsteinschätzung	Qualitätsprofil	Selbsteinschätzung	Qualitätsprofil	Selbsteinschätzung	Qualitätsprofil	Selbsteinschätzung	Qualitätsprofil	Selbsteinschätzung	Qualitätsprofil	Selbsteinschätzung	Qualitätsprofil
30 Ich achte darauf, dass während des Tages ausreichend Zeit für die Körperpflege zur Verfügung steht.	☐		☐		☐		☐		☐		☐	
Teamprofil für Planung/Grundlagen und Orientierung												
Planung/Pädagogische Inhalte und Prozesse												
31 Ich nutze Situationen der Körperpflege, um die Kinder in ihrer Entwicklung im sozial-emotionalen Bereich zu fördern.	☐		☐		☐		☐		☐		☐	
32 Ich nutze Situationen der Körperpflege, um die Kinder in ihrer Entwicklung im kognitiven Bereich zu fördern.	☐		☐		☐		☐		☐		☐	
33 Ich nutze Situationen der Körperpflege, um die Kinder in ihrer Entwicklung im sprachlichen Bereich zu fördern.	☐		☐		☐		☐		☐		☐	
34 Ich sorge dafür, dass Kleinstkinder und jüngere Kinder bei der Körperpflege vielfältige sensomotorische Erfahrungen machen.	☐		☐		☐		☐		☐		☐	
35 Ich sorge dafür, dass Kleinstkinder und jüngere Kinder bei der Körperpflege ihren Körper erkunden können.	☐		☐		☐		☐		☐		☐	
36 Ich sorge dafür, dass Kleinstkinder und jüngere Kinder bei der Körperpflege grundlegende Begriffe und Zusammenhänge bei Pflegehandlungen verstehen und anwenden können.	☐		☐		☐		☐		☐		☐	
37 Ich betrachte die Körperpflege als anregungsreiche Lernsituation für die Kinder (z. B. Bezeichnen und Zeigen von Körperteilen und Kleidung, Erlernen des Zähneputzens).	☐		☐		☐		☐		☐		☐	
38 Ich begleite jüngere Kinder bei ihren Fantasiespielen.	☐		☐		☐		☐		☐		☐	
39 Ich initiiere selbst Spiele zu den Themen Körperpflege oder Gesundheit/Krankheit.	☐		☐		☐		☐		☐		☐	
40 Bei Kleinstkindern und jüngeren Kindern achte ich auf regelmäßiges Wickeln und die dazu gehörende Pflege.	☐		☐		☐		☐		☐		☐	
41 Ich achte darauf, dass die sanitären Anlagen angemessen genutzt werden (z. B. Spülen der Toiletten nach der Benutzung, Handtücher nach dem Abtrocknen aufhängen).	☐		☐		☐		☐		☐		☐	
42 Ich begleite jüngere Kinder beim Toilettengang bzw. beim Händewaschen.	☐		☐		☐		☐		☐		☐	

QUALITÄTSBEREICH GESUNDHEIT & KÖRPERPFLEGE (04)

Planung/Pädagogische Inhalte und Prozesse (Forts.)	überhaupt nicht/nie		weniger/ selten		teils-teils		zu einem guten Teil/ häufiger		überwiegend/ fast immer		voll & ganz/ immer	
	Selbsteinschätzung	Qualitätsprofil	Selbsteinschätzung	Qualitätsprofil	Selbsteinschätzung	Qualitätsprofil	Selbsteinschätzung	Qualitätsprofil	Selbsteinschätzung	Qualitätsprofil	Selbsteinschätzung	Qualitätsprofil
43 ③ Ich zeige und erkläre ihnen die angemessene Nutzung der Sanitäranlagen.	☐		☐		☐		☐		☐		☐	
44 Ich treffe Vorkehrungen für die Bedürfnisse von Kindern, die sich unwohl fühlen oder in der Einrichtung erkranken (z. B. ruhige Bereiche, in denen sich die Kinder ausruhen können).	☐		☐		☐		☐		☐		☐	
45 Ich sorge dafür, dass die Gesundheit und die Sicherheit der Kinder jederzeit durch eine angemessene Beaufsichtigung von pädagogischen Fachkräften gewährleistet sind.	☐		☐		☐		☐		☐		☐	
46 Ich tausche regelmäßig mit Eltern und Kolleginnen notwendige Informationen über die Gesundheit bzw. Erkrankung eines Kindes oder besondere Vorkommnisse aus (z. B. bei Allergien, Einhalten einer Diät, Schlafstörungen, bei Unfällen).	☐		☐		☐		☐		☐		☐	
47 Ich kenne und befolge Maßnahmen zum Schutz von übertragbaren Krankheiten.	☐		☐		☐		☐		☐		☐	
48 Ich benachrichtige die Eltern umgehend, wenn ich Symptome ansteckender oder schwerwiegender Erkrankungen beobachte.	☐		☐		☐		☐		☐		☐	
49 ③ Es gibt Verfahrensregeln zu meiner Unterstützung durch eine weitere Person, wenn Kleinstkinder und jüngere Kinder in der Einrichtung krank werden oder unvorhergesehen besondere Pflege brauchen.	☐		☐		☐		☐		☐		☐	
Teamprofil für Planung/Pädagogische Inhalte und Prozesse												
Planung/Dokumentation												
50 Für jedes Kind sind aktuelle schriftliche Informationen zum Stand der Impfungen vorhanden.	☐		☐		☐		☐		☐		☐	
51 Für jedes Kind sind andere grundlegende Gesundheitsinformationen (z. B. Allergien, spezieller Ernährungs- oder Pflegebedarf) vorhanden.	☐		☐		☐		☐		☐		☐	
52 Es ist für jedes Kind sichergestellt, dass diese Informationen allen Betreuungspersonen bekannt bzw. im Bedarfsfall schnell zugänglich sind.	☐		☐		☐		☐		☐		☐	
Teamprofil für Planung/Dokumentation												

Vielfalt und Nutzung von Material	überhaupt nicht/nie		weniger/ selten		teils-teils		zu einem guten Teil/ häufiger		überwiegend/ fast immer		voll & ganz/ immer	
	Selbsteinschätzung	Qualitätsprofil	Selbsteinschätzung	Qualitätsprofil	Selbsteinschätzung	Qualitätsprofil	Selbsteinschätzung	Qualitätsprofil	Selbsteinschätzung	Qualitätsprofil	Selbsteinschätzung	Qualitätsprofil
53 Zu den Themen Körperpflege und Gesundheit stehen den Kindern Alltagsgegenstände zur Verfügung.	☐		☐		☐		☐		☐		☐	
54 Zu den Themen Körperpflege und Gesundheit stehen den Kindern Materialien für Fantasie- und Rollenspiele (Babypuppen, Windeln, Cremetuben, Verbandsmaterial, Pflaster) zur Verfügung.	☐		☐		☐		☐		☐		☐	
55 Zu den Themen Körperpflege und Gesundheit stehen den Kindern Medien (Bücher, Bilder) zur Verfügung.	☐		☐		☐		☐		☐		☐	
56 Den Kindern stehen Handtücher in ausreichender Menge zur Verfügung.	☐		☐		☐		☐		☐		☐	
57 Jedem Kind steht eine Zahnbürste zur Verfügung.	☐		☐		☐		☐		☐		☐	
58 Den Kindern stehen Seifenspender zur Verfügung.	☐		☐		☐		☐		☐		☐	
59 Den Kindern stehen zur Unterstützung ihrer Körperwahrnehmung großflächige Spiegel zur Verfügung.	☐		☐		☐		☐		☐		☐	
60 Spielzeuge und Ausstattung für Kleinstkinder und jüngere Kinder sind abwaschbar.	☐		☐		☐		☐		☐		☐	
61 Spielzeuge und Ausstattung für Kleinstkinder und jüngere Kinder werden regelmäßig gereinigt.	☐		☐		☐		☐		☐		☐	
Teamprofil für Vielfalt und Nutzung von Material												
Individualisierung/Berücksichtigung individueller Bedürfnisse und Interessen												
62 Die Zeiten für Toilettengang, Wickeln und Körperpflege entsprechen den individuellen Bedürfnissen jedes Kindes.	☐		☐		☐		☐		☐		☐	
63 Ich achte darauf, dass jedem Kind während des Tages ausreichend Zeit für die Körperpflege zur Verfügung steht.	☐		☐		☐		☐		☐		☐	
Teamprofil für Individualisierung/Berücksichtigung individueller Bedürfnisse und Interessen												

QUALITÄTSBEREICH GESUNDHEIT & KÖRPERPFLEGE (04) ▶ 125

Individualisierung/Individueller Umgang mit Material und Angeboten	überhaupt nicht/nie		weniger/ selten		teils-teils		zu einem guten Teil/ häufiger		überwiegend/ fast immer		voll & ganz/ immer	
	Selbsteinschätzung	Qualitätsprofil	Selbsteinschätzung	Qualitätsprofil	Selbsteinschätzung	Qualitätsprofil	Selbsteinschätzung	Qualitätsprofil	Selbsteinschätzung	Qualitätsprofil	Selbsteinschätzung	Qualitätsprofil
64 Ich ermögliche jedem Kind, seinem Entwicklungsstand und seinen Fähigkeiten entsprechend, größtmögliche Eigenständigkeit bei der Nutzung der Sanitärräume.	☐		☐		☐		☐		☐		☐	
65 Ich ermögliche jedem Kind, seinem Entwicklungsstand und seinen Fähigkeiten entsprechend, größtmögliche Eigenständigkeit beim Umgang mit Utensilien wie Zahnbürste, Waschlappen oder Kamm.	☐		☐		☐		☐		☐		☐	
Teamprofil für Individualisierung/Individueller Umgang mit Material und Angeboten												
Partizipation/Einbeziehung der Kinder in Entscheidungsprozesse												
66 Ich erarbeite gemeinsam mit allen Kindern Regeln für die Benutzung der Sanitärräume.	☐		☐		☐		☐		☐		☐	
67 Ich erarbeite gemeinsam mit allen Kindern Regeln für die Gestaltung der Körperpflege.	☐		☐		☐		☐		☐		☐	
68 Ich erarbeite gemeinsam mit allen Kindern Regeln für gesundheitsfördernde Verhaltensweisen.	☐		☐		☐		☐		☐		☐	
69 Ich bespreche die Regeln regelmäßig mit den Kindern.	☐		☐		☐		☐		☐		☐	
70 Ich verdeutliche Kleinstkindern und jüngeren Kindern Regeln durch Handlungen in einer konkreten Situation und erläutere sie dabei.	☐		☐		☐		☐		☐		☐	
Teamprofil für Partizipation/Einbeziehung der Kinder in Entscheidungsprozesse												
Partizipation/Einbeziehung der Kinder in Gestaltungsprozesse												
71 Ich achte darauf, dass die Kinder Mitverantwortung für die Gestaltung der Körperpflege und deren Abläufe übernehmen (z. B. Auswechseln der Zahnbürsten oder Handtücher, Nachfüllen der Seife).	☐		☐		☐		☐		☐		☐	
72 Ich beziehe Kleinstkinder und jüngere Kinder so weit wie möglich in das Wickeln ein (indem ich z. B. ein Kind bitte, eine neue Windel zu reichen oder den Verschluss selbstständig zu schließen).	☐		☐		☐		☐		☐		☐	

Partizipation/Einbeziehung der Kinder in Gestaltungsprozesse (Forts.)	überhaupt nicht/nie		weniger/ selten		teils-teils		zu einem guten Teil/ häufiger		überwiegend/ fast immer		voll & ganz/ immer	
	Selbsteinschätzung	Qualitätsprofil	Selbsteinschätzung	Qualitätsprofil	Selbsteinschätzung	Qualitätsprofil	Selbsteinschätzung	Qualitätsprofil	Selbsteinschätzung	Qualitätsprofil	Selbsteinschätzung	Qualitätsprofil
73 Ich beziehe jüngere Kinder regelmäßig in die Gestaltung von Abläufen ein, indem ich ihnen kleinere wiederkehrende Aufgaben gebe.	☐		☐		☐		☐		☐		☐	
74 Ich beziehe jüngere Kinder regelmäßig in die Gestaltung von Abläufen ein, indem ich dafür sorge, dass Erwachsene oder ältere Kinder sie dabei begleiten und gegebenenfalls unterstützen.	☐		☐		☐		☐		☐		☐	
Teamprofil für Partizipation/Einbeziehung der Kinder in Gestaltungsprozesse												
Partizipation/Balance zwischen Individuum und Gruppe												
75 Ich gestalte Situationen der Körperpflege für mehrere oder alle Kinder der Gruppe (z.B. Zähneputzen nach der Mahlzeit) so flexibel, dass individuelle Bedürfnisse berücksichtigt werden können (z.B. ausreichend Zeit ist eingeplant, Erzieherin begleitet die Körperpflege).	☐		☐		☐		☐		☐		☐	
Teamprofil für Partizipation/Balance zwischen Individuum und Gruppe												

Checkliste
zur Selbstevaluation

für den Qualitätsbereich
Ruhen & Schlafen
(05)

1. Lesen Sie bitte die gesamte Checkliste einmal in Ruhe durch, bevor Sie die Fragen beantworten.
2. Schätzen Sie danach bitte ausschließlich Ihre eigene pädagogische Arbeit und Situation ein.
3. Bitte beantworten Sie jede Frage.
4. Kreuzen Sie in jeder Zeile nur **einen** Selbsteinschätzungs-Wert an.
5. Bitte lassen Sie die Spalte »Qualitätsprofil« frei. Sie wird später für die Erstellung des Profils für die gesamte Einrichtung benötigt.

  Wenn Sie Kinder unter drei Jahren in Ihrer Gruppe betreuen, schätzen Sie **zusätzlich** immer die mit dem Würfel versehenen Kriterien ein.

Bitte entscheiden Sie sich immer für **einen** Wert (kein Kreuz zwischen zwei Antwortmöglichkeiten).

Räumliche Bedingungen/Innenbereich	überhaupt nicht/nie		weniger/ selten		teils-teils		zu einem guten Teil/ häufiger		überwiegend/ fast immer		voll & ganz/ immer	
	Selbsteinschätzung	Qualitätsprofil	Selbsteinschätzung	Qualitätsprofil	Selbsteinschätzung	Qualitätsprofil	Selbsteinschätzung	Qualitätsprofil	Selbsteinschätzung	Qualitätsprofil	Selbsteinschätzung	Qualitätsprofil
1 Für alle Kinder meiner Gruppe stehen jederzeit Rückzugs- und Entspannungsbereiche zur Verfügung.	☐		☐		☐		☐		☐		☐	
2 Jüngere Kinder können die Rückzugs- und Entspannungsbereiche selbstständig erreichen.	☐		☐		☐		☐		☐		☐	
3 Meine Kindergruppe verfügt über einen Raum zum Schlafen und Ausruhen, der gut zu belüften ist.	☐		☐		☐		☐		☐		☐	
4 Meine Kindergruppe verfügt über einen Raum zum Schlafen und Ausruhen, der abgedunkelt werden kann.	☐		☐		☐		☐		☐		☐	
5 Meine Kindergruppe verfügt über einen Raum zum Schlafen und Ausruhen, der einen eigenen Schlafplatz für jedes Kind bietet.	☐		☐		☐		☐		☐		☐	
6 Allen Kleinstkindern in meiner Gruppe steht jederzeit ein geschützter Schlafplatz bzw. ein eigenes Bett zur Verfügung.	☐		☐		☐		☐		☐		☐	
7 Jedes Kind verfügt über eine eigene Ausstattung zum Schlafen (z. B. Matratze, Kopfkissen, Bettdecke).	☐		☐		☐		☐		☐		☐	
8 Die persönlichen Schlafutensilien der Kinder sind für jedes Kind gekennzeichnet.	☐		☐		☐		☐		☐		☐	
9 Die persönlichen Schlafutensilien der Kinder werden in einem erkennbaren Ordnungssystem aufbewahrt.	☐		☐		☐		☐		☐		☐	
Teamprofil für Räumliche Bedingungen/Innenbereich												
Räumliche Bedingungen/Außenbereich												
10 Das Außengelände bietet Zonen für Ruhe und Entspannung (z. B. eine Wiese mit Bäumen, durch Büsche abgetrennte Bereiche).	☐		☐		☐		☐		☐		☐	
Teamprofil für Räumliche Bedingungen/Außenbereich												
Erzieherin-Kind-Interaktion/Beobachtung												
11 Aufgrund meiner Beobachtungen erkenne ich, wann ein Kind müde ist.	☐		☐		☐		☐		☐		☐	
12 Ich achte bei Kleinstkindern und jüngeren Kindern auf den Wechsel von aktiven Phasen und Erholungsphasen und nehme Signale der Ermüdung wahr.	☐		☐		☐		☐		☐		☐	
Teamprofil für Erzieherin-Kind-Interaktion/Beobachtung												

Erzieherin-Kind-Interaktion/ Dialog- & Beteiligungsbereitschaft

	überhaupt nicht/nie		weniger/ selten		teils-teils		zu einem guten Teil/ häufiger		überwiegend/ fast immer		voll & ganz/ immer	
	Selbsteinschätzung	Qualitätsprofil	Selbsteinschätzung	Qualitätsprofil	Selbsteinschätzung	Qualitätsprofil	Selbsteinschätzung	Qualitätsprofil	Selbsteinschätzung	Qualitätsprofil	Selbsteinschätzung	Qualitätsprofil
13 Ich begleite die Kinder in einer ruhigen und ausgeglichenen Atmosphäre in den Schlaf.	☐		☐		☐		☐		☐		☐	
14 Ich setze Rituale wie das Vorlesen einer Geschichte oder das leise Singen eines Liedes ein.	☐		☐		☐		☐		☐		☐	
15 Ich begleite die Einschlafphase bei Kleinstkindern und jüngeren Kindern mit leiser und ruhiger Stimme.	☐		☐		☐		☐		☐		☐	
Teamprofil für Erzieherin-Kind-Interaktion/ Dialog- & Beteiligungsbereitschaft												

Erzieherin-Kind-Interaktion/Impuls

16 Ich helfe Kindern, die aufgedreht oder überaktiv wirken, zur Ruhe zu kommen (indem ich z. B. eine Entspannungsgeschichte vorlese oder mit dem Kind ruhige Musik höre).	☐		☐		☐		☐		☐		☐	
17 Ich helfe Kindern, die müde oder abgespannt wirken, zur Ruhe zu kommen (indem ich z. B. eine Entspannungsgeschichte vorlese oder mit dem Kind ruhige Musik höre).	☐		☐		☐		☐		☐		☐	
18 Wenn Kleinstkinder und jüngere Kinder angespannt oder müde wirken, wende ich mich ihnen mit besonderer Zuwendung und Aufmerksamkeit zu (indem ich sie z. B. auf den Schoß nehme, sie im Arm wiege, leise singe).	☐		☐		☐		☐		☐		☐	
Teamprofil für Erzieherin-Kind-Interaktion/Impuls												

Planung/Grundlagen und Orientierung

19 Ich berücksichtige im Tagesverlauf die unterschiedlichen Ruhe- und Erholungsbedürfnisse der einzelnen Kinder.	☐		☐		☐		☐		☐		☐	
20 Durch Absprachen im Team ermögliche ich, dass jedes Kind entsprechend seinen individuellen Bedürfnissen ruhen und schlafen kann.	☐		☐		☐		☐		☐		☐	
21 Durch Absprachen im Team ermögliche ich, dass Kleinstkinder und jüngere Kinder von vertrauten Bezugspersonen während der Einschlaf- und Aufwachphasen begleitet werden.	☐		☐		☐		☐		☐		☐	
Teamprofil für Planung/Grundlagen und Orientierung												

Planung/Pädagogische Inhalte und Prozesse	überhaupt nicht/nie		weniger/ selten		teils-teils		zu einem guten Teil/ häufiger		überwiegend/ fast immer		voll & ganz/ immer	
	Selbsteinschätzung	Qualitätsprofil	Selbsteinschätzung	Qualitätsprofil	Selbsteinschätzung	Qualitätsprofil	Selbsteinschätzung	Qualitätsprofil	Selbsteinschätzung	Qualitätsprofil	Selbsteinschätzung	Qualitätsprofil
22 Ich bin im Schlafraum anwesend, während die Kinder einschlafen.	☐		☐		☐		☐		☐		☐	
23 Während der Schlafphase bin ich für die Kinder jederzeit erreichbar.	☐		☐		☐		☐		☐		☐	
24 Ich befinde mich in Hörweite eines Kleinstkindes oder jüngeren Kindes, das sich ausruht oder schläft.	☐		☐		☐		☐		☐		☐	
25 Ich verfüge über ein Repertoire an Einschlafhilfen, das ich situationsabhängig und flexibel einsetzen kann.	☐		☐		☐		☐		☐		☐	
26 Kinder, die nicht einschlafen, können den Schlafraum verlassen und sich ankleiden.	☐		☐		☐		☐		☐		☐	
27 Nach der Schlafphase bringe ich Kleinstkinder in den Gruppenraum.	☐		☐		☐		☐		☐		☐	
28 Jüngere Kinder können je nach Wunsch ihren Schlafplatz selbstständig verlassen.	☐		☐		☐		☐		☐		☐	
29 Ich gestalte das An- und Ausziehen und eventuelle Pflegehandlungen vor dem Schlafengehen in einer angenehmen Atmosphäre.	☐		☐		☐		☐		☐		☐	
30 Ich wahre beim An- und Ausziehen die Intimsphäre von Kleinstkindern und jüngeren Kindern.	☐		☐		☐		☐		☐		☐	
Teamprofil für Planung/Pädagogische Inhalte und Prozesse												
Planung/Dokumentation												
31 Ich dokumentiere die Ruhe- und Schlafgewohnheiten der Kinder in regelmäßigen Abständen.	☐		☐		☐		☐		☐		☐	
32 Ich nutze das Dokumentationsmaterial zu Teamabsprachen, um gemeinsam mit meinen Kolleginnen eine angemessene Ruhe- und Schlafsituation für alle Kinder sicherzustellen.	☐		☐		☐		☐		☐		☐	
Teamprofil für Planung/Dokumentation												
Vielfalt und Nutzung von Material												
33 Die Rückzugs- und Schlafmöglichkeiten sind mit gepolsterten und weichen Gegenständen in unterschiedlichen Formen und Größen ausgestattet.	☐		☐		☐		☐		☐		☐	
34 Die Ausstattung der Rückzugsbereiche für Kleinstkinder und jüngere Kinder im Gruppenraum vermittelt Sicherheit und Geborgenheit, ermöglicht den Kindern aber auch die Nähe zum Gruppengeschehen (z. B. Hängekorb, Matratze in der Ecke des Gruppenraumes).	☐		☐				☐				☐	

QUALITÄTSBEREICH RUHEN & SCHLAFEN (05) ▸ 131

Vielfalt und Nutzung von Material (Forts.)	überhaupt nicht/nie		weniger/ selten		teils-teils		zu einem guten Teil/ häufiger		überwiegend/ fast immer		voll & ganz/ immer	
	Selbsteinschätzung	Qualitätsprofil	Selbsteinschätzung	Qualitätsprofil	Selbsteinschätzung	Qualitätsprofil	Selbsteinschätzung	Qualitätsprofil	Selbsteinschätzung	Qualitätsprofil	Selbsteinschätzung	Qualitätsprofil
35 Die Schlafutensilien für die Kinder sind geordnet aufbewahrt.	☐		☐		☐		☐		☐		☐	
36 Die Schlafutensilien sind für jedes Kind wieder erkennbar.	☐		☐		☐		☐		☐		☐	
37 Die Schlafutensilien sind für die Kinder gut erreichbar.	☐		☐		☐		☐		☐		☐	
38 Ich versorge Kleinstkinder mit den notwendigen Einschlafutensilien wie Schnuller, Schmusetier oder Schmusetuch.	☐		☐		☐		☐		☐		☐	
39 Jüngere Kinder können ihre Schlafutensilien selbstständig erreichen.	☐		☐		☐		☐		☐		☐	
Teamprofil für Vielfalt und Nutzung von Material												
Individualisierung/Berücksichtigung individueller Bedürfnisse und Interessen												
40 Ich stimme die Ruhe- und Schlafzeiten auf das Alter der Kinder und ihr individuelles Ruhe- und Schlafbedürfnis ab.	☐		☐		☐		☐		☐		☐	
41 Die Kinder können ihrem individuellen Ruhebedürfnis während des Tages jederzeit nachkommen und sich in dafür vorgesehene Bereiche zurückziehen.	☐		☐		☐		☐		☐		☐	
42 Ich begleite Kleinstkinder und jüngere Kinder entsprechend ihrem individuellen Schlafbedürfnis in die Ruhe- bzw. Schlafbereiche.	☐		☐		☐		☐		☐		☐	
43 Ich biete denjenigen Kindern, die nicht (mehr) ausruhen oder schlafen, ruhige, abwechslungsreiche Alternativen an.	☐		☐		☐		☐		☐		☐	
Teamprofil für Individualisierung/Berücksichtigung individueller Bedürfnisse und Interessen												
Individualisierung/Individueller Umgang mit Material und Angeboten												
44 Ich orientiere mich während der Einschlafphase an den individuellen Einschlafgewohnheiten der Kinder.	☐		☐		☐		☐		☐		☐	
45 Ich achte darauf, dass jedem Kind seine persönlichen Utensilien zum Ausruhen und Schlafen zur Verfügung stehen.	☐		☐		☐		☐		☐		☐	
Teamprofil für Individualisierung/Individueller Umgang mit Material und Angeboten												

Partizipation/Einbeziehung der Kinder in Entscheidungsprozesse

	überhaupt nicht/nie		weniger/ selten		teils-teils		zu einem guten Teil/ häufiger		überwiegend/ fast immer		voll & ganz/ immer	
	Selbsteinschätzung	Qualitätsprofil	Selbsteinschätzung	Qualitätsprofil	Selbsteinschätzung	Qualitätsprofil	Selbsteinschätzung	Qualitätsprofil	Selbsteinschätzung	Qualitätsprofil	Selbsteinschätzung	Qualitätsprofil
46 Ich berücksichtige den Wunsch der Kinder, an den Schlafzeiten teilzunehmen oder nicht teilzunehmen.	☐		☐		☐		☐		☐		☐	
47 Bei Kleinstkindern und jüngeren Kindern orientiere ich mich an der Gestik, Mimik und an Lauten, mit denen ein Kind zeigt, ob es müde ist oder aktiv sein will.	☐		☐		☐		☐		☐		☐	
Teamprofil für Partizipation/Einbeziehung der Kinder in Entscheidungsprozesse												

Partizipation/Einbeziehung der Kinder in Gestaltungsprozesse

48 Ich berücksichtige Aspekte wie Veränderungen im Biorhythmus der Kinder sowie das Alter, Klima, Zeitumstellungen und häusliche Schlafzeiten.	☐		☐		☐		☐		☐		☐	
Teamprofil für Partizipation/Einbeziehung der Kinder in Gestaltungsprozesse												

Partizipation/Balance zwischen Individuum und Gruppe

49 Es gibt Regeln und Vereinbarungen mit den Kindern, die dafür sorgen, dass schlafende Kinder nicht von denen gestört werden, die nicht schlafen oder früher aufstehen.	☐		☐		☐		☐		☐		☐	
50 Ich gebe Kleinstkindern und jüngeren Kindern die Gelegenheit, das Gruppengespräch über gemeinsame Vereinbarungen zu verfolgen.	☐		☐		☐		☐		☐		☐	
Teamprofil für Partizipation/Balance zwischen Individuum und Gruppe												

Checkliste
zur Selbstevaluation

für den Qualitätsbereich
Sicherheit (06)

1. Lesen Sie bitte die gesamte Checkliste einmal in Ruhe durch, bevor Sie die Fragen beantworten.
2. Schätzen Sie danach bitte ausschließlich Ihre eigene pädagogische Arbeit und Situation ein.
3. Bitte beantworten Sie jede Frage.
4. Kreuzen Sie in jeder Zeile nur **einen** Selbsteinschätzungs-Wert an.
5. Bitte lassen Sie die Spalte »Qualitätsprofil« frei. Sie wird später für die Erstellung des Profils für die gesamte Einrichtung benötigt.

  Wenn Sie Kinder unter drei Jahren in Ihrer Gruppe betreuen, schätzen Sie **zusätzlich** immer die mit dem Würfel versehenen Kriterien ein.

Bitte entscheiden Sie sich immer für **einen** Wert (kein Kreuz zwischen zwei Antwortmöglichkeiten).

Räumliche Bedingungen/Innenbereich	überhaupt nicht/nie		weniger/ selten		teils-teils		zu einem guten Teil/ häufiger		überwiegend/ fast immer		voll & ganz/ immer	
	Selbsteinschätzung	Qualitätsprofil	Selbsteinschätzung	Qualitätsprofil	Selbsteinschätzung	Qualitätsprofil	Selbsteinschätzung	Qualitätsprofil	Selbsteinschätzung	Qualitätsprofil	Selbsteinschätzung	Qualitätsprofil
1 Die Ausstattung der Räume meiner Gruppe sind sicher (z. B. die Fußböden sind mit rutschfesten Belägen ausgestattet; Heizkörper sind verkleidet; Reinigungsmittel sind für Kinder nicht erreichbar usw.).	☐		☐		☐		☐		☐		☐	
2 Wenn ich Schäden am Gebäude, am Mobiliar oder der Ausstattung feststelle, die die Gesundheit und Sicherheit der Kinder gefährden könnten, setze ich sofort die Leiterin davon in Kenntnis.	☐		☐		☐		☐		☐		☐	
3 Ich überprüfe regelmäßig alle Spielgeräte und -materialien auf ihre Sicherheit.	☐		☐		☐		☐		☐		☐	
4 Für Kleinstkinder und jüngere Kinder orientiert sich die Höhe der Klettergerüste und Podeste am Entwicklungsstand der Kinder.	☐		☐		☐		☐		☐		☐	
5 Für Kleinstkinder und jüngere Kinder ist der Boden unter allen Podesten und Klettergerüsten durch weiches Material abgefedert.	☐		☐		☐		☐		☐		☐	
6 Für Kleinstkinder und jüngere Kinder sind die Wickelbereiche sicher.	☐		☐		☐		☐		☐		☐	
7 Die Ausstattung des Schlafbereiches birgt keine Gefahren (z. B. normgerechter Abstand der Stäbe von Gitterbetten).	☐		☐		☐		☐		☐		☐	
8 Einige Spielbereiche für Kleinstkinder sind weich gepolstert.	☐		☐		☐		☐		☐		☐	
9 Babywippen und Hochstühle haben Sicherheitsgurte.	☐		☐		☐		☐		☐		☐	
10 Hochstühle verfügen über ein festes Tablett.	☐		☐		☐		☐		☐		☐	
Teamprofil für Räumliche Bedingungen/Innenbereich												
Räumliche Bedingungen/Außenbereich												
11 Das Außengelände ist frei von giftigen Pflanzen.	☐		☐		☐		☐		☐		☐	
12 Das Außengelände ist nach außen durch eine Umzäunung abgetrennt und geschützt.	☐		☐		☐		☐		☐		☐	
13 Alle installierten Spielgeräte sind sachgemäß und sicher angebracht.	☐		☐		☐		☐		☐		☐	
Teamprofil für Räumliche Bedingungen/Außenbereich												

QUALITÄTSBEREICH SICHERHEIT (06) ▶ 135

Erzieherin-Kind-Interaktion/Beobachtung	überhaupt nicht/nie		weniger/ selten		teils-teils		zu einem guten Teil/ häufiger		überwiegend/ fast immer		voll & ganz/ immer	
	Selbsteinschätzung	Qualitätsprofil	Selbsteinschätzung	Qualitätsprofil	Selbsteinschätzung	Qualitätsprofil	Selbsteinschätzung	Qualitätsprofil	Selbsteinschätzung	Qualitätsprofil	Selbsteinschätzung	Qualitätsprofil
14 Während des Spiels der Kinder habe ich die ganze Gruppe im Blick, das heißt alle Spielgruppen und einzelne Kinder.	☐		☐		☐		☐		☐		☐	
15 Während des Spiels der Kinder erkenne ich gefährliche Situationen rechtzeitig.	☐		☐		☐		☐		☐		☐	
16 Ich beobachte die Fähigkeiten der Kinder, herausfordernde Situationen einzuschätzen und zu bewältigen.	☐		☐		☐		☐		☐		☐	
17 Ich beobachte Kleinstkinder und jüngere Kinder bei der Erforschung ihrer Umgebung.	☐		☐		☐		☐		☐		☐	
18 Ich erkenne das Bedürfnis der Kinder nach Selbstständigkeit und Selbstwirksamkeit.	☐		☐		☐		☐		☐		☐	
19 Ich erkenne von den Kindern nicht abschätzbare Gefahren oder von ihnen nicht allein zu bewältigende Situationen.	☐		☐		☐		☐		☐		☐	
Teamprofil für Erzieherin-Kind-Interaktion/Beobachtung												
Erzieherin-Kind-Interaktion/ Dialog- & Beteiligungsbereitschaft												
20 Ich erkläre und wiederhole bei Bedarf in entsprechenden Situationen Regeln, die für die Sicherheit der Kinder notwendig sind.	☐		☐		☐		☐		☐		☐	
21 Ich erläutere Kleinstkindern und jüngeren Kindern die Sicherheitsregeln in einer für sie nachvollziehbaren Situation.	☐		☐		☐		☐		☐		☐	
22 In schwierigen und bedrohlich erscheinenden Situationen biete ich den Kindern konkrete Hilfen an.	☐		☐		☐		☐		☐		☐	
23 In schwierigen und bedrohlich erscheinenden Situationen bespreche ich mit ihnen gemeinsame Lösungswege.	☐		☐		☐		☐		☐		☐	
Teamprofil für Erzieherin-Kind-Interaktion/ Dialog- & Beteiligungsbereitschaft												
Erzieherin-Kind-Interaktion/Impuls												
24 Ich schütze die Kinder im Tagesgeschehen vor Gefahren.	☐		☐		☐		☐		☐		☐	
25 Ich achte auf eine Balance zwischen Schutz vor Gefahren und dem Zulassen von Herausforderungen.	☐		☐		☐		☐		☐		☐	

Erzieherin-Kind-Interaktion/Impuls (Forts.)	überhaupt nicht/nie		weniger/ selten		teils-teils		zu einem guten Teil/ häufiger		überwiegend/ fast immer		voll & ganz/ immer	
	Selbsteinschätzung	Qualitätsprofil	Selbsteinschätzung	Qualitätsprofil	Selbsteinschätzung	Qualitätsprofil	Selbsteinschätzung	Qualitätsprofil	Selbsteinschätzung	Qualitätsprofil	Selbsteinschätzung	Qualitätsprofil
26 Ich rege die Kinder an, sich mit dem Thema Sicherheit zu beschäftigen, indem ich z. B. Fragen zu »gefährlichen« Spielen oder dem Verhalten im Straßenverkehr stelle.	☐		☐		☐		☐		☐		☐	
Teamprofil für Erzieherin-Kind-Interaktion/Impuls												
Planung/Grundlagen und Orientierung												
27 Bei der Planung aller Aktivitäten und Routinen beachte ich die Sicherheit der Kinder.	☐		☐		☐		☐		☐		☐	
28 Bei der Planung aller Aktivitäten und Routinen beachte ich ihre Fähigkeit, mit schwierigen Situationen umzugehen.	☐		☐		☐		☐		☐		☐	
29 Es gibt Regelungen, dass bei einem Notfall in meiner Gruppe die Beaufsichtigung aller Kinder weiter gewährleistet ist.	☐		☐		☐		☐				☐	
Teamprofil für Planung/Grundlagen und Orientierung												
Planung/Pädagogische Inhalte und Prozesse												
30 Ich plane eine Vielfalt von Angeboten zum Thema Sicherheit.	☐		☐		☐		☐		☐		☐	
31 Ich beziehe jüngere Kinder in die Angebote zum Thema Sicherheit altersentsprechend ein.	☐		☐		☐		☐		☐		☐	
32 Die Kinder meiner Gruppe werden zu jeder Zeit des Tages von mindestens einer Erzieherin alters- und entwicklungsangemessen beaufsichtigt.	☐		☐		☐		☐		☐		☐	
33 Bei Aktivitäten außerhalb der Einrichtung begleiten entweder zusätzliches Personal oder Eltern meine Gruppe.	☐		☐		☐		☐		☐		☐	
Teamprofil für Planung/Pädagogische Inhalte und Prozesse												
Planung/Dokumentation												
34 Ich dokumentiere regelmäßig meine eigenen Aktivitäten zum Thema Sicherheit.	☐		☐		☐		☐		☐		☐	
Teamprofil für Planung/Dokumentation												

QUALITÄTSBEREICH SICHERHEIT (06) ▸ 137

Vielfalt und Nutzung von Material	überhaupt nicht/nie		weniger/ selten		teils-teils		zu einem guten Teil/ häufiger		überwiegend/ fast immer		voll & ganz/ immer	
	Selbsteinschätzung	Qualitätsprofil	Selbsteinschätzung	Qualitätsprofil	Selbsteinschätzung	Qualitätsprofil	Selbsteinschätzung	Qualitätsprofil	Selbsteinschätzung	Qualitätsprofil	Selbsteinschätzung	Qualitätsprofil
35 Das Mobiliar, die Ausstattung und die Materialien meiner Gruppe sind in einem einwandfreien Zustand.	☐		☐		☐		☐		☐		☐	
36 Das Mobiliar, die Ausstattung und die Materialien meiner Gruppe sind so angeordnet und gestaltet, dass die Verletzungsgefahr minimiert wird.	☐		☐		☐		☐		☐		☐	
37 Alle frei verfügbaren Materialien sind in Regalen und Schränken so untergebracht, dass für die Kinder kein Sicherheitsrisiko entsteht.	☐		☐		☐		☐		☐		☐	
38 Materialien, die eine Gefahr für Kleinstkinder und jüngere Kinder darstellen, sind nicht von ihnen erreichbar (z. B. scharfe Kanten, herausragende Nägel, gefährliche Werkzeuge, Filzstifte, Perlen usw.).	☐		☐		☐		☐		☐		☐	
39 Die Materialien für Kleinstkinder und jüngere Kinder befinden sich in Augenhöhe und Greifnähe der Kinder.	☐		☐		☐		☐		☐		☐	
Teamprofil für Vielfalt und Nutzung von Material												
Individualisierung/Berücksichtigung individueller Bedürfnisse und Interessen												
40 Ich unterstütze ängstlich wirkende Kinder darin, herausfordernde Situationen eigenständig zu bewältigen.	☐		☐		☐		☐		☐		☐	
Teamprofil für Individualisierung/Berücksichtigung individueller Bedürfnisse und Interessen												
Individualisierung/Individueller Umgang mit Material und Angeboten												
41 Ich kenne die Fähigkeiten jedes Kindes.	☐		☐		☐		☐		☐		☐	
42 Ich entscheide auf Grund meiner Beobachtungen, welche Materialien oder Räume ein Kind eigenständig nutzen kann.	☐		☐		☐		☐		☐		☐	
Teamprofil für Individualisierung/Individueller Umgang mit Material und Angeboten												

Partizipation/Einbeziehung der Kinder in Entscheidungsprozesse	überhaupt nicht/nie		weniger/ selten		teils-teils		zu einem guten Teil/ häufiger		überwie- gend/ fast immer		voll & ganz/ immer	
	Selbsteinschätzung	Qualitätsprofil	Selbsteinschätzung	Qualitätsprofil	Selbsteinschätzung	Qualitätsprofil	Selbsteinschätzung	Qualitätsprofil	Selbsteinschätzung	Qualitätsprofil	Selbsteinschätzung	Qualitätsprofil
43 Ich erarbeite gemeinsam mit den Kindern Sicherheitsregeln.	☐		☐		☐		☐		☐		☐	
44 Ich bespreche Regeln regelmäßig mit den Kindern.	☐		☐		☐		☐		☐		☐	
45 Kleinstkinder und jüngere Kinder können die Gespräche über gemeinsam vereinbarte Sicherheitsregeln verfolgen.	☐		☐		☐		☐		☐		☐	
46 Ich erkläre ihnen die Regeln in altersentsprechender Weise und anhand einfacher konkreter Beispiele.	☐		☐		☐		☐		☐		☐	
Teamprofil für Partizipation/Einbeziehung der Kinder in Entscheidungsprozesse												
Partizipation/Einbeziehung der Kinder in Gestaltungsprozesse												
47 Ich übertrage den Kindern Mitverantwortung für die Sicherheit im Alltag (z. B. achten die Kinder mit darauf, dass Materialien nicht defekt sind, Fahrräder nicht im Weg stehen usw.).	☐		☐		☐		☐		☐		☐	
Teamprofil für Partizipation/Einbeziehung der Kinder in Gestaltungsprozesse												
Partizipation/Balance zwischen Individuum und Gruppe												
48 Ich ermögliche den Kindern den größtmöglichen Freiraum bei der Umsetzung ihrer Ideen.	☐		☐		☐		☐		☐		☐	
49 Ich orientiere mich dabei sowohl an den Fähigkeiten und Fertigkeiten jedes einzelnen Kindes als auch an den grundlegenden Sicherheitsregeln der Gruppe.	☐		☐		☐		☐		☐		☐	
Teamprofil für Partizipation/Balance zwischen Individuum und Gruppe												

Checkliste
zur Selbstevaluation

für den Qualitätsbereich
Sprache & Kommunikation (07)

1. Lesen Sie bitte die gesamte Checkliste einmal in Ruhe durch, bevor Sie die Fragen beantworten.
2. Schätzen Sie danach bitte ausschließlich Ihre eigene pädagogische Arbeit und Situation ein.
3. Bitte beantworten Sie jede Frage.
4. Kreuzen Sie in jeder Zeile nur **einen** Selbsteinschätzungs-Wert an.
5. Bitte lassen Sie die Spalte »Qualitätsprofil« frei. Sie wird später für die Erstellung des Profils für die gesamte Einrichtung benötigt.

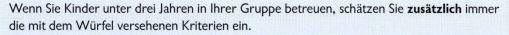

Wenn Sie Kinder unter drei Jahren in Ihrer Gruppe betreuen, schätzen Sie **zusätzlich** immer die mit dem Würfel versehenen Kriterien ein.

Bitte entscheiden Sie sich immer für **einen** Wert (kein Kreuz zwischen zwei Antwortmöglichkeiten).

Räumliche Bedingungen/Innenbereich	überhaupt nicht/nie		weniger/ selten		teils-teils		zu einem guten Teil/ häufiger		überwiegend/ fast immer		voll & ganz/ immer	
	Selbsteinschätzung	Qualitätsprofil	Selbsteinschätzung	Qualitätsprofil	Selbsteinschätzung	Qualitätsprofil	Selbsteinschätzung	Qualitätsprofil	Selbsteinschätzung	Qualitätsprofil	Selbsteinschätzung	Qualitätsprofil
1 In meiner Gruppe gibt es eine ausreichend große Buch- und Leseecke (d.h. sie ist von mehreren Kindern gleichzeitig nutzbar).	☐		☐		☐		☐		☐		☐	
2 Die Buch- und Leseecke ist frei zugänglich.	☐		☐		☐		☐		☐		☐	
3 Die Buch- und Leseecke ist ruhig gelegen.	☐		☐		☐		☐		☐		☐	
4 Die Buch- und Leseecke ist bequem ausgestattet.	☐		☐		☐		☐		☐		☐	
5 Im Gruppenraum oder im Nebenraum meiner Gruppe gibt es abgetrennte und sichtgeschützte Bereiche, in denen sich mehrere Kinder ungestört unterhalten, ein Buch ansehen oder eine Kassette hören können.	☐		☐		☐		☐		☐		☐	
6 Ich stelle den Kindern bewegliches Mobiliar wie beispielsweise Tische, Stühle oder Polster zur Gestaltung von eigenen Kommunikations- und Spielzonen zur Verfügung.	☐		☐		☐		☐		☐		☐	
7 Für jüngere Kinder gibt es im Gruppenraum leicht zugängliche Podeste.	☐		☐		☐		☐		☐		☐	
8 Für jüngere Kinder gibt es im Gruppenraum bewegliche Elemente.	☐		☐		☐		☐		☐		☐	
9 Im Gruppenraum gibt es spezielles Mobiliar für Kleinstkinder (z. B. Hängekorb, Wippe), damit sie Gespräche aus der Nähe verfolgen oder sich an ihnen beteiligen können.	☐		☐		☐		☐		☐		☐	
Teamprofil für Räumliche Bedingungen/Innenbereich												
Räumliche Bedingungen/Außenbereich												
10 Das Außengelände bietet Gelegenheit zur Kommunikation und zum Rückzug durch Sitzecken und Sitzgelegenheiten.	☐		☐		☐		☐		☐		☐	
11 Das Außengelände bietet Gelegenheit zur Kommunikation und zum Rückzug durch Geräte wie Wippen, Schaukeln, Hängematten.	☐		☐		☐		☐		☐		☐	
Teamprofil für Räumliche Bedingungen/Außenbereich												
Erzieherin-Kind-Interaktion/Beobachtung												
12 Ich beobachte regelmäßig und systematisch die Sprachkompetenz und das Sprachverhalten eines jeden Kindes.	☐		☐		☐		☐		☐		☐	
13 Bei jüngeren Kindern beobachte ich regelmäßig und systematisch Interaktionen mit anderen Kindern und Erwachsenen in verschiedenen Alltags- und Spielsituationen.	☐		☐		☐		☐		☐		☐	

Erzieherin-Kind-Interaktion/Beobachtung (Forts.)	überhaupt nicht/nie		weniger/ selten		teils-teils		zu einem guten Teil/ häufiger		überwiegend/ fast immer		voll & ganz/ immer	
	Selbsteinschätzung	Qualitätsprofil	Selbsteinschätzung	Qualitätsprofil	Selbsteinschätzung	Qualitätsprofil	Selbsteinschätzung	Qualitätsprofil	Selbsteinschätzung	Qualitätsprofil	Selbsteinschätzung	Qualitätsprofil
14 Ich beobachte regelmäßig die sprachliche Ausdrucksfähigkeit und das Sprachverständnis der Kinder.	☐	☐	☐	☐	☐	☐	☐	☐	☐	☐	☐	☐
15 Bei Kleinstkindern beobachte ich die Entwicklung sowohl vorsprachlicher wie auch erster sprachlicher Kommunikationsformen (z. B. Lallen oder Gluckslaute, Lautgebärden, erste Worte usw.).	☐	☐	☐	☐	☐	☐	☐	☐	☐	☐	☐	☐
16 Bei jüngeren Kindern beobachte ich den sprachlichen Ausdruck (beispielsweise erste Wörter, Ein- oder Zweiwortsätze).	☐	☐	☐	☐	☐	☐	☐	☐	☐	☐	☐	☐
17 Ich beobachte, über welche Inhalte sich einzelne Kinder unterhalten.	☐	☐	☐	☐	☐	☐	☐	☐	☐	☐	☐	☐
18 Bei Kleinstkindern und jüngeren Kindern beobachte ich, an welchen Gegenständen, Spielmaterialien und Personen sie deutliches Interesse zeigen.	☐	☐	☐	☐	☐	☐	☐	☐	☐	☐	☐	☐
19 Bei Kleinstkindern und jüngeren Kindern beobachte ich, was sie zu nichtsprachlichen und sprachlichen Äußerungen anregt.	☐	☐	☐	☐	☐	☐	☐	☐	☐	☐	☐	☐
Teamprofil für Erzieherin-Kind-Interaktion/Beobachtung												
Erzieherin-Kind-Interaktion/ Dialog- & Beteiligungsbereitschaft												
20 Ich zeige Interesse an den Gesprächen und Äußerungen der Kinder und signalisiere den Kindern so meine Dialogbereitschaft.	☐	☐	☐	☐	☐	☐	☐	☐	☐	☐	☐	☐
21 Während eines Gespräches blicke ich die Kinder an.	☐	☐	☐	☐	☐	☐	☐	☐	☐	☐	☐	☐
22 Ich höre allen Kindern im Gespräch aufmerksam zu.	☐	☐	☐	☐	☐	☐	☐	☐	☐	☐	☐	☐
23 Wenn sich Kleinstkinder und jüngere Kinder sprachlich oder nichtsprachlich äußern, zeige ich ihnen durch bestätigende Gesten, dass ich ihre Äußerungen wahrnehme.	☐	☐	☐	☐	☐	☐	☐	☐	☐	☐	☐	☐
24 Wenn sich Kleinstkinder und jüngere Kinder sprachlich oder nichtsprachlich äußern, reagiere ich sprachlich auf die Äußerungen der Kinder.	☐	☐	☐	☐	☐	☐	☐	☐	☐	☐	☐	☐
25 Wenn sich Kleinstkinder sprachlich oder nichtsprachlich äußern, stelle ich Fragen, wenn ich eine Botschaft nicht verstanden habe.	☐	☐	☐	☐	☐	☐	☐	☐	☐	☐	☐	☐

Erzieherin-Kind-Interaktion/ Dialog- & Beteiligungsbereitschaft (Forts.)

	überhaupt nicht/nie		weniger/ selten		teils-teils		zu einem guten Teil/ häufiger		überwiegend/ fast immer		voll & ganz/ immer	
	Selbsteinschätzung	Qualitätsprofil	Selbsteinschätzung	Qualitätsprofil	Selbsteinschätzung	Qualitätsprofil	Selbsteinschätzung	Qualitätsprofil	Selbsteinschätzung	Qualitätsprofil	Selbsteinschätzung	Qualitätsprofil
26 Ich wiederhole spielerisch Laute und Lautreihen von Kleinstkindern und jüngeren Kindern.	☐		☐		☐		☐		☐		☐	
27 Ich antworte den Kindern in angemessenen und vollständigen Sätzen.	☐		☐		☐		☐		☐		☐	
28 In Gesprächen mit den Kindern verwende ich korrekte Begriffe und auch komplexe Satzstrukturen.	☐		☐		☐		☐		☐		☐	
29 Auf aggressive und verletzende verbale Äußerungen der Kinder reagiere ich unmittelbar.	☐		☐		☐		☐		☐		☐	
30 Auf aggressive und verletzende verbale Äußerungen der Kinder gebe ich den beteiligten Kindern die Möglichkeit, ihre Sicht der Dinge zu schildern.	☐		☐		☐		☐		☐		☐	
31 Ich begründe meine Reaktionen auf aggressive und verletzende verbale Äußerungen der Kinder.	☐		☐		☐		☐		☐		☐	
Teamprofil für Erzieherin-Kind-Interaktion/ Dialog- & Beteiligungsbereitschaft												
Erzieherin-Kind-Interaktion/Impuls												
32 Ich nehme im Tagesverlauf viele Gelegenheiten wahr, mit den Kindern über ihre und meine Wünsche, Interessen, Erlebnisse und Gefühle zu sprechen.	☐		☐		☐		☐		☐		☐	
33 Ich binde Kleinstkinder und jüngere Kinder während des Tages immer wieder in sprachliche und nichtsprachliche Interaktionen ein, indem ich ihnen beispielsweise interessante Spielmaterialien und Alltagsgegenstände anbiete.	☐		☐		☐		☐		☐		☐	
34 Ich begleite Alltagsaktivitäten sprachlich (wie z. B. Tischdecken, Packen für einen Ausflug).	☐		☐		☐		☐		☐		☐	
35 Ich nutze Alltagssituationen wie An- und Auskleiden, Wickeln oder Füttern, um mit Kleinstkindern und jüngeren Kindern zu kommunizieren.	☐		☐		☐		☐		☐		☐	
36 Ich bereichere die sprachliche Ausdrucksfähigkeit der Kinder, indem ich in den Gesprächen klar und deutlich formuliere.	☐		☐		☐		☐		☐		☐	
37 Ich bereichere die sprachliche Ausdrucksfähigkeit der Kinder, indem ich in den Gesprächen neue Begriffe einführe und öfter wiederhole.	☐		☐		☐		☐		☐		☐	
38 Ich bereichere die sprachliche Ausdrucksfähigkeit der Kinder, indem ich in den Gesprächen Zeiten wie Vergangenheit, Gegenwart und Zukunft verwende.	☐		☐		☐		☐		☐		☐	

QUALITÄTSBEREICH SPRACHE & KOMMUNIKATION (07) ▸ 143

Erzieherin-Kind-Interaktion/Impuls (Forts.)	überhaupt nicht/nie		weniger/ selten		teils-teils		zu einem guten Teil/ häufiger		überwiegend/ fast immer		voll & ganz/ immer	
	Selbsteinschätzung	Qualitätsprofil	Selbsteinschätzung	Qualitätsprofil	Selbsteinschätzung	Qualitätsprofil	Selbsteinschätzung	Qualitätsprofil	Selbsteinschätzung	Qualitätsprofil	Selbsteinschätzung	Qualitätsprofil
39 Ich bereichere die sprachliche Ausdrucksfähigkeit der Kinder, indem ich in den Gesprächen sinngleiche (Synonyme) und gegenteilige Wörter (Antonyme) verwende.	☐		☐		☐		☐		☐		☐	
40 Ich bereichere die sprachliche Ausdrucksfähigkeit der Kinder, indem ich in den Gesprächen eine Vielzahl unterschiedlicher Sprachformen einsetze (z. B. Reime, Verse, Geschichten, Lieder usw.).	☐		☐		☐		☐		☐		☐	
41 Ich bereichere die sprachliche Ausdrucksfähigkeit der Kinder, indem ich in den Gesprächen mit Kleinstkindern und jüngeren Kindern Kinderreime, Sprach-, Sing- und Bewegungsspiele nutze.	☐		☐		☐		☐		☐		☐	
42 Ich bereichere die sprachliche Ausdrucksfähigkeit der Kinder, indem ich in den Gesprächen das Betrachten von Bilderbüchern sprachlich begleite.	☐		☐		☐		☐		☐		☐	
43 Ich unterstütze die Kinder, sich mit Gleichaltrigen auszutauschen, indem ich Gespräche zwischen den Kindern initiiere.	☐		☐		☐		☐		☐		☐	
44 Ich unterstütze die Kinder, sich mit Gleichaltrigen auszutauschen, indem ich mich mehr und mehr zurückhalte und mich aus ihren Gesprächen zurückziehe.	☐		☐		☐		☐		☐		☐	
Teamprofil für Erzieherin-Kind-Interaktion/Impuls												
Planung/Grundlagen und Orientierung												
45 Ich orientiere mich bei der Planung von sprachlichen Aktivitäten am unterschiedlichen Alter und Entwicklungsstand der Kinder.	☐		☐		☐		☐		☐		☐	
46 Ich orientiere mich bei der Planung von sprachlichen Aktivitäten an ihren Fähigkeiten (Sprachverständnis und Ausdrucksfähigkeit).	☐		☐		☐		☐		☐		☐	
47 Ich orientiere mich bei der Planung von sprachlichen Aktivitäten an ihrem familiären und kulturell-sprachlichen Lebensumfeld.	☐		☐		☐		☐		☐		☐	
Teamprofil für Planung/Grundlagen und Orientierung												

Planung/Pädagogische Inhalte und Prozesse	überhaupt nicht/nie		weniger/ selten		teils-teils		zu einem guten Teil/ häufiger		überwiegend/ fast immer		voll & ganz/ immer	
	Selbsteinschätzung	Qualitätsprofil	Selbsteinschätzung	Qualitätsprofil	Selbsteinschätzung	Qualitätsprofil	Selbsteinschätzung	Qualitätsprofil	Selbsteinschätzung	Qualitätsprofil	Selbsteinschätzung	Qualitätsprofil
48 Ich organisiere den Tagesablauf so, dass ich sowohl mit einzelnen Kindern als auch mit Kleingruppen intensiven sprachlichen Kontakt habe.	☐		☐		☐		☐		☐		☐	
49 Ich plane regelmäßig das Erzählen von Märchen und Geschichten.	☐		☐		☐		☐		☐		☐	
50 Ich plane regelmäßig das Vorlesen in verschiedenen Situationen.	☐		☐		☐		☐		☐		☐	
51 Ich plane regelmäßig Spiele wie z. B. Pantomime, Sprach- und Fingerspiele, Reaktions- und Bewegungsspiele, Einsatz von Musik- und Tanzkassetten.	☐		☐		☐		☐		☐		☐	
52 Ich plane regelmäßig Gesprächsrunden.	☐		☐		☐		☐		☐		☐	
53 Bei Kleinstkindern und jüngeren Kindern plane ich regelmäßig sprachfördernde Aktivitäten wie Klang- und Singspiele, Fingerspiele, Versreime oder das Benennen von Gegenständen.	☐		☐		☐		☐		☐		☐	
54 Ich plane regelmäßig Aktivitäten außerhalb der Kindertagesstätte, um die Erfahrungswelt der Kinder zu erweitern und ihre Sprachfähigkeiten zu fördern (z. B. Ausflüge in die Natur, Theater- und Museumsbesuche usw.).	☐		☐		☐		☐		☐		☐	
55 Ich plane für Kleinstkinder und jüngere Kinder regelmäßig Ausflüge in einer kleinen, überschaubaren Gruppe, um die Erfahrungswelt der Kinder zu erweitern und ihre Sprachfähigkeiten zu fördern (z. B. Zoobesuch, Ausflüge in die Natur usw.).	☐		☐		☐		☐		☐		☐	
56 Ich lade regelmäßig Menschen ein, die mit den Kindern über ihren Beruf oder bestimmte Sachthemen sprechen (z. B. Imkerei, Forstwesen).	☐		☐		☐		☐		☐		☐	
Teamprofil für Planung/Pädagogische Inhalte und Prozesse												
Planung/Dokumentation												
57 Ich dokumentiere regelmäßig die Sprachentwicklung aller Kinder.	☐		☐		☐		☐		☐		☐	
58 Ich dokumentiere Sprachauffälligkeiten bei einzelnen Kindern.	☐		☐		☐		☐		☐		☐	
Teamprofil für Planung/Dokumentation												

QUALITÄTSBEREICH SPRACHE & KOMMUNIKATION (07) ▸ 145

Vielfalt und Nutzung von Material

Bitte achten Sie auf die veränderte Skala für die Merkmale 59 bis 66.

Bitte geben Sie im Folgenden an, ob das Material vorhanden ist, ob es in altersgerechter Form vorliegt, ob es selbstständig von den Kindern genutzt werden kann und ob es die meiste Zeit des Tages frei zugänglich ist.

		vorhanden		altersgerecht		selbstständig nutzbar		die meiste Zeit des Tages frei zugänglich	
		Nein	Ja	Nein	Ja	Nein	Ja	Nein	Ja
59	Kommunikationsanregende Materialien wie z. B. Kindertelefone, Tisch- und Gesellschaftsspiele, Handpuppen sind:	☐	☐	☐	☐	☐	☐	☐	☐
60	Kommunikationsanregende Materialien wie Musik- und Hörspielkassetten sind:	☐	☐	☐	☐	☐	☐	☐	☐
61	Kommunikationsanregende Materialien für Kleinstkinder und jüngere Kinder, die Kooperation und Sprechen fördern (z. B. Bälle in unterschiedlicher Größe, Bausteine, Mobiles, Spiegel, Alltagsgegenstände usw.), sind:	☐	☐	☐	☐	☐	☐	☐	☐
62	Bilderbücher aus den Bereichen Fantasie, Märchen, Natur- und Sachwissen sowie aus verschiedenen Kulturen sind:	☐	☐	☐	☐	☐	☐	☐	☐
63	Bilder, Fotos und Bücher aus beständigem Material für Kleinstkinder und jüngere Kinder sind:	☐	☐	☐	☐	☐	☐	☐	☐
64	Mit Piktogrammen gekennzeichnete Fächer, Kleiderhaken der Kinder und Materialkisten sind:	☐	☐	☐	☐	☐	☐	☐	☐
65	Ein durch Piktogramme oder Symbole für die Kinder verständlich gestalteter Speiseplan ist:	☐	☐	☐	☐	☐	☐	☐	☐
66	Eine durch Piktogramme oder Symbole für die Kinder verständlich gestaltete Tagesplanung ist:	☐	☐	☐	☐	☐	☐	☐	☐

Teamprofil für Vielfalt und Nutzung von Material

Individualisierung/Berücksichtigung individueller Bedürfnisse und Interessen

		überhaupt nicht/nie		weniger/ selten		teils-teils		zu einem guten Teil/ häufiger		überwiegend/ fast immer		voll & ganz/ immer	
		Selbsteinschätzung	Qualitätsprofil	Selbsteinschätzung	Qualitätsprofil	Selbsteinschätzung	Qualitätsprofil	Selbsteinschätzung	Qualitätsprofil	Selbsteinschätzung	Qualitätsprofil	Selbsteinschätzung	Qualitätsprofil
67	Ich nehme mir täglich Zeit für ein persönliches Gespräch mit jedem Kind.	☐	☐	☐	☐	☐	☐	☐	☐	☐	☐	☐	☐
68	Ich gehe in den Gesprächen unterstützend auf die individuelle Ausdrucksfähigkeit und Sprechweise der Kinder ein.	☐	☐	☐	☐	☐	☐	☐	☐	☐	☐	☐	☐
69	Ich strukturiere den Tagesablauf so, dass ich mich jedem Kleinstkind und jüngeren Kind intensiv zuwenden kann.	☐	☐	☐	☐	☐	☐	☐	☐	☐	☐	☐	☐
70	Wenn sich einzelne Kinder sprachlich wenig äußern, knüpfe ich an ihren Interessen für bestimmte Materialien, Geschichten, Spielfiguren oder Bücher an, um sie zum Sprechen anzuregen.	☐	☐	☐	☐	☐	☐	☐	☐	☐	☐	☐	☐

Individualisierung/Berücksichtigung individueller Bedürfnisse und Interessen (Forts.)

	überhaupt nicht/nie		weniger/ selten		teils-teils		zu einem guten Teil/ häufiger		überwiegend/ fast immer		voll & ganz/ immer	
	Selbsteinschätzung	Qualitätsprofil	Selbsteinschätzung	Qualitätsprofil	Selbsteinschätzung	Qualitätsprofil	Selbsteinschätzung	Qualitätsprofil	Selbsteinschätzung	Qualitätsprofil	Selbsteinschätzung	Qualitätsprofil
71 Ich motiviere jedes Kind, über seine Erlebnisse, Erfahrungen, Themen und Interessen zu sprechen.	☐		☐		☐		☐		☐		☐	
72 Ich gebe Kleinstkindern und jüngeren Kindern die Gelegenheit, bei Gruppendiskussionen anwesend zu sein. Je nach Interesse und Konzentrationsvermögen binde ich jüngere Kinder in die Gespräche ein.	☐		☐		☐		☐		☐		☐	

Teamprofil für Individualisierung/Berücksichtigung individueller Bedürfnisse und Interessen

Partizipation/Einbeziehung der Kinder in Entscheidungsprozesse

73 Die Kinder sind an Gesprächen, Diskussionen und Entscheidungsprozessen beteiligt.	☐		☐		☐		☐		☐		☐	
74 Ich gebe Kleinstkindern und jüngeren Kindern die Gelegenheit, bei Gruppendiskussionen anwesend zu sein. Je nach Interesse und Konzentrationsvermögen binde ich jüngere Kinder in die Gespräche ein.	☐		☐		☐		☐		☐		☐	
75 Ich achte darauf, dass die Interessen und Bedürfnisse von Kleinstkindern und jüngeren Kindern, die sich sprachlich noch nicht mitteilen können, bei allen Entscheidungen und Planungen berücksichtigt werden.	☐		☐		☐		☐		☐		☐	

Teamprofil für Partizipation/Einbeziehung der Kinder in Entscheidungsprozesse

Partizipation/Einbeziehung der Kinder in Gestaltungsprozesse

76 Ich nehme im Gespräch mit den Kindern ihre Vorschläge und Ideen auf.	☐		☐		☐		☐		☐		☐	
77 Ich nehme die Interessen von Kleinstkindern und jüngeren Kindern an bestimmten Materialien, Aktivitäten und Spielen wahr.	☐		☐		☐		☐		☐		☐	
78 Ich artikuliere die Interessen von Kleinstkindern und jüngeren Kindern im Gespräch mit ihnen (»Du möchtest ...«).	☐		☐		☐		☐		☐		☐	

Teamprofil für Partizipation/Einbeziehung der Kinder in Gestaltungsprozesse

QUALITÄTSBEREICH SPRACHE & KOMMUNIKATION (07)

Partizipation/Balance zwischen Individuum und Gruppe	überhaupt nicht/nie		weniger/ selten		teils-teils		zu einem guten Teil/ häufiger		überwiegend/ fast immer		voll & ganz/ immer	
	Selbsteinschätzung	Qualitätsprofil	Selbsteinschätzung	Qualitätsprofil	Selbsteinschätzung	Qualitätsprofil	Selbsteinschätzung	Qualitätsprofil	Selbsteinschätzung	Qualitätsprofil	Selbsteinschätzung	Qualitätsprofil
79 Ich respektiere unterschiedliche Meinungen der Kinder, die wir gemeinsam in der Gruppe besprechen.	☐		☐		☐		☐		☐		☐	
80 In Diskussionen und Gesprächen achte ich gemeinsam mit den Kindern darauf, dass alle zu Wort kommen.	☐		☐		☐		☐		☐		☐	
Teamprofil für Partizipation/Balance zwischen Individuum und Gruppe												

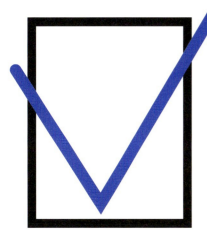

Checkliste
zur Selbstevaluation

für den Qualitätsbereich
Kognitive Entwicklung (08)

1. Lesen Sie bitte die gesamte Checkliste einmal in Ruhe durch, bevor Sie die Fragen beantworten.
2. Schätzen Sie danach bitte ausschließlich Ihre eigene pädagogische Arbeit und Situation ein.
3. Bitte beantworten Sie jede Frage.
4. Kreuzen Sie in jeder Zeile nur **einen** Selbsteinschätzungs-Wert an.
5. Bitte lassen Sie die Spalte »Qualitätsprofil« frei. Sie wird später für die Erstellung des Profils für die gesamte Einrichtung benötigt.

 Wenn Sie Kinder unter drei Jahren in Ihrer Gruppe betreuen, schätzen Sie **zusätzlich** immer die mit dem Würfel versehenen Kriterien ein.

 Bitte entscheiden Sie sich immer für **einen** Wert (kein Kreuz zwischen zwei Antwortmöglichkeiten).

Räumliche Bedingungen/Innenbereich		überhaupt nicht/nie		weniger/ selten		teils-teils		zu einem guten Teil/ häufiger		überwiegend/ fast immer		voll & ganz/ immer	
		Selbsteinschätzung	Qualitätsprofil	Selbsteinschätzung	Qualitätsprofil	Selbsteinschätzung	Qualitätsprofil	Selbsteinschätzung	Qualitätsprofil	Selbsteinschätzung	Qualitätsprofil	Selbsteinschätzung	Qualitätsprofil
1	Bei der Gestaltung der Gruppen- und Nebenräume berücksichtige ich grundlegende Bedürfnisse der Kinder, wie z. B. die Erfahrung räumlicher Gegebenheiten, das Erkunden und Bewältigen von Hindernissen (z. B. durch Podeste, Hochebenen, Treppen, Nischen).	☐		☐		☐		☐		☐		☐	
2	Es gibt mehrere ausgewiesene Bereiche im Gruppenraum oder zusätzliche Räume, in die sich Kinder einzeln oder in kleinen Gruppen zurückziehen können, um sich ungestört mit einem Spiel oder Thema zu beschäftigen.	☐		☐		☐		☐		☐		☐	
3	Die Bereiche sind ausreichend groß.	☐		☐		☐		☐		☐		☐	
4	Für die jüngeren Kinder gibt es mehrere Bereiche, in denen sie Gegenstände, Materialien und Räume erkunden und sich ungestört bewegen können, ohne durch die Aktivitäten anderer gestört zu werden oder sich gegenseitig zu behindern.	☐		☐		☐		☐		☐		☐	
5	Die Bereiche sind ausreichend groß.	☐		☐		☐		☐		☐		☐	
6	Es gibt Bereiche, in denen Kinder auch über längere Zeiträume ungestört intensiv spielen und experimentieren können.	☐		☐		☐		☐		☐		☐	
Teamprofil für Räumliche Bedingungen/Innenbereich													
Räumliche Bedingungen/Außenbereich													
7	Das Außengelände regt die Kinder auf vielfältige Weise an, Ideen zu entwickeln, auszuprobieren und umzusetzen.	☐		☐		☐		☐		☐		☐	
8	Das Außengelände ist abwechslungsreich gestaltet, ermöglicht vielfältige Sinneserfahrungen und regt unterschiedliche Tätigkeiten an.	☐		☐		☐		☐		☐		☐	
9	Das Außengelände weist vielseitige Spiel- und Ausstattungsmaterialien auf.	☐		☐		☐		☐		☐		☐	
10	Kleinstkinder und jüngere Kinder haben im Außengelände vielfältige Möglichkeiten, Eigenschaften, Unterscheidungen, und Zusammenhänge zu erfahren (Beschaffenheiten von Oberflächen, Eigenschaften von Naturmaterialien wie Gewicht, Härte, den Zusammenhang von Licht und Schatten, von Wind und Bewegung).	☐		☐		☐		☐		☐		☐	
Teamprofil für Räumliche Bedingungen/Außenbereich													

QUALITÄTSBEREICH KOGNITIVE ENTWICKLUNG (08) ▸ 151

Erzieherin-Kind-Interaktion/Beobachtung	überhaupt nicht/nie		weniger/ selten		teils-teils		zu einem guten Teiln/ häufiger		überwiegend/ fast immer		voll & ganz/ immer	
	Selbsteinschätzung	Qualitätsprofil	Selbsteinschätzung	Qualitätsprofil	Selbsteinschätzung	Qualitätsprofil	Selbsteinschätzung	Qualitätsprofil	Selbsteinschätzung	Qualitätsprofil	Selbsteinschätzung	Qualitätsprofil
11 Ich beobachte die Interessen und Themen der Kinder bei ihren selbst initiierten Aktivitäten und Spielen.	☐		☐		☐		☐		☐		☐	
12 Ich beobachte, welchen Gegenständen, Aktivitäten und Situationen Kleinstkinder und jüngere Kinder sich zuwenden (beispielsweise durch Kopfbewegungen, Schauen, Laute produzieren, Hinkrabbeln, Greifen).	☐		☐		☐		☐		☐		☐	
13 Ich beobachte die Umsetzung und Ausgestaltung dieser Spielideen.	☐		☐		☐		☐		☐		☐	
14 Ich beobachte, welche Materialien die Kinder häufig und bevorzugt wählen.	☐		☐		☐		☐		☐		☐	
15 Ich beobachte, wie sich Interaktionen entwickeln.	☐		☐		☐		☐		☐		☐	
16 Ich beobachte, wie die Kinder in Spiel- und Alltagsprozessen kooperieren.	☐		☐		☐		☐		☐		☐	
17 Ich beobachte erste Kooperationsformen von Kleinstkindern und jüngeren Kindern. (Dazu gehören auch parallele Spiele und das Imitieren von beobachteten Handlungen).	☐		☐		☐		☐		☐		☐	
18 Ich beobachte die Wege und Strategien der Kinder beim Lösen einer Aufgabe oder eines Problems.	☐		☐		☐		☐		☐		☐	
19 Ich höre den Dialogen der Kinder untereinander zu, um ein Bild über Wissen, Wege des Denkens und Lösungsstrategien der Kinder zu gewinnen.	☐		☐		☐		☐		☐		☐	
Teamprofil für Erzieherin-Kind-Interaktion/Beobachtung												
Erzieherin-Kind-Interaktion/ Dialog- & Beteiligungsbereitschaft												
20 Ich teile den Kindern meine eigenen Ideen, Überlegungen und Fragen mit.	☐		☐		☐		☐		☐		☐	
21 Ich begleite die Tätigkeiten von Kleinstkindern und jüngeren Kindern sprachlich, indem ich Gegenstände, Situationen, Handlungen und Intentionen der Kinder benenne.	☐		☐		☐		☐		☐		☐	
22 Ich fordere sie durch Fragen zum Nachdenken und zum weiteren Erforschen heraus.	☐		☐		☐		☐		☐		☐	
23 Ich rege die Kinder durch Fragen an, vergangene Erfahrungen und vorhandenes Wissen auf neue Situationen anzuwenden.	☐		☐		☐		☐		☐		☐	

Erzieherin-Kind-Interaktion/ Dialog- & Beteiligungsbereitschaft (Forts.)	überhaupt nicht/nie		weniger/ selten		teils-teils		zu einem guten Teil/ häufiger		überwiegend/ fast immer		voll & ganz/ immer	
	Selbsteinschätzung	Qualitätsprofil	Selbsteinschätzung	Qualitätsprofil	Selbsteinschätzung	Qualitätsprofil	Selbsteinschätzung	Qualitätsprofil	Selbsteinschätzung	Qualitätsprofil	Selbsteinschätzung	Qualitätsprofil
24 Ich stelle jüngeren Kindern Fragen, wenn sie im Umgang mit Objekten und in ihrem Spiel Interesse an bestimmten Phänomenen und Effekten ihrer Handlungen zeigen.	☐		☐		☐		☐		☐		☐	
25 Ich benenne Effekte und Folgen der Handlungen von Kleinstkindern und jüngeren Kindern (z. B. wenn das Kind einen Gegenstand zu Boden fallen lässt; Bausteine aufeinander legt, bis der Turm umfällt; eine Taste am Kassettenrecorder drückt).	☐		☐		☐		☐		☐		☐	
26 Ich erkläre Spielregeln, verdeutliche Zusammenhänge und vermittle Wissen auf kindgerechte Weise.	☐		☐		☐		☐		☐		☐	
27 Ich rege die Kinder durch Gespräche an, in neuen Situationen eigene Lösungen zu finden oder eigene Regeln aufzustellen.	☐		☐		☐		☐		☐		☐	
28 Ich beschreibe und erkläre den jüngeren Kindern, was andere Kinder in ihrer Umgebung tun.	☐		☐		☐		☐		☐		☐	
29 Ich höre Kindern mit Sachfragen zu und gebe ihnen eine korrekte und fachlich angemessene Antwort.	☐		☐		☐		☐		☐		☐	
Teamprofil für Erzieherin-Kind-Interaktion/ Dialog- & Beteiligungsbereitschaft												
Erzieherin-Kind-Interaktion/Impuls												
30 Ich führe die Kinder in neue Situationen, Wissens- und Alltagsbereiche ein.	☐		☐		☐		☐		☐		☐	
31 Ich schaffe dabei Momente der Überraschung und Spannung.	☐		☐		☐		☐		☐		☐	
32 Ich mache auf Widersprüche aufmerksam, um die Kinder zu motivieren und ihre Neugier anzuregen.	☐		☐		☐		☐		☐		☐	
33 Ich rege Kleinstkinder und jüngere Kinder zum Erkunden neuer Objekte und Situationen an, indem ich selbst einfache Spielhandlungen und Aktivitäten initiiere und die Kinder beobachten lasse (z. B. wenn ich selbst mit Knetmasse experimentiere; Dinge nach Farben oder Formen sortiere; mit einem Löffel auf verschiedene Materialien klopfe; Kugeln durch die Kugelbahn rollen lasse).	☐		☐		☐		☐		☐		☐	
34 Ich begleite meine Handlungen sprachlich.	☐		☐		☐		☐		☐		☐	

QUALITÄTSBEREICH KOGNITIVE ENTWICKLUNG (08)

Erzieherin-Kind-Interaktion/Impuls (Forts.)

		überhaupt nicht/nie		weniger/ selten		teils-teils		zu einem guten Teil/ häufiger		überwiegend/ fast immer		voll & ganz/ immer	
		Selbsteinschätzung	Qualitätsprofil	Selbsteinschätzung	Qualitätsprofil	Selbsteinschätzung	Qualitätsprofil	Selbsteinschätzung	Qualitätsprofil	Selbsteinschätzung	Qualitätsprofil	Selbsteinschätzung	Qualitätsprofil
35	Ich führe neue Bezeichnungen und Handlungen ein.	☐	☐	☐	☐	☐	☐	☐	☐	☐	☐	☐	☐
36	Ich führe grundlegende Begriffe und Zusammenhänge ein.	☐	☐	☐	☐	☐	☐	☐	☐	☐	☐	☐	☐
37	Ich rege Kleinstkinder und jüngere Kinder an, sich ihrer bereits vorhandenen Fähigkeiten und Handlungsmuster zu erinnern und in einer neuen Situation anzuwenden (z. B. an einem Griff ziehen, pusten, Dinge aufeinander legen, umrühren, schütten usw.).	☐	☐	☐	☐	☐	☐	☐	☐	☐	☐	☐	☐
38	Ich biete Materialien und Medien an, die die Kinder beim Experimentieren und der Aneignung von Wissen unterstützen (wie beispielsweise Lupen, Mikroskope, Fotoapparate und Projektoren).	☐	☐	☐	☐	☐	☐	☐	☐	☐	☐	☐	☐
39	Ich rege gemeinsame Denkspiele, Tisch- und Regelspiele an.	☐	☐	☐	☐	☐	☐	☐	☐	☐	☐	☐	☐
40	Ich rege die Entwicklung von Lösungsstrategien an.	☐	☐	☐	☐	☐	☐	☐	☐	☐	☐	☐	☐
41	Ich beteilige mich aktiv an der Entwicklung von Lösungsstrategien.	☐	☐	☐	☐	☐	☐	☐	☐	☐	☐	☐	☐

Teamprofil für Erzieherin-Kind-Interaktion/Impuls

Planung/Grundlagen und Orientierung

42	Ich plane Angebote und Aktivitäten zur Förderung kognitiver Fähigkeiten so, dass die Kinder dabei kooperieren können und die Möglichkeit haben, miteinander und voneinander zu lernen.	☐	☐	☐	☐	☐	☐	☐	☐	☐	☐	☐	☐
43	Ich plane Angebote, Aktivitäten und die Bereitstellung von Materialien so, dass die Kinder sich Wissen entdeckend aneignen.	☐	☐	☐	☐	☐	☐	☐	☐	☐	☐	☐	☐
44	Ich berücksichtige bei meinen Planungen den unterschiedlichen Entwicklungsstand kognitiver Fähigkeiten in der Gruppe.	☐	☐	☐	☐	☐	☐	☐	☐	☐	☐	☐	☐
45	Ich achte darauf, dass grundlegende kognitive Konzepte (z. B. Zeit, Längen, Mengen, Ursache-Wirkungs-Beziehung) von allen Kindern der Gruppe erworben werden.	☐	☐	☐	☐	☐	☐	☐	☐	☐	☐	☐	☐

Teamprofil für Planung/Grundlagen und Orientierung

Planung/Pädagogische Inhalte und Prozesse	überhaupt nicht/nie		weniger/ selten		teils-teils		zu einem guten Teil/ häufiger		überwiegend/ fast immer		voll & ganz/ immer	
	Selbsteinschätzung	Qualitätsprofil	Selbsteinschätzung	Qualitätsprofil	Selbsteinschätzung	Qualitätsprofil	Selbsteinschätzung	Qualitätsprofil	Selbsteinschätzung	Qualitätsprofil	Selbsteinschätzung	Qualitätsprofil
46 Ich nutze aktuelle Ereignisse, Situationen und Erfahrungen der Kinder für Impulse und Aktivitäten, die sie zum Erkunden und Experimentieren herausfordern.	☐		☐		☐		☐		☐		☐	
47 Ich erweitere die Sinnes- und Lernerfahrungen durch Räume, Orte und Ereignisse außerhalb der Einrichtung.	☐		☐		☐		☐		☐		☐	
48 Ich plane Inhalt, Dauer und Struktur der Unternehmungen entsprechend des Entwicklungsstands und der Lernbedürfnisse jüngerer Kinder.	☐		☐		☐		☐		☐		☐	
49 Ich lasse den Kindern Zeit, ihre Spielprozesse zu entwickeln.	☐		☐		☐		☐		☐		☐	
50 Ich lasse den Kindern Zeit, Umwege zu gehen und Handlungen zu wiederholen.	☐		☐		☐		☐		☐		☐	
51 Ich unterstütze die Kinder in der Aneignung und dem Verständnis von Begriffen und Zusammenhängen während des gesamten Tagesgeschehens.	☐		☐		☐		☐		☐		☐	
52 Ich plane anschauliche und handlungsgebundene Aktivitäten zu dem kognitiven Konzept von Entfernungen (z. B. bis zur Schule ist es weit, der Spielplatz liegt in der Nähe).	☐		☐		☐		☐		☐		☐	
53 Ich plane anschauliche und handlungsgebundene Aktivitäten zu dem kognitiven Konzept von Längen- und Höhenmaßen (z. B. Ausmessen des Gruppenraumes in Schuhlängen der Kinder und der Erzieherin oder mit Bausteinen, Erklettern eines hohen Gebäudes/Turmes).	☐		☐		☐		☐		☐		☐	
54 Ich plane anschauliche und handlungsgebundene Aktivitäten zu dem kognitiven Konzept von Gewicht und Zahlen (z. B. Waage mit unterschiedlich großen Äpfeln auf jeder Seite oder Waage mit zwei kleinen Äpfeln auf der einen Seite und einem großen Apfel auf der anderen Seite).	☐		☐		☐		☐		☐		☐	
55 Ich plane anschauliche und handlungsgebundene Aktivitäten zu dem kognitiven Konzept von Mengen und Volumen (z. B. die gleiche Menge Wasser von einem hohen, schmalen Gefäß in ein flaches, breites Gefäß umgießen).	☐		☐		☐		☐		☐		☐	
56 Ich plane anschauliche und handlungsgebundene Aktivitäten zu dem kognitiven Konzept von Mustern und Formen (z. B. Kreise, Dreiecke, Quadrate in der natürlichen Umgebung, z. B. in Bienenhäusern, Vogelnestern, Eiern entdecken).	☐		☐		☐		☐		☐		☐	

QUALITÄTSBEREICH KOGNITIVE ENTWICKLUNG (08) ▸ 155

Planung/Pädagogische Inhalte und Prozesse (Forts.)	überhaupt nicht/nie		weniger/ selten		teils-teils		zu einem guten Teil/ häufiger		überwiegend/ fast immer		voll & ganz/ immer	
	Selbsteinschätzung	Qualitätsprofil	Selbsteinschätzung	Qualitätsprofil	Selbsteinschätzung	Qualitätsprofil	Selbsteinschätzung	Qualitätsprofil	Selbsteinschätzung	Qualitätsprofil	Selbsteinschätzung	Qualitätsprofil
57 Ich plane anschauliche und handlungsgebundene Aktivitäten zu dem kognitiven Konzept von Zeit (z. B. wie oft kann das Klettergerüst herauf und herunter geklettert werden, bis der Minutenzeiger einmal die Uhr umrundet hat?/kann man so oft herauf und herunter klettern, bis der Stundenzeiger die Uhr umrundet hat?).	☐		☐		☐		☐		☐		☐	
58 Ich plane anschauliche und handlungsgebundene Aktivitäten zu dem kognitiven Konzept von logischen Abfolgen und Ursache-Wirkungs-Beziehungen (z. B. Schatten wandert, weil sich die Erde um die Sonne und sich selbst dreht; es ist zur selben Zeit auf der einen Seite der Erde Nacht bzw. Tag).	☐		☐		☐		☐		☐		☐	
59 Ich sorge im Alltag für vielfältige Erfahrungen in allen Sinnesbereichen (Sehen, Hören, Fühlen, Riechen, Schmecken, Sich-im-Raum-verorten).	☐		☐		☐		☐		☐		☐	
60 Ich nutze Objekte, einfache Spiele und Handlungen, um erste Begriffe einzuführen.	☐		☐		☐		☐		☐		☐	
61 Ich nutze Objekte, einfache Spiele und Handlungen, um klar erkennbare Ursache-Wirkungs-Zusammenhänge zu verdeutlichen und erfahrbar zu machen.	☐		☐		☐		☐		☐		☐	
62 Ich unterstütze bei jüngeren Kindern die Entwicklung des Verständnisses, dass Objekte und Personen auch außerhalb der aktuellen Wahrnehmung existieren, indem ich Spiele und Erfahrungen des Versteckens und Wiederzeigens anbiete.	☐		☐		☐		☐		☐		☐	
63 Ich plane ein, die Erfahrungen der Kinder regelmäßig durch Bildmaterial, Medien, Bücher und das Vorlesen und Erzählen von Geschichten zu erweitern.	☐		☐		☐		☐		☐		☐	
64 Ich stelle Verbindungen zwischen Abbildungen von Gegenständen und Situationen und konkreten Objekten in der Umgebung eines Kleinstkindes oder jüngeren Kindes her, z. B. indem ich, wenn ich mit dem Kind die Abbildung eines Balls betrachte, dem Kind einen Ball zeige oder das Kind nach dem Ball frage.	☐		☐		☐		☐		☐		☐	
65 Ich plane ein, den Kindern den Umgang mit neuen Techniken und Medien zu vermitteln.	☐		☐		☐		☐		☐		☐	
66 Ich berücksichtige in meiner Planung das unterschiedliche Kompetenzniveau der Kinder.	☐		☐		☐		☐		☐		☐	

Planung/Pädagogische Inhalte und Prozesse (Forts.)

		überhaupt nicht/nie		weniger/ selten		teils-teils		zu einem guten Teil/ häufiger		überwiegend/ fast immer		voll & ganz/ immer	
		Selbsteinschätzung	Qualitätsprofil	Selbsteinschätzung	Qualitätsprofil	Selbsteinschätzung	Qualitätsprofil	Selbsteinschätzung	Qualitätsprofil	Selbsteinschätzung	Qualitätsprofil	Selbsteinschätzung	Qualitätsprofil
67	Im Bedarfsfall sorge ich in Zusammenarbeit mit der Leitung, den Eltern und gegebenenfalls externen Fachkräften für eine zusätzliche Unterstützung und Förderung einzelner Kinder.	☐		☐		☐		☐		☐		☐	

Teamprofil für Planung/Pädagogische Inhalte und Prozesse

Planung/Dokumentation

68	Ich dokumentiere meine Aktivitäten im Bereich der kognitiven Förderung und Entwicklung.	☐		☐		☐		☐		☐		☐	
69	Ich dokumentiere meine Beobachtungen, mit welchem Interesse und in welcher Weise die Kinder diese Angebote wahrnehmen.	☐		☐		☐		☐		☐		☐	
70	Ich fertige für jedes Kind halbjährlich ein fachlich fundiertes Entwicklungsprofil an, in dem die Entwicklung kognitiver Fähigkeiten beschrieben ist.	☐		☐		☐		☐		☐		☐	

Teamprofil für Planung/Dokumentation

Vielfalt und Nutzung von Material

Bitte achten Sie auf die veränderte Skala für die Merkmale 71 bis 89.

Bitte geben Sie im Folgenden an, ob das Material vorhanden ist, ob es in altersgerechter Form vorliegt, ob es selbstständig von den Kindern genutzt werden kann und ob es die meiste Zeit des Tages frei zugänglich ist.

		vorhanden		altersgerecht		selbstständig nutzbar		die meiste Zeit des Tages frei zugänglich	
		Nein	Ja	Nein	Ja	Nein	Ja	Nein	Ja
71	Offene Regale, in denen Materialien zur Förderung kognitiver Fähigkeiten aufbewahrt werden, sind:	☐	☐	☐	☐	☐	☐	☐	☐
72	Bücher und Bildmaterialien zu unterschiedlichen Themen- und Wissensbereichen sind:	☐	☐	☐	☐	☐	☐	☐	☐
73	Große Bilder und Bilderbücher für Kleinstkinder und jüngere Kinder mit einfachen Darstellungen einzelner Gegenstände, Menschen, Tiere und Situationen sind:	☐	☐	☐	☐	☐	☐	☐	☐
74	Bücher und Bilder aus stabilem Material, das sich zum »Be-greifen« eignet, sind:	☐	☐	☐	☐	☐	☐	☐	☐
75	Audio-visuelle Medien (CDs, Kassetten, Video, Ton-Bild-Schau) zu verschiedenen Themen sowie ausgewählte Lernsoftware sind:	☐	☐	☐	☐	☐	☐	☐	☐

Vielfalt und Nutzung von Material (Forts.)	vorhanden		altersgerecht		selbstständig nutzbar		die meiste Zeit des Tages frei zugänglich	
	Nein	Ja	Nein	Ja	Nein	Ja	Nein	Ja
76 ⚀⚂ Lieder, Reime und einfache Geschichten auf Kassette oder CD für Kleinstkinder und jüngere Kinder sind:	☐	☐	☐	☐	☐	☐	☐	☐
77 Vielfältige und abwechslungsreiche Materialien, die zum Experimentieren und Erforschen anregen (Materialien und Dinge aus verschiedenen Lebens- und Alltagsbereichen, Naturmaterialien und Elemente, die sich kombinieren lassen), sind:	☐	☐	☐	☐	☐	☐	☐	☐
78 Unterstützende Hilfsmittel zum Experimentieren und Erkunden (z. B. Lupen, Mikroskope, Aufnahmegeräte, Projektoren, Fotoapparate und Kameras) sind:	☐	☐	☐	☐	☐	☐	☐	☐
79 ⚀⚂ Materialien für Kleinstkinder und jüngere Kinder zum eigenständigen Erkunden mit allen Sinnen (Alltagsgegenstände wie z. B. Behälter, Objekte mit unterschiedlichen Oberflächen wie glatt und rau, elastisch und starr, hart und weich, warm und kühl) sind:	☐	☐	☐	☐	☐	☐	☐	☐
80 Materialien zum Bauen und Konstruieren einschließlich Zubehör (Bausteine und Systeme aus unterschiedlichen Materialien, in verschiedenen Größen und mit unterschiedlichen Bauprinzipien und -techniken) sind:	☐	☐	☐	☐	☐	☐	☐	☐
81 ⚀⚂ Große Bausteine mit unterschiedlichen Oberflächen und in verschiedenen Farben (weiche Bausteine, Bauelemente in verschiedenen geometrischen Formen, transportable Behälter zum Stapeln und Füllen) für Kleinstkinder und jüngere Kinder sind:	☐	☐	☐	☐	☐	☐	☐	☐
82 Tisch-, Lern- und Regelspiele, die das Verständnis logischer Zusammenhänge und (Denk-) Strategien anregen, sind:	☐	☐	☐	☐	☐	☐	☐	☐
83 Zahlen- und Buchstabenmaterialien sind:	☐	☐	☐	☐	☐	☐	☐	☐
84 ⚀⚂ Einfache Regel- und Kombinationsspiele für Kleinstkinder und jüngere Kinder wie Farbwürfelspiele, Memory-Spiele mit Formen und Farben und Farb- oder Formendomino sind:	☐	☐	☐	☐	☐	☐	☐	☐
85 Puzzles mit unterschiedlichem Komplexitäts- und Schwierigkeitsgrad sind:	☐	☐	☐	☐	☐	☐	☐	☐
86 Vielfältige feinmotorische Materialien wie Perlen unterschiedlicher Arten und Größen, kleine Gegenstände und Naturmaterialien zum Basteln, Steckspiele, Scheren und Dinge zum Ausschneiden sind:	☐	☐	☐	☐	☐	☐	☐	☐

Vielfalt und Nutzung von Material (Forts.)	vorhanden		altersgerecht		selbstständig nutzbar		die meiste Zeit des Tages frei zugänglich	
	Nein	Ja	Nein	Ja	Nein	Ja	Nein	Ja
87 Großflächige Legebilder und Puzzles mit wenigen Teilen und Greifhilfen, einfache Steckspiele, große Perlen zum Fädeln, Kugeln oder Waggons zum Aneinanderhaken, Dinge zum Öffnen und Schließen, Stapeln und Ineinanderstecken, größere Naturmaterialien wie Zapfen, Blätter, Äste und Holzstücke für die jüngeren Kinder sind:	☐	☐	☐	☐	☐	☐	☐	☐
88 Vielfältige Alltagsgegenstände sind:	☐	☐	☐	☐	☐	☐	☐	☐
89 Unterschiedliche Werkzeuge sind:	☐	☐	☐	☐	☐	☐	☐	☐
Teamprofil für Vielfalt und Nutzung von Material								

Individualisierung/Berücksichtigung individueller Bedürfnisse und Interessen	überhaupt nicht/nie		weniger/ selten		teils-teils		zu einem guten Teil/ häufiger		überwiegend/ fast immer		voll & ganz/ immer	
	Selbsteinschätzung	Qualitätsprofil	Selbsteinschätzung	Qualitätsprofil	Selbsteinschätzung	Qualitätsprofil	Selbsteinschätzung	Qualitätsprofil	Selbsteinschätzung	Qualitätsprofil	Selbsteinschätzung	Qualitätsprofil
90 Ich biete einzelnen Kindern oder Kleingruppen spezielle Aktivitäten an, die ihr Wissen erweitern.	☐		☐		☐		☐		☐		☐	
91 Ich respektiere das individuelle Tempo jedes Kindes bei der Gestaltung seiner Lernprozesse und der Aneignung von Wissen.	☐		☐		☐		☐		☐		☐	
Teamprofil für Individualisierung/Berücksichtigung individueller Bedürfnisse und Interessen												
Individualisierung/Individueller Umgang mit Material und Angeboten												
92 Ich unterstütze bei von mir geplanten und initiierten Aktivitäten und Angeboten jedes Kind in seiner individuellen Herangehensweise.	☐		☐		☐		☐		☐		☐	
93 Ich respektiere, wenn Kinder Ziele, Abläufe und Ergebnisse verändern und »Nebenwege« einschlagen.	☐		☐		☐		☐		☐		☐	
94 Ich respektiere die Entscheidung jedes Kindes, ob es an einem Angebot teilnehmen möchte.	☐		☐		☐		☐		☐		☐	
Teamprofil für Individualisierung/Individueller Umgang mit Material und Angeboten												

QUALITÄTSBEREICH KOGNITIVE ENTWICKLUNG (08) ▸ 159

Partizipation/Einbeziehung der Kinder in Entscheidungsprozesse	überhaupt nicht/nie		weniger/ selten		teils-teils		zu einem guten Teil/ häufiger		überwiegend/ fast immer		voll & ganz/ immer	
	Selbsteinschätzung	Qualitätsprofil	Selbsteinschätzung	Qualitätsprofil	Selbsteinschätzung	Qualitätsprofil	Selbsteinschätzung	Qualitätsprofil	Selbsteinschätzung	Qualitätsprofil	Selbsteinschätzung	Qualitätsprofil
95 Ich biete dem Kind gegebenenfalls andere Aktivitäten im Bereich kognitiver Förderung an.	☐		☐		☐		☐		☐		☐	
96 Bei jüngeren Kindern achte ich in besonderer Weise darauf, was sie interessiert, und orientiere daran meine Angebote, die Bereitstellung von Materialien und den Einbezug der Kinder in Projekte.	☐		☐		☐		☐		☐		☐	
Teamprofil für Partizipation/Einbeziehung der Kinder in Entscheidungsprozesse												
Partizipation/Einbeziehung der Kinder in Gestaltungsprozesse												
97 Ich rege die Kinder an, ihre »Theorien«, Erfahrungen und Vorstellungen sowie den Verlauf von Aktivitäten und Projekten zu dokumentieren, z. B. durch Bilder, Fotos oder Materialsammlungen.	☐		☐		☐		☐		☐		☐	
98 Ich beteilige die Kinder an der Gestaltung alltäglicher Abläufe und Aktivitäten.	☐		☐		☐		☐		☐		☐	
99 Ich beziehe jüngere Kinder bei der Organisation der Mahlzeiten, bei der Vorbereitung von Aktivitäten, beim Aufräumen, Saubermachen und bei Besorgungen ein.	☐		☐		☐		☐		☐		☐	
Teamprofil für Partizipation/Einbeziehung der Kinder in Gestaltungsprozesse												
Partizipation/Balance zwischen Individuum und Gruppe												
100 Ich bringe den Kenntnissen und Fragen aller Kinder der Gruppe die gleiche Wertschätzung und Beachtung entgegen.	☐		☐		☐		☐		☐		☐	
101 Ich unterstütze die Kinder dabei, die Lernwege und Fähigkeiten anderer Kinder wahrzunehmen und zu respektieren.	☐		☐		☐		☐		☐		☐	
102 Ich unterstütze die Kinder dabei, andere Lernwege und Fähigkeiten als Bereicherung und Lernmöglichkeit zu erleben.	☐		☐		☐		☐		☐		☐	
103 Ich unterstütze die Kinder dabei, ihr Wissen in gemeinsame Vorhaben einer Kleingruppe oder der Gruppe einzubringen.	☐		☐		☐		☐		☐		☐	
Teamprofil für Partizipation/Balance zwischen Individuum und Gruppe												

Checkliste
zur Selbstevaluation

für den Qualitätsbereich
Soziale & Emotionale Entwicklung (09)

1. Lesen Sie bitte die gesamte Checkliste einmal in Ruhe durch, bevor Sie die Fragen beantworten.
2. Schätzen Sie danach bitte ausschließlich Ihre eigene pädagogische Arbeit und Situation ein.
3. Bitte beantworten Sie jede Frage.
4. Kreuzen Sie in jeder Zeile nur **einen** Selbsteinschätzungs-Wert an.
5. Bitte lassen Sie die Spalte »Qualitätsprofil« frei. Sie wird später für die Erstellung des Profils für die gesamte Einrichtung benötigt.

  Wenn Sie Kinder unter drei Jahren in Ihrer Gruppe betreuen, schätzen Sie **zusätzlich** immer die mit dem Würfel versehenen Kriterien ein.

Bitte entscheiden Sie sich immer für **einen** Wert (kein Kreuz zwischen zwei Antwortmöglichkeiten).

Räumliche Bedingungen/Innenbereich	überhaupt nicht/nie		weniger/ selten		teils-teils		zu einem guten Teil/ häufiger		überwiegend/ fast immer		voll & ganz/ immer	
	Selbsteinschätzung	Qualitätsprofil	Selbsteinschätzung	Qualitätsprofil	Selbsteinschätzung	Qualitätsprofil	Selbsteinschätzung	Qualitätsprofil	Selbsteinschätzung	Qualitätsprofil	Selbsteinschätzung	Qualitätsprofil
1 In meiner Gruppe gibt es weiträumige und multifunktionale Spielbereiche.	☐		☐		☐		☐		☐		☐	
2 In meiner Gruppe gibt es abgetrennte Spielbereiche für ungestörtes Spiel allein oder in kleinen Spielgruppen.	☐		☐		☐		☐		☐		☐	
3 In meiner Gruppe gibt es Rückzugsecken oder einen Ruheraum.	☐		☐		☐		☐		☐		☐	
4 In meiner Gruppe gibt es mindestens einen Spiegel, in dem die Kinder sich vollständig betrachten können.	☐		☐		☐		☐		☐		☐	
5 [3] [1] [2] Die Räume sind so strukturiert, dass ich ständig Kontakt zu Kleinstkindern und jüngeren Kindern halten kann und deren Äußerungen und Signale direkt wahrnehme.	☐		☐		☐		☐		☐		☐	
6 [3] [1] [2] Es gibt überschaubare und mit weichen Belägen versehene Spielbereiche, wo Kleinstkinder erste Kontakte miteinander aufnehmen und jüngere Kinder ungestört parallel spielen können.	☐		☐		☐		☐		☐		☐	
Teamprofil für Räumliche Bedingungen/Innenbereich												
Räumliche Bedingungen/Außenbereich												
7 Das Außengelände bietet Platz für Renn- und Tobespiele.	☐		☐		☐		☐		☐		☐	
8 Das Außengelände bietet Platz für Spiele zum Kräftemessen.	☐		☐		☐		☐		☐		☐	
9 Es gibt nicht einsehbare Spielnischen (hinter Hecken, Büschen) für ungestörtes Spiel.	☐		☐		☐		☐		☐		☐	
Teamprofil für Räumliche Bedingungen/Außenbereich												
Erzieherin-Kind-Interaktion/Beobachtung												
10 Ich beobachte, wie die Kinder ihre Bedürfnisse (z. B. nach Zuneigung, nach ungestörtem Spiel) und Gefühle (z. B. Freude, Ärger, Unsicherheit) ausdrücken.	☐		☐		☐		☐		☐		☐	
11 Ich beobachte, mit welchen Mitteln die Kinder Kontakt untereinander und zu mir aufnehmen.	☐		☐		☐		☐		☐		☐	
12 Ich beobachte, zu welchen Gelegenheiten die Kinder miteinander kooperieren und konkurrieren.	☐		☐		☐		☐		☐		☐	
13 Ich beobachte Aushandlungs- und Konfliktsituationen und achte darauf, welche Formen der Auseinandersetzung die Kinder wählen.	☐		☐		☐		☐		☐		☐	

QUALITÄTSBEREICH SOZIALE & EMOTIONALE ENTWICKLUNG (09)

Erzieherin-Kind-Interaktion/Beobachtung (Forts.)	überhaupt nicht/nie		weniger/ selten		teils-teils		zu einem guten Teil/ häufiger		überwiegend/ fast immer		voll & ganz/ immer	
	Selbsteinschätzung	Qualitätsprofi	Selbsteinschätzung	Qualitätsprofi	Selbsteinschätzung	Qualitätsprofi	Selbsteinschätzung	Qualitätsprofi	Selbsteinschätzung	Qualitätsprofi	Selbsteinschätzung	Qualitätsprofi
14 Ich beobachte, welche differenzierten sozialen Beziehungen die Kinder aufbauen und wie sich diese entwickeln.	☐		☐		☐		☐		☐		☐	
15 Ich achte bei meinen Beobachtungen auf nicht-sprachliche Signale und Ausdrucksformen.	☐		☐		☐		☐		☐		☐	
16 Ich beobachte, wenn sich Kinder besonders schüchtern oder sozial unsicher verhalten und sich aus Kontakten und Spielen zurückziehen.	☐		☐		☐		☐		☐		☐	
17 Ich beobachte, wenn Kinder gehäuft provozierende und aggressive Verhaltensweisen zeigen.	☐		☐		☐		☐		☐		☐	
18 Ich achte im Spiel von Kleinstkindern und jüngeren Kindern auf Verhaltensweisen und Signale, die ihr Bedürfnis nach Rückversicherung und körperlicher Nähe zu mir ausdrücken.	☐		☐		☐		☐		☐		☐	
19 Ich registriere bei jüngeren Kindern Anzeichen zunehmenden Selbst-Bewusstseins (z. B. durch den Gebrauch von Personalpronomina, Selbsterkennen im Spiegel, häufigen Gebrauch des Wortes »nein«).	☐		☐		☐		☐		☐		☐	
Teamprofil für Erzieherin-Kind-Interaktion/Beobachtung												
Erzieherin-Kind-Interaktion/ Dialog- & Beteiligungsbereitschaft												
20 Ich bin allen Kindern gegenüber freundlich und kontaktbereit.	☐		☐		☐		☐		☐		☐	
21 Ich reagiere unmittelbar oder zeitnah auf sprachliche und nichtsprachliche Kontaktsignale der Kinder, auch wenn ich gerade mit anderen Dingen beschäftigt bin.	☐		☐		☐		☐		☐		☐	
22 Ich respektiere, wenn ein oder mehrere Kinder ungestört spielen wollen.	☐		☐		☐		☐		☐		☐	
23 Ich respektiere, wenn Kinder mit Interesse und Lust ihren Körper erkunden (z. B. beim Streicheln der Haut, beim Mantschen im Essen, beim Betrachten im Spiegel).	☐		☐		☐		☐		☐		☐	
24 Ich bin offen für Fragen der Kinder zu Sexualität, Geburt und Geschlechterrollen und spreche darüber in altersangemessener Form.	☐		☐		☐		☐		☐		☐	
25 In Konfliktsituationen signalisiere ich durch Aufmerksamkeit meine Bereitschaft, mit den Kindern über ihre Auseinandersetzung zu sprechen.	☐		☐		☐		☐		☐		☐	

Erzieherin-Kind-Interaktion/ Dialog- & Beteiligungsbereitschaft (Forts.)	überhaupt nicht/nie		weniger/ selten		teils-teils		zu einem guten Teil/ häufiger		überwiegend/ fast immer		voll & ganz/ immer	
	Selbsteinschätzung	Qualitätsprofil	Selbsteinschätzung	Qualitätsprofil	Selbsteinschätzung	Qualitätsprofil	Selbsteinschätzung	Qualitätsprofil	Selbsteinschätzung	Qualitätsprofil	Selbsteinschätzung	Qualitätsprofil
26 Ich lasse den Kindern Zeit, einen Konflikt selbst zu bewältigen und dränge nicht auf eine schnelle Lösung.	☐		☐		☐		☐		☐		☐	
27 Ich reagiere bei Kleinstkindern und jüngeren Kindern unmittelbar und positiv auf Signale, die ein Bedürfnis nach Nähe und/oder Körperkontakt zeigen.	☐		☐		☐		☐		☐		☐	
28 Ich schätze bei Konflikten von jüngeren Kindern ein, inwieweit sie meine Unterstützung benötigen.	☐		☐		☐		☐		☐		☐	
29 Ich signalisiere ihnen meine Bereitschaft zur Unterstützung, ohne sofort einzugreifen.	☐		☐		☐		☐		☐		☐	
Teamprofil für Erzieherin-Kind-Interaktion/ Dialog- & Beteiligungsbereitschaft												
Erzieherin-Kind-Interaktion/Impuls												
30 Ich bin in meinem Verhalten und meinen Reaktionen für die Kinder berechenbar und zuverlässig.	☐		☐		☐		☐		☐		☐	
31 Ich spiegele den Kindern ihre Gefühle und ihr Verhalten (z. B. »Du freust Dich«, »Du bist wütend«), ohne dabei zu werten (z. B. »So schlimm ist es doch gar nicht«; »Reg dich wieder ab«).	☐		☐		☐		☐		☐		☐	
32 Ich reagiere unmittelbar oder zeitnah auf sprachliche und nichtsprachliche Kontaktsignale der Kinder, auch wenn ich gerade mit anderen Dingen beschäftigt bin.	☐		☐		☐		☐		☐		☐	
33 Bei Konflikten berücksichtige ich die Sichtweise aller beteiligten Kinder, ohne vorschnell zu werten.	☐		☐		☐		☐		☐		☐	
34 In Gesprächen über Konflikte frage ich die beteiligten Kinder nach eigenen Lösungsvorschlägen und unterstütze sie im Bedarfsfall mit eigenen Lösungsvorschlägen.	☐		☐		☐		☐		☐		☐	
35 Ich unterstütze Kleinstkinder und jüngere Kinder bei ihrer Kontaktaufnahme zu anderen Kindern.	☐		☐		☐		☐		☐		☐	
Teamprofil für Erzieherin-Kind-Interaktion/Impuls												

QUALITÄTSBEREICH SOZIALE & EMOTIONALE ENTWICKLUNG (09)

Planung/Grundlagen und Orientierung	überhaupt nicht/nie		weniger/ selten		teils-teils		zu einem guten Teil/ häufiger		überwiegend/ fast immer		voll & ganz/ immer	
	Selbsteinschätzung	Qualitätsprofil	Selbsteinschätzung	Qualitätsprofil	Selbsteinschätzung	Qualitätsprofil	Selbsteinschätzung	Qualitätsprofil	Selbsteinschätzung	Qualitätsprofil	Selbsteinschätzung	Qualitätsprofil
36 Ich verfüge über ein pädagogisch begründetes Handlungskonzept für einen sozial und emotional angemessenen Umgang mit Kindern.	☐		☐		☐		☐		☐		☐	
37 Bei meiner Planung zur Unterstützung sozialer und emotionaler Kompetenzen orientiere ich mich an den in der Einrichtung vereinbarten sozialen und ethischen Normen und Werten (z. B. Anerkennung des Gleichheitsprinzips der Geschlechter, Achtung von Minderheiten).	☐		☐		☐		☐		☐		☐	
38 Bei meiner Planung zur Unterstützung sozialer und emotionaler Kompetenzen orientiere ich mich an Alter und Entwicklungsstand der Kinder.	☐		☐		☐		☐		☐		☐	
Teamprofil für Planung/Grundlagen und Orientierung												
Planung/Pädagogische Inhalte und Prozesse												
39 Ich vermeide entwürdigende Erziehungsmaßnahmen (wie z. B. Entfernen von Kindern aus der Gruppe, Trennen von Freunden, Anschreien, Vorenthalten von Essen, körperliche Strafen).	☐		☐		☐		☐		☐		☐	
40 Ich vermeide ironische und zynische Reaktionen auf Verhaltensweisen, Fragen und Redebeiträge von Kindern.	☐		☐		☐		☐		☐		☐	
41 Ich reflektiere mein eigenes Verhalten und bin bereit, es nötigenfalls zu verändern.	☐		☐		☐		☐		☐		☐	
42 Ich plane Projekte und Aktivitäten, die sich mit unterschiedlichen Gefühlen und emotionalen Ausdrucksformen beschäftigen.	☐		☐		☐		☐		☐		☐	
43 Ich plane Aktivitäten und Spiele, bei denen sich die Kinder als Gemeinschaft erleben (Tanzen, Theaterspielen, Übernachten in der Einrichtung).	☐		☐		☐		☐		☐		☐	
44 Ich plane Aktivitäten und Spiele, bei denen die Kinder ihren Körper positiv erleben können (durch Spiele mit Wasser, Sand und Farben, Körperumrisse zeichnen, mit nackten Füßen balancieren).	☐		☐		☐		☐		☐		☐	
45 Ich setze Bilderbücher, Geschichten, Rollenspiele ein, die Konflikte zum Thema haben und unterschiedliche Lösungsmöglichkeiten anbieten.	☐		☐		☐		☐		☐		☐	
46 Ich unterstütze die Eigenaktivität von Kleinstkindern und jüngeren Kindern und ermuntere sie zu selbstständigem Handeln und Lernen.	☐		☐		☐		☐		☐		☐	

Planung/Pädagogische Inhalte und Prozesse (Forts.)	überhaupt nicht/nie		weniger/ selten		teils-teils		zu einem guten Teil/ häufiger		überwiegend/ fast immer		voll & ganz/ immer	
	Selbsteinschätzung	Qualitätsprofil	Selbsteinschätzung	Qualitätsprofil	Selbsteinschätzung	Qualitätsprofil	Selbsteinschätzung	Qualitätsprofil	Selbsteinschätzung	Qualitätsprofil	Selbsteinschätzung	Qualitätsprofil
47 Meine Planung berücksichtigt, dass Kleinstkinder und jüngere Kinder sich entsprechend ihren Interessen und Fähigkeiten in die Gruppenaktivitäten einbringen können.	☐		☐		☐		☐		☐		☐	
Teamprofil für Planung/Pädagogische Inhalte und Prozesse												

Planung/Dokumentation

	überhaupt nicht/nie		weniger/ selten		teils-teils		zu einem guten Teil/ häufiger		überwiegend/ fast immer		voll & ganz/ immer	
48 Ich dokumentiere soziale und emotionale Fähigkeiten und Verhaltensweisen jedes Kindes.	☐		☐		☐		☐		☐		☐	
49 Ich dokumentiere, wie jedes einzelne Kind in Spielgruppen eingebunden ist.	☐		☐		☐		☐		☐		☐	
50 Ich dokumentiere das Verhalten jedes Kindes in Konfliktsituationen und seine Strategien, Konflikte zu lösen.	☐		☐		☐		☐		☐		☐	
Teamprofil für Planung/Dokumentation												

Vielfalt und Nutzung von Material

Bitte achten Sie auf die veränderte Skala für die Merkmale 51 bis 56.

Bitte geben Sie im Folgenden an, ob das Material vorhanden ist, ob es in altersgerechter Form vorliegt, ob es selbstständig von den Kindern genutzt werden kann und ob es die meiste Zeit des Tages frei zugänglich ist.

	vorhanden		altersgerecht		selbstständig nutzbar		die meiste Zeit des Tages frei zugänglich	
	Nein	Ja	Nein	Ja	Nein	Ja	Nein	Ja
51 Kuscheltiere und Puppen, die dazu geeignet sind, Situationen zu spielen, die die Kinder emotional beschäftigen (z. B. streiten, sich versöhnen, Zuneigung und Abneigung zeigen), sind:	☐	☐	☐	☐	☐	☐	☐	☐
52 Materialien, die die Kinder zu Tobespielen nutzen, sind:	☐	☐	☐	☐	☐	☐	☐	☐
53 Spiele, die zum Aushandeln von Regeln und Kooperationsformen anregen, sind:	☐	☐	☐	☐	☐	☐	☐	☐
54 Spiele, bei denen die Kinder »Gewinnen« und »Verlieren« erfahren, sind:	☐	☐	☐	☐	☐	☐	☐	☐
55 Bilder und Geschichten zu den Themen Geschlechterrollen, Sexualität und Geburt sind:	☐	☐	☐	☐	☐	☐	☐	☐
56 Medien, die Konflikte zum Thema haben, sind:	☐	☐	☐	☐	☐	☐	☐	☐
Teamprofil für Vielfalt und Nutzung von Material								

QUALITÄTSBEREICH SOZIALE & EMOTIONALE ENTWICKLUNG (09) ▸ 167

Individualisierung/Berücksichtigung individueller Bedürfnisse und Interessen	überhaupt nicht/nie		weniger/ selten		teils-teils		zu einem guten Teil/ häufiger		überwie- gend/ fast immer		voll & ganz/ immer	
	Selbsteinschätzung	Qualitätsprofil	Selbsteinschätzung	Qualitätsprofil	Selbsteinschätzung	Qualitätsprofil	Selbsteinschätzung	Qualitätsprofil	Selbsteinschätzung	Qualitätsprofil	Selbsteinschätzung	Qualitätsprofil
57 Ich achte auf die Stärken jedes einzelnen Kindes und benenne diese gegenüber dem Kind.	☐		☐		☐		☐		☐		☐	
58 Ich freue mich mit jedem einzelnen Kind über neue Entwicklungsschritte und Erfolge in allen Entwicklungsbereichen.	☐		☐		☐		☐		☐		☐	
59 Ich gebe schüchternen und sozial unsicheren Kindern Unterstützung und Anregung, indem ich sie z. B. in Alltagsroutinen einbinde, ihnen helfe, einen Einstieg in gemeinsames Spiel mit anderen Kindern zu finden oder sie ermutige, ihren Standpunkt in Gesprächen und Aushandlungsprozessen zu vertreten.	☐		☐		☐		☐		☐		☐	
60 Ich unterstütze impulsive Kinder, Kontrolle über ihr Verhalten zu gewinnen, indem ich sie z. B. frühzeitig auf Änderungen im Tagesablauf hinweise, klare Absprachen treffe und an verabredete Regeln erinnere.	☐		☐		☐		☐		☐		☐	
61 Bei Routinen wie Essen, Schlafen oder Wickeln lasse ich jedem Kleinstkind und jüngerem Kind meine ungeteilte, besondere Zuwendung zukommen.	☐		☐		☐		☐		☐		☐	
Teamprofil für Individualisierung/Berücksichtigung individueller Bedürfnisse und Interessen												
Partizipation/Einbeziehung der Kinder in Entscheidungsprozesse												
62 Ich führe regelmäßig Gespräche mit den Kindern, um mit ihnen gemeinsam zu planen und Entscheidungen zu treffen.	☐		☐		☐		☐		☐		☐	
63 Ich führe regelmäßig Gespräche mit den Kindern, um mit ihnen gemeinsam Regeln für das Zusammenleben in der Gruppe zu erarbeiten und notwendige Konsequenzen bei Regelüberschreitungen festzulegen.	☐		☐		☐		☐		☐		☐	
64 Jüngere Kinder beteiligen sich an Gruppengesprächen zur Regelfindung entsprechend ihren Fähigkeiten. Kleinstkinder haben Gelegenheit, solche Gespräche zu verfolgen.	☐		☐		☐		☐		☐		☐	
Teamprofil für Partizipation/Einbeziehung der Kinder in Entscheidungsprozesse												

Partizipation/Einbeziehung der Kinder in Gestaltungsprozesse	überhaupt nicht/nie		weniger/ selten		teils-teils		zu einem guten Teil/ häufiger		überwie- gend/ fast immer		voll & ganz/ immer	
	Selbsteinschätzung	Qualitätsprofil	Selbsteinschätzung	Qualitätsprofil	Selbsteinschätzung	Qualitätsprofil	Selbsteinschätzung	Qualitätsprofil	Selbsteinschätzung	Qualitätsprofil	Selbsteinschätzung	Qualitätsprofil
65 Ich beteilige die Kinder an der Planung von Projekten und Gesprächen zu sozialen und emotionalen Themen (z. B. Konfliktlösungen, Gefühle).	☐		☐		☐		☐		☐		☐	
66 Ich beteilige die Kinder an der Durchführung von Veranstaltungen und Festen (z. B. Geburtstage, Projektabschluss, Basare).	☐		☐		☐		☐		☐		☐	
67 Kleinstkinder und jüngere Kinder werden durch kleine, überschaubare Aufgaben einbezogen.	☐		☐		☐		☐		☐		☐	
Teamprofil für Partizipation/Einbeziehung der Kinder in Gestaltungsprozesse												
Partizipation/Balance zwischen Individuum und Gruppe												
68 Ich unterstütze die Kinder darin, die Interessen und Bedürfnisse anderer Menschen wahrzunehmen und zu berücksichtigen.	☐		☐		☐		☐		☐		☐	
69 Ich achte darauf, dass die Kinder die Rechte und Bedürfnisse anderer Kinder respektieren.	☐		☐		☐		☐		☐		☐	
70 Ich achte darauf, dass jedes Kind die Gruppenregeln einhält und erläutere die Notwendigkeit bei Bedarf.	☐		☐		☐		☐		☐		☐	
Teamprofil für Partizipation/Balance zwischen Individuum und Gruppe												

Checkliste
zur Selbstevaluation

für den Qualitätsbereich
Bewegung (10)

1. Lesen Sie bitte die gesamte Checkliste einmal in Ruhe durch, bevor Sie die Fragen beantworten.
2. Schätzen Sie danach bitte ausschließlich Ihre eigene pädagogische Arbeit und Situation ein.
3. Bitte beantworten Sie jede Frage.
4. Kreuzen Sie in jeder Zeile nur **einen** Selbsteinschätzungs-Wert an.
5. Bitte lassen Sie die Spalte »Qualitätsprofil« frei. Sie wird später für die Erstellung des Profils für die gesamte Einrichtung benötigt.

 Wenn Sie Kinder unter drei Jahren in Ihrer Gruppe betreuen, schätzen Sie **zusätzlich** immer die mit dem Würfel versehenen Kriterien ein.

 Bitte entscheiden Sie sich immer für **einen** Wert (kein Kreuz zwischen zwei Antwortmöglichkeiten).

Räumliche Bedingungen/Innenbereich	überhaupt nicht/nie		weniger/ selten		teils-teils		zu einem guten Teil/ häufiger		überwiegend/ fast immer		voll & ganz/ immer	
	Selbsteinschätzung	Qualitätsprofil	Selbsteinschätzung	Qualitätsprofil	Selbsteinschätzung	Qualitätsprofil	Selbsteinschätzung	Qualitätsprofil	Selbsteinschätzung	Qualitätsprofil	Selbsteinschätzung	Qualitätsprofil
1 Es gibt im Innenbereich großzügige Bereiche für Bewegung.	☐		☐		☐		☐		☐		☐	
2 Die Bereiche für Bewegung sind klar erkennbar.	☐		☐		☐		☐		☐		☐	
3 Die Bereiche für Bewegung sind gut zu erreichen.	☐		☐		☐		☐		☐		☐	
4 Die Bereiche für Bewegung stehen die meiste Zeit des Tages zur Verfügung.	☐		☐		☐		☐		☐		☐	
5 Es gibt Bereiche für Bewegung, in denen sich Kleinstkinder und jüngere Kinder die meiste Zeit des Tages aufhalten können.	☐		☐		☐		☐		☐		☐	
6 Die Bewegungsbereiche sind so gestaltet und ausgestattet, dass die motorische Entwicklung von Kleinstkindern und jüngeren Kindern angeregt wird.	☐		☐		☐		☐		☐		☐	
Teamprofil für Räumliche Bedingungen/Innenbereich												
Räumliche Bedingungen/Außenbereich												
7 Es gibt einen großzügigen Außenbereich.	☐		☐		☐		☐		☐		☐	
8 Das Außengelände ist für die Kinder meiner Gruppe frei zugänglich.	☐		☐		☐		☐		☐		☐	
9 Das Außengelände ist auch bei schlechtem Wetter nutzbar.	☐		☐		☐		☐		☐		☐	
10 Das Außengelände ist so gestaltet, dass Kinder mit unterschiedlichen Bewegungsbedürfnissen nicht zwangsläufig miteinander in Konflikt geraten.	☐		☐		☐		☐		☐		☐	
11 Das Außengelände verfügt über unterschiedliche Bodenbeläge für verschiedene Bewegungsarten (z. B. Sand, Rasen, Kunststoffplatten, befahrbaren Belag).	☐		☐		☐		☐		☐		☐	
12 Das Außengelände verfügt über herausfordernde Hindernisse und Höhenunterschiede (z. B. Erdhügel, Wälle, Treppen, Mauern, Holzwände, Baumstämme).	☐		☐		☐		☐		☐		☐	
Teamprofil für Räumliche Bedingungen/Außenbereich												
Erzieherin-Kind-Interaktion/Beobachtung												
13 Ich beobachte die Bewegungsfertigkeiten der Kinder.	☐		☐		☐		☐		☐		☐	
14 Ich beobachte die Nutzung der Geräte durch die Kinder.	☐		☐		☐		☐		☐		☐	

Erzieherin-Kind-Interaktion/Beobachtung (Forts.)

		überhaupt nicht/nie		weniger/ selten		teils-teils		zu einem guten Teil/ häufiger		überwiegend/ fast immer		voll & ganz/ immer	
		Selbsteinschätzung	Qualitätsprofil	Selbsteinschätzung	Qualitätsprofil	Selbsteinschätzung	Qualitätsprofil	Selbsteinschätzung	Qualitätsprofil	Selbsteinschätzung	Qualitätsprofil	Selbsteinschätzung	Qualitätsprofil
15	Ich beobachte während der Bewegungsaktivitäten das Interaktionsverhalten der Kinder.	☐		☐		☐		☐		☐		☐	
16	Ich beobachte die Sicherheit der Kinder im Umgang mit Geräten.	☐		☐		☐		☐		☐		☐	
17	Ich beobachte die Bewegungen von Kleinstkindern im Tagesgeschehen (z. B. Hin- und Herdrehen des Kopfes, Greifen nach Gegenständen, Krabbelversuche, Hochziehen an Möbeln).	☐		☐		☐		☐		☐		☐	
18	Ich kenne bei Kleinstkindern und jüngeren Kindern Vorlieben und Abneigungen für bestimmte Bewegungsformen (z. B. Schaukel- und Drehbewegungen, Balancieren, Klettern).	☐		☐		☐		☐		☐		☐	
Teamprofil für Erzieherin-Kind-Interaktion/Beobachtung													

Erzieherin-Kind-Interaktion/ Dialog- & Beteiligungsbereitschaft

19	Ich bespreche mit den Kindern die Nutzung der Aktions- und Bewegungsräume.	☐		☐		☐		☐		☐		☐	
20	Ich mache jüngere Kinder mit den Aktions- und Bewegungsräumen vertraut.	☐		☐		☐		☐		☐		☐	
21	Ich zeige jüngeren Kindern die Nutzung der Geräte.	☐		☐		☐		☐		☐		☐	
22	Ich begleite die Aktivitäten von Kleinstkindern und jüngeren Kindern sprachlich.	☐		☐		☐		☐		☐		☐	
Teamprofil für Erzieherin-Kind-Interaktion/ Dialog- & Beteiligungsbereitschaft													

Erzieherin-Kind-Interaktion/Impuls

23	Ich unterstütze die Kinder bei ihren Bewegungsabläufen.	☐		☐		☐		☐		☐		☐	
24	Ich ermutige Kinder, ungewohnte Bewegungsabläufe zu erproben.	☐		☐		☐		☐		☐		☐	
25	Ich lasse Kleinstkinder und jüngere Kinder ungewohnte Bewegungen erfahren (z. B. hohes Auf- und Abschaukeln auf meinem Schoß, sich von meinem Arm aus an das Klettergerüst hängen).	☐		☐		☐		☐		☐		☐	
26	Ich vermittle auch den Kindern Freude an Bewegungsaktivitäten, die sich daran selten beteiligen.	☐		☐		☐		☐		☐		☐	

Erzieherin-Kind-Interaktion/Impuls (Forts.)	überhaupt nicht/nie		weniger/ selten		teils-teils		zu einem guten Teil/ häufiger		überwie- gend/ fast immer		voll & ganz/ immer	
	Selbsteinschätzung	Qualitätsprofil	Selbsteinschätzung	Qualitätsprofil	Selbsteinschätzung	Qualitätsprofil	Selbsteinschätzung	Qualitätsprofil	Selbsteinschätzung	Qualitätsprofil	Selbsteinschätzung	Qualitätsprofil
27 Ich rege Kleinstkinder und jüngere Kinder zu verschiedensten Bewegungen an, indem ich verschiedene Geräte und Materialien bereitstelle.	☐		☐		☐		☐		☐		☐	
28 Ich rege Kleinstkinder und jüngere Kinder zu verschiedensten Bewegungen an, indem ich ihnen die Nutzung der Geräte zeige (oder andere Kinder dabei einbeziehe).	☐		☐		☐		☐		☐		☐	
Teamprofil für Erzieherin-Kind-Interaktion/Impuls												
Planung/Grundlagen und Orientierung												
29 Meine Planung ermöglicht den Kindern, täglich ihrem Bedürfnis nach grobmotorischen Aktivitäten im Innenbereich nachzugehen.	☐		☐		☐		☐		☐		☐	
30 Meine Planung ermöglicht den Kindern, täglich ihrem Bedürfnis nach grobmotorischen Aktivitäten im Außenbereich nachzukommen.	☐		☐		☐		☐		☐		☐	
31 Ich plane regelmäßige Bewegungsangebote.	☐		☐		☐		☐		☐		☐	
32 Ich berücksichtige bei meinen Angeboten unterschiedliche Bewegungsabläufe.	☐		☐		☐		☐		☐		☐	
Teamprofil für Planung/Grundlagen und Orientierung												
Planung/Pädagogische Inhalte und Prozesse												
33 Ich wechsle die Ausstattung für Bewegung regelmäßig aus, um den Kindern im Innenbereich neue Herausforderungen anzubieten.	☐		☐		☐		☐		☐		☐	
34 Ich wechsele die Ausstattung für Bewegung regelmäßig aus, um den Kindern im Außenbereich neue Herausforderungen anzubieten.	☐		☐		☐		☐		☐		☐	
35 Kleinstkinder und jüngere Kinder erhalten regelmäßig die Gelegenheit, neue Erfahrungsräume zu erkunden (z. B. von einem Raum in den anderen zu wechseln).	☐		☐		☐		☐		☐		☐	
36 Ich stimme mich mit Kolleginnen ab, um Kleinstkindern und jüngeren Kindern individuelle Bewegungsaktivitäten anzubieten.	☐		☐		☐		☐		☐		☐	
Teamprofil für Planung/Pädagogische Inhalte und Prozesse												

QUALITÄTSBEREICH BEWEGUNG (10) ▸ 173

Planung/Dokumentation	überhaupt nicht/nie		weniger/ selten		teils-teils		zu einem guten Teil/ häufiger		überwiegend/ fast immer		voll & ganz/ immer	
	Selbsteinschätzung	Qualitätsprofil	Selbsteinschätzung	Qualitätsprofil	Selbsteinschätzung	Qualitätsprofil	Selbsteinschätzung	Qualitätsprofil	Selbsteinschätzung	Qualitätsprofil	Selbsteinschätzung	Qualitätsprofil
37 Ich dokumentiere für alle Kinder wichtige Abschnitte in der Bewegungsentwicklung.	☐		☐		☐		☐		☐		☐	
38 Bei Kleinstkindern und jüngeren Kindern dokumentiere ich die Bewegungsentwicklung (z. B. Drehen, Robben, Krabbeln, Hochziehen, Stehen, Laufen, Klettern, Hüpfen) in kürzeren Abständen.	☐		☐		☐		☐		☐		☐	
Teamprofil für Planung/Dokumentation												

Vielfalt und Nutzung von Material	vorhanden		altersgerecht		selbstständig nutzbar		die meiste Zeit des Tages frei zugänglich	
Bitte achten Sie auf die veränderte Skala für die Merkmale 39 bis 45. Bitte geben Sie im Folgenden an, ob das Material vorhanden ist, ob es in altersgerechter Form vorliegt, ob es selbstständig von den Kindern genutzt werden kann und ob es die meiste Zeit des Tages frei zugänglich ist.	Nein	Ja	Nein	Ja	Nein	Ja	Nein	Ja
39 Materialien, die zu unterschiedlichen Bewegungsabläufen herausfordern, sind:	☐	☐	☐	☐	☐	☐	☐	☐
40 Fest installierte Ausstattungsgegenstände sind:	☐	☐	☐	☐	☐	☐	☐	☐
41 Bewegliche Ausstattungsgegenstände und Materialien, die sich für aufeinander aufbauende Fertigkeitsstufen eignen (z. B. Polster, Trittstufen, Bänke, Stühle), sind:	☐	☐	☐	☐	☐	☐	☐	☐
42 Natürliche Materialien (z. B. Baumstämme, Hütten) sind:	☐	☐	☐	☐	☐	☐	☐	☐
43 Zweckentfremdete Materialien (z. B. Autoreifen) sind:	☐	☐	☐	☐	☐	☐	☐	☐
44 Interessante bewegliche Gegenstände (z. B. Autos, Tiere zum Schieben/Ziehen, verschiedenste Bälle) im unmittelbaren Aktionsradius von Kleinstkindern und jüngeren Kindern sind:	☐	☐	☐	☐	☐	☐	☐	☐
45 Kletter-, Roll- und Kriechgeräte (z. B. Tunnel, Podeste, Zelte, Laufräder) im unmittelbaren Aktionsradius von Kleinstkindern und jüngeren Kindern sind:	☐	☐	☐	☐	☐	☐	☐	☐
Teamprofil für Vielfalt und Nutzung von Material								

Individualisierung/Berücksichtigung individueller Bedürfnisse und Interessen	überhaupt nicht/nie		weniger/ selten		teils-teils		zu einem guten Teil/ häufiger		überwiegend/ fast immer		voll & ganz/ immer	
	Selbsteinschätzung	Qualitätsprofil	Selbsteinschätzung	Qualitätsprofil	Selbsteinschätzung	Qualitätsprofil	Selbsteinschätzung	Qualitätsprofil	Selbsteinschätzung	Qualitätsprofil	Selbsteinschätzung	Qualitätsprofil
46 Ich sorge dafür, dass die Kinder den überwiegenden Teil ihrer Anwesenheit individuellen Bewegungsbedürfnissen nachgehen können.	☐		☐		☐		☐		☐		☐	
47 Ich unterstütze Kleinstkinder und jüngere Kinder in ihrem Bewegungsbedürfnis, indem ich z.B. Hindernisse zur Seite räume oder eine Tür öffne.	☐		☐		☐		☐		☐		☐	
Teamprofil für Individualisierung/Berücksichtigung individueller Bedürfnisse und Interessen												
Individualisierung/Individueller Umgang mit Material und Angeboten												
48 Ich biete Kindern mit geringer Bewegungsmotivation auf ihre Fähigkeiten abgestimmte Bewegungsaktivitäten an.	☐		☐		☐		☐		☐		☐	
49 Ich biete Kindern mit besonderen Bewegungskompetenzen spezielle herausfordernde Bewegungsimpulse an.	☐		☐		☐		☐		☐		☐	
Teamprofil für Individualisierung/Individueller Umgang mit Material und Angeboten												
Partizipation/Einbeziehung der Kinder in Entscheidungsprozesse												
50 Wenn neue Geräte und Bewegungsmaterialien angeschafft werden sollen, erkunde ich die Interessen der Kinder (auch an Hand der Entwicklungsdokumentationen).	☐		☐		☐		☐		☐		☐	
51 Wenn neue Geräte und Bewegungsmaterialien angeschafft werden sollen, berücksichtige ich die Wünsche der Kinder.	☐		☐		☐		☐		☐		☐	
52 Ich beziehe die Beobachtung der Bewegungsaktivitäten von Kleinstkindern und jüngeren Kindern in die Auswahl neuer Bewegungsmaterialien ein.	☐		☐		☐		☐		☐		☐	
Teamprofil für Partizipation/Einbeziehung der Kinder in Entscheidungsprozesse												

QUALITÄTSBEREICH BEWEGUNG (10)

Partizipation/Einbeziehung der Kinder in Gestaltungsprozesse	überhaupt nicht/nie		weniger/ selten		teils-teils		zu einem guten Teil/ häufiger		überwiegend/ fast immer		voll & ganz/ immer	
	Selbsteinschätzung	Qualitätsprofil	Selbsteinschätzung	Qualitätsprofil	Selbsteinschätzung	Qualitätsprofil	Selbsteinschätzung	Qualitätsprofil	Selbsteinschätzung	Qualitätsprofil	Selbsteinschätzung	Qualitätsprofil
53 Ich rege die Kinder zu Vorschlägen an, die zur Neugestaltung und Variation von Bewegungsaktivitäten führen.	☐		☐		☐		☐		☐		☐	
54 Kleinstkinder und jüngere Kinder können sich die meiste Zeit des Tages in den Räumen der Einrichtung bzw. einer Abteilung selbstständig bewegen.	☐		☐		☐		☐		☐		☐	
Teamprofil für Partizipation/Einbeziehung der Kinder in Gestaltungsprozesse												
Partizipation/Balance zwischen Individuum und Gruppe												
55 Ich entwickle mit den Kindern Regeln, die allen Kindern altersentsprechende Bewegungsaktivitäten ermöglichen.	☐		☐		☐		☐		☐		☐	
56 Ich achte dabei darauf, dass ältere Kinder großräumigen und schnellen Bewegungen nachgehen können (kräftiges Ballschießen, schnelles Fahren und Bremsen).	☐		☐		☐		☐		☐		☐	
57 Ich achte darauf, dass Kleinstkinder und jüngere Kinder in ihren Bewegungsbedürfnissen nicht eingeschränkt werden (keine Laufgitter o. Ä.).	☐		☐		☐		☐		☐		☐	
Teamprofil für Partizipation/Balance zwischen Individuum und Gruppe												

Checkliste
zur Selbstevaluation

für den Qualitätsbereich
Fantasie- & Rollenspiel (11)

1. Lesen Sie bitte die gesamte Checkliste einmal in Ruhe durch, bevor Sie die Fragen beantworten.
2. Schätzen Sie danach bitte ausschließlich Ihre eigene pädagogische Arbeit und Situation ein.
3. Bitte beantworten Sie jede Frage.
4. Kreuzen Sie in jeder Zeile nur **einen** Selbsteinschätzungs-Wert an.
5. Bitte lassen Sie die Spalte »Qualitätsprofil« frei. Sie wird später für die Erstellung des Profils für die gesamte Einrichtung benötigt.

 Wenn Sie Kinder unter drei Jahren in Ihrer Gruppe betreuen, schätzen Sie **zusätzlich** immer die mit dem Würfel versehenen Kriterien ein.

Bitte entscheiden Sie sich immer für **einen** Wert (kein Kreuz zwischen zwei Antwortmöglichkeiten).

Räumliche Bedingungen/Innenbereich	überhaupt nicht/nie		weniger/ selten		teils-teils		zu einem guten Teil/ häufiger		überwiegend/ fast immer		voll & ganz/ immer	
	Selbsteinschätzung	Qualitätsprofil	Selbsteinschätzung	Qualitätsprofil	Selbsteinschätzung	Qualitätsprofil	Selbsteinschätzung	Qualitätsprofil	Selbsteinschätzung	Qualitätsprofil	Selbsteinschätzung	Qualitätsprofil
1 Es gibt einen ausgewiesenen Bereich oder einen separaten Raum für Fantasie- und Rollenspiele in meiner Gruppe.	☐		☐		☐		☐		☐		☐	
2 Der Bereich für Fantasie- und Rollenspiele ist ausreichend groß.	☐		☐		☐		☐		☐		☐	
3 Im Bereich für Fantasie- und Rollenspiele ist mindestens ein Spiegel vorhanden, in dem Kinder sich vollständig betrachten können.	☐		☐		☐		☐		☐		☐	
Teamprofil für Räumliche Bedingungen/Innenbereich												
Räumliche Bedingungen/Außenbereich												
4 Das Außengelände ist so gestaltet, dass die Kinder ungestört Fantasie- und Rollenspiele verwirklichen können (z. B. durch Sichtschutzmöglichkeiten und Hecken).	☐		☐		☐		☐		☐		☐	
5 Die Kinder können Fantasie- und Rollenspielmaterialien aus dem Innenbereich auch im Außengelände nutzen.	☐		☐		☐		☐		☐		☐	
Teamprofil für Räumliche Bedingungen/Außenbereich												
Erzieherin-Kind-Interaktion/Beobachtung												
6 Ich beobachte die Rollenverteilung während der Fantasie- und Rollenspiele der Kinder.	☐		☐		☐		☐		☐		☐	
7 Ich beobachte die Spielinhalte während der Fantasie- und Rollenspiele der Kinder.	☐		☐		☐		☐		☐		☐	
8 Ich beobachte den Spielverlauf während der Fantasie- und Rollenspiele der Kinder.	☐		☐		☐		☐		☐		☐	
9 Ich beobachte die Entwicklung vom Funktions- zum Fantasiespiel bei jüngeren Kindern (vom Greifen und Experimentieren mit Gegenständen zu ersten »So-tun-als-ob«-Spielen).	☐		☐		☐		☐		☐		☐	
Teamprofil für Erzieherin-Kind-Interaktion/Beobachtung												
Erzieherin-Kind-Interaktion/ Dialog- & Beteiligungsbereitschaft												
10 Ich akzeptiere die Fantasie- und Rollenspielideen der Kinder.	☐		☐		☐		☐		☐		☐	
11 Ich zeige Interesse an den Fantasie- und Rollenspielen der Kinder.	☐		☐		☐		☐		☐		☐	
12 Ich zeige Kleinstkindern und jüngeren Kindern durch zugewandte und interessierte Gestik und Mimik meine Bereitschaft, mich an ihrem Spiel zu beteiligen.	☐		☐		☐		☐		☐		☐	

QUALITÄTSBEREICH FANTASIE- & ROLLENSPIEL (11) ▸ 179

Erzieherin-Kind-Interaktion/ Dialog- & Beteiligungsbereitschaft (Forts.)	überhaupt nicht/nie		weniger/ selten		teils-teils		zu einem guten Teil/ häufiger		überwiegend/ fast immer		voll & ganz/ immer	
	Selbsteinschätzung	Qualitätsprofil	Selbsteinschätzung	Qualitätsprofil	Selbsteinschätzung	Qualitätsprofil	Selbsteinschätzung	Qualitätsprofil	Selbsteinschätzung	Qualitätsprofil	Selbsteinschätzung	Qualitätsprofil
13 Ich übernehme selbst Rollen in Fantasie- und Rollenspielen der Kinder.	☐	☐	☐	☐	☐	☐						
14 Ich reagiere bei Kleinstkindern und jüngeren Kindern auf Geben- und Nehmen- und erste »So-tun-als-ob-Spiele«.	☐	☐	☐	☐	☐	☐						
15 Bei diesen Spielen benenne und beschreibe ich Gegenstände oder Situationen.	☐	☐	☐	☐	☐	☐						
Teamprofil für Erzieherin-Kind-Interaktion/ Dialog- & Beteiligungsbereitschaft												
Erzieherin-Kind-Interaktion/Impuls												
16 Ich bereichere das Fantasie- und Rollenspiel der Kinder mit Spielideen oder zusätzlichem Material.	☐	☐	☐	☐	☐	☐						
17 Ich unterstütze erste Fantasiespiele jüngerer Kinder, greife ihre Spielideen auf und erweitere die Spielszene sprachlich oder durch zusätzliches Material.	☐	☐	☐	☐	☐	☐						
18 Ich initiiere Fantasie- und Rollenspiele, die sich an der Erfahrungswelt der Kinder orientieren.	☐	☐	☐	☐	☐	☐						
19 Für jüngere Kinder initiiere ich Spiele, indem ich von den Kindern bevorzugte Materialien verwende oder bestimmte Rollen übernehme.	☐	☐	☐	☐	☐	☐						
Teamprofil für Erzieherin-Kind-Interaktion/Impuls												
Planung/Grundlagen und Orientierung												
20 Ich stelle den Kindern eine Vielfalt von verschiedenen Materialien zur Verfügung, die sich an den Lebensumfeldern, Interessen und Spielthemen der Kinder orientieren.	☐	☐	☐	☐	☐	☐						
Teamprofil für Planung/Grundlagen und Orientierung												
Planung/Pädagogische Inhalte und Prozesse												
21 Ich ermögliche den Kindern, ihre Spielthemen, Spielpartner und Spielorte frei auszuwählen.	☐	☐	☐	☐	☐	☐						
22 Ich gewähre allen Kindern entsprechend ihren Spielbedürfnissen ausreichend Zeit und Gelegenheit für Fantasie- und Rollenspiele.	☐	☐	☐	☐	☐	☐						
23 Ich überprüfe, ob das Rollenspielmaterial die aktuellen Spielinteressen der Kinder unterstützt.	☐	☐	☐	☐	☐	☐						

Planung/Pädagogische Inhalte und Prozesse (Forts.)	überhaupt nicht/nie		weniger/ selten		teils-teils		zu einem guten Teil/ häufiger		überwiegend/ fast immer		voll & ganz/ immer	
	Selbsteinschätzung	Qualitätsprofil	Selbsteinschätzung	Qualitätsprofil	Selbsteinschätzung	Qualitätsprofil	Selbsteinschätzung	Qualitätsprofil	Selbsteinschätzung	Qualitätsprofil	Selbsteinschätzung	Qualitätsprofil
24 Ich erweitere oder verändere daraufhin das Angebot.	☐		☐		☐		☐		☐		☐	
Teamprofil für Planung/Pädagogische Inhalte und Prozesse												
Planung/Dokumentation												
25 Ich dokumentiere die Themenvielfalt und das Spielverhalten der Kinder in Fantasie- und Rollenspielen.	☐		☐		☐		☐		☐		☐	
26 Ich nutze diese Aufzeichnungen, um Aktivitäten zu planen und geeignete Materialien bereitzustellen.	☐		☐		☐		☐		☐		☐	
27 Ich dokumentiere Spiele von Kleinstkindern und jüngeren Kindern.	☐		☐		☐		☐		☐		☐	
Teamprofil für Planung/Dokumentation												

Vielfalt und Nutzung von Material Bitte achten Sie auf die veränderte Skala für die Merkmale 28 bis 33. Bitte geben Sie im Folgenden an, ob das Material vorhanden ist, ob es in altersgerechter Form vorliegt, ob es selbstständig von den Kindern genutzt werden kann und ob es die meiste Zeit des Tages frei zugänglich ist.	vorhanden		altersgerecht		selbstständig nutzbar		die meiste Zeit des Tages frei zugänglich	
	Nein	Ja	Nein	Ja	Nein	Ja	Nein	Ja
28 Verschiedene Puppen (unterschiedlich in Form und Größe) sind:	☐	☐	☐	☐	☐	☐	☐	☐
29 Kleidungsstücke und zusätzliche Accessoires für die Puppen sind:	☐	☐	☐	☐	☐	☐	☐	☐
30 Figuren aus Bausystemen (z. B. Lego, Duplo) und Handpuppen sind:	☐	☐	☐	☐	☐	☐	☐	☐
31 Mobiliar (z. B. Küche, Krankenstation, Kaufmannsladen) und dazugehörige Materialien (Küchengeräte, Arztkoffer und Utensilien, Kasse und Geld) sind:	☐	☐	☐	☐	☐	☐	☐	☐
32 Verkleidungsutensilien (z. B. Hüte, Schuhe, Taschen, berufstypische Kleidung) sind:	☐	☐	☐	☐	☐	☐	☐	☐
33 Materialien für Fantasie- und Rollenspiele, die keine bestimmte Spielidee vorgeben (z. B. große Kartons, Stoffreste, alte Zeitungen etc.), sind:	☐	☐	☐	☐	☐	☐	☐	☐
Teamprofil für Vielfalt und Nutzung von Material								

QUALITÄTSBEREICH FANTASIE- & ROLLENSPIEL (11) ▶ 181

Individualisierung/Berücksichtigung individueller Bedürfnisse und Interessen	überhaupt nicht/nie		weniger/ selten		teils-teils		zu einem guten Teil/ häufiger		überwiegend/ fast immer		voll & ganz/ immer	
	Selbsteinschätzung	Qualitätsprofil	Selbsteinschätzung	Qualitätsprofil	Selbsteinschätzung	Qualitätsprofil	Selbsteinschätzung	Qualitätsprofil	Selbsteinschätzung	Qualitätsprofil	Selbsteinschätzung	Qualitätsprofil
34 Ich respektiere auch ungewöhnliche Spielideen der Kinder.	☐		☐		☐		☐		☐		☐	
35 Ich unterstütze jüngere Kinder dabei, sich aus dem Spiel mit älteren Kindern zurückzuziehen, wenn jüngere Kinder das wünschen.	☐		☐		☐		☐		☐		☐	
Teamprofil für Individualisierung/Berücksichtigung individueller Bedürfnisse und Interessen												
Individualisierung/Individueller Umgang mit Material und Angeboten												
36 Ich unterstütze die Kinder in individuellen Spielsituationen mit zusätzlichen Materialien, die dem Thema entsprechen.	☐		☐		☐		☐		☐		☐	
Teamprofil für Individualisierung/Individueller Umgang mit Material und Angeboten												
Partizipation/Einbeziehung der Kinder in Entscheidungsprozesse												
37 Ich orientiere mich bei der Anschaffung neuer Materialien für das Fantasie- und Rollenspiel an den Interessen und Themen der Kinder.	☐		☐		☐		☐		☐		☐	
38 Ich beziehe die Kinder bei Neuanschaffungen in die Auswahl von Fantasie- und Rollenspielmaterialien ein.	☐		☐		☐		☐		☐		☐	
39 Ich berücksichtige bei der Auswahl von neuen Spielmaterialien die Wünsche und Spielbedürfnisse von jüngeren Kindern.	☐		☐		☐		☐		☐		☐	
Teamprofil für Partizipation/Einbeziehung der Kinder in Entscheidungsprozesse												
Partizipation/Einbeziehung der Kinder in Gestaltungsprozesse												
40 Ich gewähre den Kindern den Freiraum, »ihre« Themen zu spielen und Rollen, Spielsituationen und Spielorte untereinander auszuhandeln.	☐		☐		☐		☐		☐		☐	
41 Jüngere Kinder haben die Gelegenheit, Fantasie- und Rollenspiele zwischen älteren Kindern sowie der Erzieherin und anderen Kindern zu beobachten.	☐		☐		☐		☐		☐		☐	
Teamprofil für Partizipation/Einbeziehung der Kinder in Gestaltungsprozesse												

Partizipation/Balance zwischen Individuum und Gruppe	überhaupt nicht/nie		weniger/ selten		teils-teils		zu einem guten Teil/ häufiger		überwie- gend/ fast immer		voll & ganz/ immer	
	Selbsteinschätzung	Qualitätsprofil	Selbsteinschätzung	Qualitätsprofil	Selbsteinschätzung	Qualitätsprofil	Selbsteinschätzung	Qualitätsprofil	Selbsteinschätzung	Qualitätsprofil	Selbsteinschätzung	Qualitätsprofil
42 Wenn einzelne Kinder oder eine Spielgruppe das Gruppengeschehen längere Zeit dominieren, suche ich gemeinsam mit den Kindern nach Lösungsmöglichkeiten.	☐		☐		☐		☐		☐		☐	
Teamprofil für Partizipation/Balance zwischen Individuum und Gruppe												

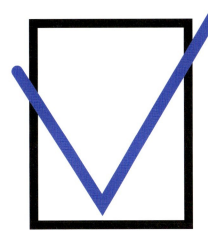

Checkliste
zur Selbstevaluation

für den Qualitätsbereich

Bauen & Konstruieren (12)

1. Lesen Sie bitte die gesamte Checkliste einmal in Ruhe durch, bevor Sie die Fragen beantworten.
2. Schätzen Sie danach bitte ausschließlich Ihre eigene pädagogische Arbeit und Situation ein.
3. Bitte beantworten Sie jede Frage.
4. Kreuzen Sie in jeder Zeile nur **einen** Selbsteinschätzungs-Wert an.
5. Bitte lassen Sie die Spalte »Qualitätsprofil« frei. Sie wird später für die Erstellung des Profils für die gesamte Einrichtung benötigt.

 Wenn Sie Kinder unter drei Jahren in Ihrer Gruppe betreuen, schätzen Sie **zusätzlich** immer die mit dem Würfel versehenen Kriterien ein.

Bitte entscheiden Sie sich immer für **einen** Wert (kein Kreuz zwischen zwei Antwortmöglichkeiten).

Räumliche Bedingungen/Innenbereich	überhaupt nicht/nie		weniger/ selten		teils-teils		zu einem guten Teil/ häufiger		überwiegend/ fast immer		voll & ganz/ immer	
	Selbsteinschätzung	Qualitätsprofil	Selbsteinschätzung	Qualitätsprofil	Selbsteinschätzung	Qualitätsprofil	Selbsteinschätzung	Qualitätsprofil	Selbsteinschätzung	Qualitätsprofil	Selbsteinschätzung	Qualitätsprofil
1 In meiner Gruppe gibt es einen ausgewiesenen Bereich zum Bauen und Konstruieren.	☐		☐		☐		☐		☐		☐	
2 Der Bau- und Konstruktionsbereich ist ausreichend groß.	☐		☐		☐		☐		☐		☐	
3 Der Bau- und Konstruktionsbereich ist mit geeignetem Bodenbelag ausgestattet.	☐		☐		☐		☐		☐		☐	
4 Der Bau- und Konstruktionsbereich hat genügend Fächer, Kisten oder Schubladen für Bauspiel- und Konstruktionsmaterialien.	☐		☐		☐		☐		☐		☐	
5 Die Fächer, Kisten oder Schubladen mit Materialien für jüngere Kinder befinden sich in Körperhöhe der Kinder.	☐		☐		☐		☐		☐		☐	
Teamprofil für Räumliche Bedingungen/Innenbereich												
Räumliche Bedingungen/Außenbereich												
6 Das Außengelände ist so gestaltet und ausgestattet, dass Kinder mit Natur- und Konstruktionsmaterialien bauen und konstruieren können.	☐		☐		☐		☐		☐		☐	
7 Es gibt einen großzügigen Bereich für Sandspiele.	☐		☐		☐		☐		☐		☐	
8 Es gibt einen großzügigen Bereich für Wasserspiele mit einem funktionierenden Wasseranschluss.	☐		☐		☐		☐		☐		☐	
9 Es gibt einen Bereich, in dem jüngere Kinder ungestört spielen können.	☐		☐		☐		☐		☐		☐	
10 Dieser Bereich schließt einen Sand- und Wasserspielplatz ein.	☐		☐		☐		☐		☐		☐	
Teamprofil für Räumliche Bedingungen/Außenbereich												
Erzieherin-Kind-Interaktion/Beobachtung												
11 Ich beobachte das Spielverhalten der Kinder bei ihren Bau- und Konstruktionsspielen.	☐		☐		☐		☐		☐		☐	
12 Ich beobachte die Fertigkeiten der Kinder bei ihren Bau- und Konstruktionsspielen.	☐		☐		☐		☐		☐		☐	
13 Ich beobachte, wie jüngere Kinder greifen.	☐		☐		☐		☐		☐		☐	
14 Ich beobachte, mit welchen Materialien jüngere Kinder experimentieren.	☐		☐		☐		☐		☐		☐	
15 Ich beobachte Situationen, in denen jüngere Kinder sortieren, legen oder stecken.	☐		☐		☐		☐		☐		☐	
Teamprofil für Erzieherin-Kind-Interaktion/Beobachtung												

QUALITÄTSBEREICH BAUEN & KONSTRUIEREN (12) ▸ 185

Erzieherin-Kind-Interaktion/ Dialog- & Beteiligungsbereitschaft	überhaupt nicht/nie		weniger/ selten		teils-teils		zu einem guten Teil/ häufiger		überwiegend/ fast immer		voll & ganz/ immer	
	Selbsteinschätzung	Qualitätsprofil	Selbsteinschätzung	Qualitätsprofil	Selbsteinschätzung	Qualitätsprofil	Selbsteinschätzung	Qualitätsprofil	Selbsteinschätzung	Qualitätsprofil	Selbsteinschätzung	Qualitätsprofil
16 Ich unterhalte mich mit den Kindern über ihre Ideen zum Bauen und Konstruieren.	☐	☐	☐	☐	☐	☐	☐	☐	☐	☐	☐	☐
17 Ich begleite die Handlungen jüngerer Kinder beim Bau- und Konstruktionsspiel sprachlich.	☐		☐		☐		☐		☐		☐	
18 Ich benenne Gegenstände und ihre Beschaffenheit (Form, Farbe, Größe, Material) beim Bau- und Konstruktionsspiel jüngerer Kinder.	☐		☐		☐		☐		☐		☐	
Teamprofil für Erzieherin-Kind-Interaktion/ Dialog- & Beteiligungsbereitschaft												
Erzieherin-Kind-Interaktion/Impuls												
19 Ich unterstütze die Kinder, wenn sie neue Anreize oder Materialien für eine Konstruktionsidee benötigen.	☐		☐		☐		☐		☐		☐	
20 Ich ermutige jüngere Kinder zum erneuten Aufbauen, wenn Bauwerke ungewollt einstürzen.	☐		☐		☐		☐		☐		☐	
21 Ich rege die Kinder an, im Außengelände vorhandene Natur- und Baumaterialien zum Bauen und Konstruieren zu nutzen.	☐		☐		☐		☐		☐		☐	
22 Ich zeige den Kindern verschiedene Techniken des Bauens und Konstruierens.	☐		☐		☐		☐		☐		☐	
Teamprofil für Erzieherin-Kind-Interaktion/Impuls												
Planung/Pädagogische Inhalte und Prozesse												
23 Ich plane Aktivitäten und Projekte, in denen die Kinder Erfahrungen mit verschiedenen Bau- und Konstruktionsmaterialien machen können.	☐		☐		☐		☐		☐		☐	
24 Ich plane Aktivitäten und Projekte, in denen die Kinder Erfahrungen mit unterschiedlichen Techniken machen können.	☐		☐		☐		☐		☐		☐	
25 Ich plane Aktivitäten und Projekte, in denen die Kinder Erfahrungen mit Bau- und Konstruktionsmaterialien, die Anleitung erfordern, machen können.	☐		☐		☐		☐		☐		☐	
26 Ich biete jüngeren Kindern regelmäßig Bau- und Konstruktionsaktivitäten an.	☐		☐		☐		☐		☐		☐	
27 Ich plane Projekte, in denen die Kinder Gegenstände für die Gruppe oder die Einrichtung herstellen (z.B. Raumgestaltungselemente, Elemente für das Außengelände).	☐		☐		☐		☐		☐		☐	

Planung/Pädagogische Inhalte und Prozesse (Forts.)	überhaupt nicht/nie		weniger/ selten		teils-teils		zu einem guten Teil/ häufiger		überwie- gend/ fast immer		voll & ganz/ immer	
	Selbsteinschätzung	Qualitätsprofil	Selbsteinschätzung	Qualitätsprofil	Selbsteinschätzung	Qualitätsprofil	Selbsteinschätzung	Qualitätsprofil	Selbsteinschätzung	Qualitätsprofil	Selbsteinschätzung	Qualitätsprofil
28 Jüngere Kinder sind an Projekten zum Bauen und Konstruieren beteiligt.	☐		☐		☐		☐		☐		☐	
29 Jüngere Kinder machen erste Erfahrungen mit Werkstoffen wie Hölzern, Rinden, Baumscheiben.	☐		☐		☐		☐		☐		☐	
30 Jüngere Kinder machen erste Erfahrungen mit Werkzeugen wie Holzhammer, Feile, Schraubendreher.	☐		☐		☐		☐		☐		☐	
Teamprofil für Planung/Pädagogische Inhalte und Prozesse												
Planung/Dokumentation												
31 Ich dokumentiere regelmäßig die Fähigkeiten der Kinder im Bauen und Konstruieren.	☐		☐		☐		☐		☐		☐	
32 Ich dokumentiere regelmäßig ihre Interessen an Bau- und Konstruktionsaktivitäten.	☐		☐		☐		☐		☐		☐	
Teamprofil für Planung/Dokumentation												

Vielfalt und Nutzung von Material Bitte achten Sie auf die veränderte Skala für die Merkmale 33 bis 34. Bitte geben Sie im Folgenden an, ob das Material vorhanden ist, ob es in altersgerechter Form vorliegt, ob es selbstständig von den Kindern genutzt werden kann und ob es die meiste Zeit des Tages frei zugänglich ist.	vorhanden		altersgerecht		selbstständig nutzbar		die meiste Zeit des Tages frei zugänglich	
	Nein	Ja	Nein	Ja	Nein	Ja	Nein	Ja
33 Verschiedene Arten von Bau- und Konstruktionsmaterialien in ausreichender Menge sind:	☐	☐	☐	☐	☐	☐	☐	☐
34 Verschiedene Materialien/Gegenstände (z. B. Eimer, Schippen, Siebe, Wasserräder) für Sand- und Wasserspiele in ausreichender Menge sind:	☐	☐	☐	☐	☐	☐	☐	☐
Teamprofil für Vielfalt und Nutzung von Material								

QUALITÄTSBEREICH BAUEN & KONSTRUIEREN (12) ▸ 187

Individualisierung/Berücksichtigung individueller Bedürfnisse und Interessen	überhaupt nicht/nie		weniger/ selten		teils-teils		zu einem guten Teil/ häufiger		überwie- gend/ fast immer		voll & ganz/ immer	
	Selbsteinschätzung	Qualitätsprofil	Selbsteinschätzung	Qualitätsprofil	Selbsteinschätzung	Qualitätsprofil	Selbsteinschätzung	Qualitätsprofil	Selbsteinschätzung	Qualitätsprofil	Selbsteinschätzung	Qualitätsprofil
35 Ich unterstütze die Kinder individuell bei für sie kniffligen Konstruktionen.	☐		☐		☐		☐		☐		☐	
36 Ich unterstütze jüngere Kinder bei für sie schwierigen Baukonstruktionen durch Mitbauen.	☐		☐		☐		☐		☐		☐	
Teamprofil für Individualisierung/Berücksichtigung individueller Bedürfnisse und Interessen												
Individualisierung/Individueller Umgang mit Material und Angeboten												
37 Die Kinder können Materialien aus anderen Bereichen (z. B. Rollenspiel) für ihr Bauspiel nutzen.	☐		☐		☐		☐		☐		☐	
Teamprofil für Individualisierung/Individueller Umgang mit Material und Angeboten												
Partizipation/Einbeziehung der Kinder in Entscheidungsprozesse												
38 Ich berücksichtige bei der Anschaffung von Bau- und Konstruktionsmaterialien die Wünsche der Kinder.	☐		☐		☐		☐		☐		☐	
39 Bei der Anschaffung von Bau- und Konstruktionsmaterialien zeige ich jüngeren Kindern Materialmuster.	☐		☐		☐		☐		☐		☐	
40 Bei der Anschaffung von Bau- und Konstruktionsmaterialien beteilige ich jüngere Kinder an der Auswahl der Materialien.	☐		☐		☐		☐		☐		☐	
41 Ich handle mit den Kindern Regeln für das Spiel im Baubereich aus.	☐		☐		☐		☐		☐		☐	
42 Ich handle mit den Kindern Regeln für den Umgang mit Bauwerken aus.	☐		☐		☐		☐		☐		☐	
43 Ich achte darauf, dass jüngere Kinder bei Entscheidungen über Regeln dabei sind.	☐		☐		☐		☐		☐		☐	
Teamprofil für Partizipation/Einbeziehung der Kinder in Entscheidungsprozesse												

Partizipation/Balance zwischen Individuum und Gruppe	überhaupt nicht/nie		weniger/ selten		teils-teils		zu einem guten Teil/ häufiger		überwiegend/ fast immer		voll & ganz/ immer	
	Selbsteinschätzung	Qualitätsprofil	Selbsteinschätzung	Qualitätsprofil	Selbsteinschätzung	Qualitätsprofil	Selbsteinschätzung	Qualitätsprofil	Selbsteinschätzung	Qualitätsprofil	Selbsteinschätzung	Qualitätsprofil
44 Ich achte beim Aushandeln der Regeln darauf, dass unterschiedliche Interessen verschiedener Altersgruppen beim Bauspiel berücksichtigt werden.	☐		☐		☐		☐		☐		☐	
45 Ich achte darauf, dass aufwändige Bauwerke vor Zerstörung durch jüngere Kinder geschützt sind.	☐		☐		☐		☐		☐		☐	
Teamprofil für Partizipation/Balance zwischen Individuum und Gruppe												

Checkliste
zur Selbstevaluation

für den Qualitätsbereich
Bildende Kunst, Musik & Tanz
(13)

1. Lesen Sie bitte die gesamte Checkliste einmal in Ruhe durch, bevor Sie die Fragen beantworten.
2. Schätzen Sie danach bitte ausschließlich Ihre eigene pädagogische Arbeit und Situation ein.
3. Bitte beantworten Sie jede Frage.
4. Kreuzen Sie in jeder Zeile nur **einen** Selbsteinschätzungs-Wert an.
5. Bitte lassen Sie die Spalte »Qualitätsprofil« frei. Sie wird später für die Erstellung des Profils für die gesamte Einrichtung benötigt.

 Wenn Sie Kinder unter drei Jahren in Ihrer Gruppe betreuen, schätzen Sie **zusätzlich** immer die mit dem Würfel versehenen Kriterien ein.

 Bitte entscheiden Sie sich immer für **einen** Wert (kein Kreuz zwischen zwei Antwortmöglichkeiten).

Räumliche Bedingungen/Innenbereich	überhaupt nicht/nie		weniger/ selten		teils-teils		zu einem guten Teil/ häufiger		überwiegend/ fast immer		voll & ganz/ immer	
	Selbsteinschätzung	Qualitätsprofil	Selbsteinschätzung	Qualitätsprofil	Selbsteinschätzung	Qualitätsprofil	Selbsteinschätzung	Qualitätsprofil	Selbsteinschätzung	Qualitätsprofil	Selbsteinschätzung	Qualitätsprofil
1 Für meine Gruppe stehen Bereiche oder zusätzliche Räumlichkeiten zum Malen und Gestalten zur Verfügung.	☐		☐		☐		☐		☐		☐	
2 Für meine Gruppe stehen Bereiche oder zusätzliche Räumlichkeiten für musikalische Aktivitäten sowie Tanz und Bewegung zu Musik zur Verfügung.	☐		☐		☐		☐		☐		☐	
3 Die Bereiche zum Malen und Gestalten sind ausreichend groß.	☐		☐		☐		☐		☐		☐	
4 Die Bereiche zum Malen und Gestalten haben einen Wasseranschluss (Zu- und Abfluss).	☐		☐		☐		☐		☐		☐	
5 Die Bereiche zum Malen und Gestalten sind mit einem abwaschbaren Bodenbelag ausgestattet.	☐		☐		☐		☐		☐		☐	
6 Es gibt abgegrenzte Bereiche für jüngere Kinder, in denen sie erste Erfahrungen mit Farbe, Kleister und Sand machen können.	☐		☐		☐		☐		☐		☐	
Teamprofil für Räumliche Bedingungen/Innenbereich												
Räumliche Bedingungen/Außenbereich												
7 Das Außengelände bietet ausreichend Platz zum Malen und Gestalten.	☐		☐		☐		☐		☐		☐	
8 Das Außengelände bietet einen festen Untergrund für großflächiges Malen und Gestalten.	☐		☐		☐		☐		☐		☐	
9 Das Außengelände bietet Platz für Musik-, Theater- und Tanzaufführungen.	☐		☐		☐		☐		☐		☐	
Teamprofil für Räumliche Bedingungen/Außenbereich												
Erzieherin-Kind-Interaktion/Beobachtung												
10 Ich beobachte die Ausdrucksformen und Ideen der Kinder bei musikalisch-rhythmischen Aktivitäten.	☐		☐		☐		☐		☐		☐	
11 Ich beobachte die Ausdrucksformen und Ideen der Kinder bei gestalterischen Aktivitäten.	☐		☐		☐		☐		☐		☐	
12 Ich beobachte erste Kritzelversuche bei jüngeren Kindern.	☐		☐		☐		☐		☐		☐	
13 Ich beobachte rhythmische Bewegungen zu Klängen und Musik bei jüngeren Kindern.	☐		☐		☐		☐		☐		☐	
14 Ich kenne besondere Vorlieben und Abneigungen der Kinder im künstlerischen Bereich, bei Musik und Tanz.	☐		☐		☐		☐		☐		☐	

QUALITÄTSBEREICH BILDENDE KUNST, MUSIK & TANZ (13) ▸ 191

Erzieherin-Kind-Interaktion/Beobachtung (Forts.)	überhaupt nicht/nie		weniger/ selten		teils-teils		zu einem guten Teil/ häufiger		überwiegend/ fast immer		voll & ganz/ immer	
	Selbsteinschätzung	Qualitätsprofil	Selbsteinschätzung	Qualitätsprofil	Selbsteinschätzung	Qualitätsprofil	Selbsteinschätzung	Qualitätsprofil	Selbsteinschätzung	Qualitätsprofil	Selbsteinschätzung	Qualitätsprofil
15 Ich erkenne Lieblingsmelodien, bevorzugte und weniger beliebte Farben, Klänge und Bewegungen bei Kleinstkindern.	☐		☐		☐		☐		☐		☐	
16 Ich habe einen Überblick über häufig genutzte und weniger genutzte Materialien.	☐		☐		☐		☐		☐		☐	
17 Ich beobachte, welche Materialien von jüngeren Kindern bevorzugt erkundet und genutzt werden.	☐		☐		☐		☐		☐		☐	

Teamprofil für Erzieherin-Kind-Interaktion/Beobachtung

Erzieherin-Kind-Interaktion/ Dialog- & Beteiligungsbereitschaft

18 Ich spreche mit den Kindern über ihre Ideen zum bildnerischen Gestalten.	☐		☐		☐		☐		☐		☐	
19 Ich spreche mit den Kindern über ihre Ideen zu musikalischen und tänzerischen Aktivitäten.	☐		☐		☐		☐		☐		☐	
20 Ich spreche mit den Kindern über Materialien und Instrumente.	☐		☐		☐		☐		☐		☐	
21 Wenn sich Kleinstkinder und jüngere Kinder mit Materialien, Malutensilien, Instrumenten und Tanzrequisiten beschäftigen, benenne ich die Gegenstände.	☐		☐		☐		☐		☐		☐	
22 Wenn sich Kleinstkinder und jüngere Kinder mit Materialien, Malutensilien, Instrumenten und Tanzrequisiten beschäftigen, beschreibe ich die Handlungen der Kinder, ohne ihr Tätigsein zu unterbrechen.	☐		☐		☐		☐		☐		☐	
23 Ich achte die Werke und Ausdrucksformen von Kleinstkindern und jüngeren Kindern (z.B. erste Kritzelversuche, erstes Formen mit Ton und Knetmaterial, erstes Klatschen).	☐		☐		☐		☐		☐		☐	

Teamprofil für Erzieherin-Kind-Interaktion/ Dialog- & Beteiligungsbereitschaft

Erzieherin-Kind-Interaktion/Impuls

24 Ich ermutige die Kinder zu bildnerischem Ausdruck.	☐		☐		☐		☐		☐		☐	
25 Ich ermutige die Kinder zu musikalischem Ausdruck.	☐		☐		☐		☐		☐		☐	
26 Ich ermutige die Kinder zu tänzerischem Ausdruck.	☐		☐		☐		☐		☐		☐	

Erzieherin-Kind-Interaktion/Impuls (Forts.)

	überhaupt nicht/nie		weniger/ selten		teils-teils		zu einem guten Teil/ häufiger		überwiegend/ fast immer		voll & ganz/ immer	
	Selbsteinschätzung	Qualitätsprofil	Selbsteinschätzung	Qualitätsprofil	Selbsteinschätzung	Qualitätsprofil	Selbsteinschätzung	Qualitätsprofil	Selbsteinschätzung	Qualitätsprofil	Selbsteinschätzung	Qualitätsprofil
27 Ich biete jüngeren Kindern Materialien so an, dass die Kinder sich aufgefordert fühlen.	☐		☐		☐		☐		☐		☐	
28 Ich initiiere gestalterische und musikalische Aktivitäten für jüngere Kinder.	☐		☐		☐		☐		☐		☐	
29 Ich zeige den Kindern Umgangsmöglichkeiten mit Materialien, die sie benötigen, um sich künstlerisch auszudrücken (z. B. mit Werkzeugen, Gestaltungsmaterialien, Musikinstrumenten, Tanzrequisiten).	☐		☐		☐		☐		☐		☐	
30 Ich führe jüngere Kinder in den Gebrauch von Materialien und Werkzeugen ein.	☐		☐		☐		☐		☐		☐	
31 Ich führe jüngere Kinder in den Umgang mit Instrumenten und Tanzrequisiten ein.	☐		☐		☐		☐		☐		☐	
Teamprofil für Erzieherin-Kind-Interaktion/Impuls												
Planung/Pädagogische Inhalte und Prozesse												
32 Ich plane im Tagesablauf bildnerische Angebote.	☐		☐		☐		☐		☐		☐	
33 Ich plane im Tagesablauf musikalische und tänzerische Angebote.	☐		☐		☐		☐		☐		☐	
34 Ich plane im Tagesablauf Möglichkeiten für selbst initiierte künstlerische Aktivitäten der Kinder.	☐		☐		☐		☐		☐		☐	
35 Ich plane Aktivitäten, bei denen Kinder ihre Sinne und ihren Körper erfahren.	☐		☐		☐		☐		☐		☐	
36 Ich plane Aktivitäten, bei denen Kinder mit Materialien experimentieren können.	☐		☐		☐		☐		☐		☐	
37 Meine Planung ermöglicht den Kindern eine längerfristige künstlerische Auseinandersetzung in Projekten oder bei gestalterischen Werken (z. B. Anfertigen einer Großskulptur).	☐		☐		☐		☐		☐		☐	
38 Ich beziehe jüngere Kinder entsprechend ihren Möglichkeiten und Vorlieben in längerfristige Projekte ein (z. B. Theaterspiel, Gestalten einer Hauswand).	☐		☐		☐		☐		☐		☐	
Teamprofil für Planung/Pädagogische Inhalte und Prozesse												

QUALITÄTSBEREICH BILDENDE KUNST, MUSIK & TANZ (13) ▸ 193

Planung/Dokumentation	überhaupt nicht/nie		weniger/ selten		teils-teils		zu einem guten Teil/ häufiger		überwiegend/ fast immer		voll & ganz/ immer	
	Selbsteinschätzung	Qualitätsprofil	Selbsteinschätzung	Qualitätsprofil	Selbsteinschätzung	Qualitätsprofil	Selbsteinschätzung	Qualitätsprofil	Selbsteinschätzung	Qualitätsprofil	Selbsteinschätzung	Qualitätsprofil
39 Ich dokumentiere die Interessen der Kinder für gestalterische Prozesse.	☐	☐	☐	☐	☐	☐	☐	☐	☐	☐	☐	☐
40 Ich dokumentiere ihre Interessen für musikalische Aktivitäten.	☐	☐	☐	☐	☐	☐	☐	☐	☐	☐	☐	☐
41 Ich dokumentiere ihre Interessen für Tanz und Rhythmik	☐	☐	☐	☐	☐	☐	☐	☐	☐	☐	☐	☐
Teamprofil für Planung/Dokumentation												

Vielfalt und Nutzung von Material Bitte achten Sie auf die veränderte Skala für die Merkmale 42 bis 52. Bitte geben Sie im Folgenden an, ob das Material vorhanden ist, ob es in altersgerechter Form vorliegt, ob es selbstständig von den Kindern genutzt werden kann und ob es die meiste Zeit des Tages frei zugänglich ist.	vorhanden		altersgerecht		selbstständig nutzbar		die meiste Zeit des Tages frei zugänglich	
	Nein	Ja	Nein	Ja	Nein	Ja	Nein	Ja
42 Farben, die das gesamte Farbspektrum abdecken, sind:	☐	☐	☐	☐	☐	☐	☐	☐
43 Wachsmalstifte, Buntstifte und Wassermalfarben sind:	☐	☐	☐	☐	☐	☐	☐	☐
44 Scheren und Kleber sind:	☐	☐	☐	☐	☐	☐	☐	☐
45 Papier, Pappe, Schachteln, Papprollen sind:	☐	☐	☐	☐	☐	☐	☐	☐
46 Modelliermassen (z. B. Knete, Ton, Gips, Salzteig, Fimo) sind:	☐	☐	☐	☐	☐	☐	☐	☐
47 Kindgerechte Werkzeuge (z. B. Hammer, Zange, Laubsäge) sind:	☐	☐	☐	☐	☐	☐	☐	☐
48 Einfache Rhythmikinstrumente (z. B. Klanghölzer, Triangel, Handtrommeln) sind:	☐	☐	☐	☐	☐	☐	☐	☐
49 Instrumente aus verschiedenen Kulturen (z. B. Glocken, Schellenringe, Kalebassen) sind:	☐	☐	☐	☐	☐	☐	☐	☐
50 Tücher, Bänder, Schellenringe sind:	☐	☐	☐	☐	☐	☐	☐	☐
51 Kassetten, CDs und Anschauungsmaterialien wie Bildbände, Kunstdrucke und Kunstobjekte sind:	☐	☐	☐	☐	☐	☐	☐	☐
52 Alltagsgegenstände für jüngere Kinder wie Töpfe, Deckel, Löffel, Becher etc. zum Geräuschemachen machen sind	☐	☐	☐	☐	☐	☐	☐	☐
Teamprofil für Vielfalt und Nutzung von Material								

Individualisierung/Berücksichtigung individueller Bedürfnisse und Interessen	überhaupt nicht/nie		weniger/ selten		teils-teils		zu einem guten Teil/ häufiger		überwiegend/ fast immer		voll & ganz/ immer	
	Selbsteinschätzung	Qualitätsprofil	Selbsteinschätzung	Qualitätsprofil	Selbsteinschätzung	Qualitätsprofil	Selbsteinschätzung	Qualitätsprofil	Selbsteinschätzung	Qualitätsprofil	Selbsteinschätzung	Qualitätsprofil
53 Ich respektiere die Themen und Inhalte, die Kinder wählen.	☐		☐		☐		☐		☐		☐	
54 Ich respektiere die Art, wie sie ihre Werke deuten.	☐		☐		☐		☐		☐		☐	
55 Ich ermögliche jedem Kind, nach seinen Ideen, Bedürfnissen und Fähigkeiten tätig zu werden.	☐		☐		☐		☐		☐		☐	
56 Jedes Kind ist frei in der Gestaltung seiner künstlerischen Aktivitäten.	☐		☐		☐		☐		☐		☐	
57 Jedes Kind wählt die Materialien dazu selbst aus.	☐		☐		☐		☐		☐		☐	
Teamprofil für Individualisierung/Berücksichtigung individueller Bedürfnisse und Interessen												
Partizipation/Einbeziehung der Kinder in Entscheidungsprozesse												
58 Ich vereinbare gemeinsam mit den Kindern Regeln für die Handhabung von Materialien, Werkzeugen und Musikinstrumenten.	☐		☐		☐		☐		☐		☐	
59 Werden neue Materialien, Werkzeuge und Musikinstrumente angeschafft, berücksichtige ich die Wünsche der Kinder.	☐		☐		☐		☐		☐		☐	
Teamprofil für Partizipation/Einbeziehung der Kinder in Entscheidungsprozesse												
Partizipation/Einbeziehung der Kinder in Gestaltungsprozesse												
60 Ich beziehe die Ideen der Kinder in meine Angebote ein.	☐		☐		☐		☐		☐		☐	
61 Bei jüngeren Kindern lasse ich mich von Ausdrucksformen und Ideen der Kinder zu Aktivitäten und Angeboten anregen.	☐		☐		☐		☐		☐		☐	
62 Ich respektiere auch ungewöhnliche künstlerische Ausdrucksformen der Kinder.	☐		☐		☐		☐		☐		☐	
Teamprofil für Partizipation/Einbeziehung der Kinder in Gestaltungsprozesse												

Partizipation/Balance zwischen Individuum und Gruppe	überhaupt nicht/nie		weniger/ selten		teils-teils		zu einem guten Teil/ häufiger		überwiegend/ fast immer		voll & ganz/ immer	
	Selbsteinschätzung	Qualitätsprofil	Selbsteinschätzung	Qualitätsprofil	Selbsteinschätzung	Qualitätsprofil	Selbsteinschätzung	Qualitätsprofil	Selbsteinschätzung	Qualitätsprofil	Selbsteinschätzung	Qualitätsprofil
63 Ich nutze die musikalischen und kreativen Fertigkeiten und Fähigkeiten von Kindern für Angebote für die Gruppe (z. B. wenn ein Kind einen Tanz oder ein Instrument spielen kann).	☐		☐		☐		☐		☐		☐	
64 Ich achte darauf, dass die Werke von Kindern nicht von anderen Kindern beschädigt oder zerstört werden.	☐		☐		☐		☐		☐		☐	
65 Ich achte bei einem gemeinsamen Projekt darauf, dass jedes Kind den von ihm übernommenen Teil ausführt.	☐		☐		☐		☐		☐		☐	
Teamprofil für Partizipation/Balance zwischen Individuum und Gruppe												

Checkliste
zur Selbstevaluation

für den Qualitätsbereich
Natur-, Umgebungs- & Sachwissen
(14)

1. Lesen Sie bitte die gesamte Checkliste einmal in Ruhe durch, bevor Sie die Fragen beantworten.
2. Schätzen Sie danach bitte ausschließlich Ihre eigene pädagogische Arbeit und Situation ein.
3. Bitte beantworten Sie jede Frage.
4. Kreuzen Sie in jeder Zeile nur **einen** Selbsteinschätzungs-Wert an.
5. Bitte lassen Sie die Spalte »Qualitätsprofil« frei. Sie wird später für die Erstellung des Profils für die gesamte Einrichtung benötigt.

  Wenn Sie Kinder unter drei Jahren in Ihrer Gruppe betreuen, schätzen Sie **zusätzlich** immer die mit dem Würfel versehenen Kriterien ein.

Bitte entscheiden Sie sich immer für **einen** Wert (kein Kreuz zwischen zwei Antwortmöglichkeiten).

Räumliche Bedingungen/Innenbereich	überhaupt nicht/nie		weniger/ selten		teils-teils		zu einem guten Teil/ häufiger		überwiegend/ fast immer		voll & ganz/ immer	
	Selbsteinschätzung	Qualitätsprofil	Selbsteinschätzung	Qualitätsprofil	Selbsteinschätzung	Qualitätsprofil	Selbsteinschätzung	Qualitätsprofil	Selbsteinschätzung	Qualitätsprofil	Selbsteinschätzung	Qualitätsprofil
1 Es gibt Bereiche in den Räumen meiner Gruppe, in denen Spiele und Aktivitäten mit Wasser möglich sind.	☐		☐		☐		☐		☐		☐	
2 Die Gestaltung meiner Gruppenräume bietet den Kindern Möglichkeiten, zu experimentieren.	☐		☐		☐		☐		☐		☐	
3 Die Gestaltung meiner Gruppenräume bietet den Kindern Möglichkeiten, Sammlungen anzulegen und zu erweitern.	☐		☐		☐		☐		☐		☐	
4 Die Gestaltung meiner Gruppenräume bietet den Kindern Möglichkeiten, mit technischen Gegenständen umzugehen.	☐		☐		☐		☐		☐		☐	
5 Die Gestaltung meiner Gruppenräume bietet den Kindern Möglichkeiten, Pflanzen oder Tiere zu versorgen.	☐		☐		☐		☐		☐		☐	
Teamprofil für Räumliche Bedingungen/Innenbereich												
Räumliche Bedingungen/Außenbereich												
6 Es sind Sand- und Wasserspielplätze vorhanden.	☐		☐		☐		☐		☐		☐	
7 Es ist soviel Platz vorhanden, dass die Kinder Gräben und Wasserläufe bauen können.	☐		☐		☐		☐		☐		☐	
8 Die Kinder haben die Möglichkeit, Ausstattungsgegenstände zum Erkunden und Experimentieren mit in den Außenbereich zu nehmen.	☐		☐		☐		☐		☐		☐	
9 Jüngere Kinder können in einem eigenen Bereich Naturerfahrungen machen (z. B. verschiedene Blätter, Zapfen, Steine oder Hölzer sind vorhanden).	☐		☐		☐		☐		☐		☐	
10 Jüngere Kinder können ungestört experimentieren (z. B. mit Wasser, Sand oder Kies).	☐		☐		☐		☐		☐		☐	
Teamprofil für Räumliche Bedingungen/Außenbereich												
Erzieherin-Kind-Interaktion/Beobachtung												
11 Ich achte darauf, wenn Kinder miteinander über ihre Ideen sprechen.	☐		☐		☐		☐		☐		☐	
12 Ich achte darauf, welche Erklärungen sie für Vorgänge in ihrer Umgebung finden.	☐		☐		☐		☐		☐		☐	
13 Ich achte bei Kleinstkindern und jüngeren Kindern darauf, wie sie auf Naturereignisse und Tiere reagieren (ihre Laute, Mimik, Gestik, ob sie sich auf etwas zu- oder davon wegbewegen).	☐		☐		☐		☐		☐		☐	

QUALITÄTSBEREICH NATUR-, UMGEBUNGS- & SACHWISSEN (14) ▸ 199

Erzieherin-Kind-Interaktion/Beobachtung (Forts.)	überhaupt nicht/nie		weniger/ selten		teils-teils		zu einem guten Teil/ häufiger		überwiegend/ fast immer		voll & ganz/ immer	
	Selbsteinschätzung	Qualitätsprofil	Selbsteinschätzung	Qualitätsprofil	Selbsteinschätzung	Qualitätsprofil	Selbsteinschätzung	Qualitätsprofil	Selbsteinschätzung	Qualitätsprofil	Selbsteinschätzung	Qualitätsprofil
14 Ich achte bei Kleinstkindern und jüngeren Kindern darauf, wie sie auf Tätigkeiten von Personen reagieren.	☐		☐		☐		☐		☐		☐	
Teamprofil für Erzieherin-Kind-Interaktion/Beobachtung												
Erzieherin-Kind-Interaktion/ Dialog- & Beteiligungsbereitschaft												
15 Ich spreche mit den Kindern über die Natur.	☐		☐		☐		☐		☐		☐	
16 Ich spreche mit den Kindern über Ökologie.	☐		☐		☐		☐		☐		☐	
17 Ich spreche mit den Kindern über Technik.	☐		☐		☐		☐		☐		☐	
18 Ich spreche mit den Kindern über naturwissenschaftliche Fragen.	☐		☐		☐		☐		☐		☐	
19 Ich spreche mit den Kindern über Geschichte.	☐		☐		☐		☐		☐		☐	
20 Ich spreche mit den Kindern über verschiedene Kulturen.	☐		☐		☐		☐		☐		☐	
21 Ich spreche mit den Kindern über gesellschaftliche Aspekte und Vorgänge.	☐		☐		☐		☐		☐		☐	
22 Ich benenne und wiederhole für Kleinstkinder und jüngere Kinder Namen von Personen, von natürlichen Dingen und von Gegenständen.	☐		☐		☐		☐		☐		☐	
23 Ich erkläre jüngeren Kindern Zusammenhänge.	☐		☐		☐		☐		☐		☐	
24 Ich reagiere auf Vokalisierungen und Interesse signalisierende Bewegungen von Kleinstkindern und jüngeren Kindern und spreche darüber.	☐		☐		☐		☐		☐		☐	
25 Ich mache sie auf Dinge in ihrer Umgebung aufmerksam.	☐		☐		☐		☐		☐		☐	
Teamprofil für Erzieherin-Kind-Interaktion/ Dialog- & Beteiligungsbereitschaft												
Erzieherin-Kind-Interaktion/Impuls												
26 Ich zeige und erkläre den Kindern den Umgang mit verschiedenen Materialien.	☐		☐		☐		☐		☐		☐	
27 Ich zeige und erkläre den Kindern, wie sie sich Informationen zu Sachthemen beschaffen können.	☐		☐		☐		☐		☐		☐	
28 Ich rege die Kinder an, mit Material und Gegenständen zu experimentieren.	☐		☐		☐		☐		☐		☐	
29 Ich weise die Kinder auf Naturphänomene hin und rege sie zu Erklärungen an (z.B. Blitze, Schnee, Eis, Wasserdampf, Blitze).	☐		☐		☐		☐		☐		☐	

Erzieherin-Kind-Interaktion/Impuls	überhaupt nicht/nie		weniger/ selten		teils-teils		zu einem guten Teil/ häufiger		überwiegend/ fast immer		voll & ganz/ immer	
	Selbsteinschätzung	Qualitätsprofil	Selbsteinschätzung	Qualitätsprofil	Selbsteinschätzung	Qualitätsprofil	Selbsteinschätzung	Qualitätsprofil	Selbsteinschätzung	Qualitätsprofil	Selbsteinschätzung	Qualitätsprofil
30 Ich rege jüngere Kinder zum Experimentieren an, indem ich ihnen Alltagsgegenstände und verschiedene Materialien zeige und bereitstelle (z. B. Gefäße verschiedener Größe und Beschaffenheit, Schneebesen, Durchschlag, Zeitungspapier, Folien).	☐		☐		☐		☐		☐		☐	
31 Ich führe für jüngere Kinder Gegenstände und Materialien zum Experimentieren ein (z. B. Lupe, Pinzette, Werkzeug, verschiedene Klebstoffe) und erkläre und zeige ihnen den Umgang damit.	☐		☐		☐		☐		☐		☐	
Teamprofil für Erzieherin-Kind-Interaktion/Impuls												
Planung/Grundlagen und Orientierung												
32 Ich orientiere mich an den vorhandenen Kenntnissen und Erfahrungen der Kinder.	☐		☐		☐		☐		☐		☐	
33 Ich orientiere mich an den Fragen der Kinder zu Technik, Natur und Umwelt, Geschichte.	☐		☐		☐		☐		☐		☐	
34 Ich orientiere mich an sozialen und kulturellen Themen.	☐		☐		☐		☐		☐		☐	
35 Ich orientiere mich an naturwissenschaftlichen Zusammenhängen.	☐		☐		☐		☐		☐		☐	
36 Ich orientiere mich an technischen Zusammenhängen.	☐		☐		☐		☐		☐		☐	
37 Ich orientiere mich an den Benennungen und Beschreibungen jüngerer Kinder zu einzelnen Themen.	☐		☐		☐		☐		☐		☐	
38 Ich stimme mich bei der Planung von Projekten mit Kolleginnen ab, so dass die Kinder eine Vielzahl von Themen kennen lernen können.	☐		☐		☐		☐		☐		☐	
39 Ich achte durch Abstimmung mit Kolleginnen darauf, dass auch jüngere Kinder eine Vielzahl von Aktivitäten und Projekten ausprobieren können.	☐		☐		☐		☐		☐		☐	
Teamprofil für Planung/Grundlagen und Orientierung												
Planung/Pädagogische Inhalte und Prozesse												
40 Ich organisiere Aktivitäten und Projekte so, dass ich dabei neue Kenntnisse vermittle.	☐		☐		☐		☐		☐		☐	
41 Ich organisiere Aktivitäten und Projekte so, dass die Kinder vielfältige Materialerfahrungen machen können.	☐		☐		☐		☐		☐		☐	

QUALITÄTSBEREICH NATUR-, UMGEBUNGS- & SACHWISSEN (14) ▶ 201

Planung/Pädagogische Inhalte und Prozesse (Forts.)	überhaupt nicht/nie		weniger/ selten		teils-teils		zu einem guten Teil/ häufiger		überwiegend/ fast immer		voll & ganz/ immer	
	Selbsteinschätzung	Qualitätsprofil	Selbsteinschätzung	Qualitätsprofil	Selbsteinschätzung	Qualitätsprofil	Selbsteinschätzung	Qualitätsprofil	Selbsteinschätzung	Qualitätsprofil	Selbsteinschätzung	Qualitätsprofil
42 Ich organisiere Aktivitäten und Projekte so, dass die Kinder zum Entdecken und Experimentieren herausgefordert werden.	☐	☐	☐	☐	☐	☐	☐	☐	☐	☐	☐	☐
43 Ich führe mit den Kindern regelmäßig naturwissenschaftliche Experimente durch.	☐	☐	☐	☐	☐	☐	☐	☐	☐	☐	☐	☐
44 ⚀⚁⚂ Ich plane alltägliche Situationen (Vorbereitung von Mahlzeiten, Körperpflege, Spaziergänge) als Gelegenheiten, um bei jüngeren Kindern Neugierde zu wecken.	☐	☐	☐	☐	☐	☐	☐	☐	☐	☐	☐	☐
45 ⚀⚁⚂ Ich plane alltägliche Situationen so, dass jüngere Kinder einfache Zusammenhänge entdecken können.	☐	☐	☐	☐	☐	☐	☐	☐	☐	☐	☐	☐
46 Ich schaffe Gelegenheit, damit die Kinder die räumliche und soziale Umgebung der Tageseinrichtung kennen lernen und sich in ihr orientieren lernen.	☐	☐	☐	☐	☐	☐	☐	☐	☐	☐	☐	☐
47 Die Kinder haben die Möglichkeit, Pflanzen zu versorgen.	☐	☐	☐	☐	☐	☐	☐	☐	☐	☐	☐	☐
Teamprofil für Planung/Pädagogische Inhalte und Prozesse												
Planung/Dokumentation												
48 Ich dokumentiere den Verlauf von Projekten.	☐	☐	☐	☐	☐	☐	☐	☐	☐	☐	☐	☐
49 Ich dokumentiere den Verlauf von Experimenten.	☐	☐	☐	☐	☐	☐	☐	☐	☐	☐	☐	☐
50 Ich dokumentiere den Verlauf von kulturellen Ereignissen.	☐	☐	☐	☐	☐	☐	☐	☐	☐	☐	☐	☐
51 Ich nutze zur Dokumentation audiovisuelle Medien wie Fotos und Video.	☐	☐	☐	☐	☐	☐	☐	☐	☐	☐	☐	☐
Teamprofil für Planung/Dokumentation												

Vielfalt und Nutzung von Material	vorhanden		altersgerecht		selbstständig nutzbar		die meiste Zeit des Tages frei zugänglich	
Bitte achten Sie auf die veränderte Skala für die Merkmale 52 bis 65. Bitte geben Sie im Folgenden an, ob das Material vorhanden ist, ob es in altersgerechter Form vorliegt, ob es selbstständig von den Kindern genutzt werden kann und ob es die meiste Zeit des Tages frei zugänglich ist.	Nein	Ja	Nein	Ja	Nein	Ja	Nein	Ja
52 Sammlungen von Naturgegenständen (Saatgut, Steine, Blätter, Muscheln) sind:	☐	☐	☐	☐	☐	☐	☐	☐
53 Ausstattungsgegenstände, die zum Experimentieren (mit Sand und Wasser, mit Magneten, mit optischen Effekten) anregen, sind:	☐	☐	☐	☐	☐	☐	☐	☐

Vielfalt und Nutzung von Material (Forts.)	vorhanden		altersgerecht		selbstständig nutzbar		die meiste Zeit des Tages frei zugänglich	
	Nein	Ja	Nein	Ja	Nein	Ja	Nein	Ja
54 Materialien zum Beobachten (z. B. Lupen, Mikroskope, Ferngläser) sind:	☐	☐	☐	☐	☐	☐	☐	☐
55 Materialien zur Pflege der Natur (z. B. Eimer, Schippen, Hacken) sind:	☐	☐	☐	☐	☐	☐	☐	☐
56 Ausstattungsgegenstände zum Sammeln (kleine Eimer, Schüsseln, verschließbare Gläser, Filmdosen, Schippen) sind:	☐	☐	☐	☐	☐	☐	☐	☐
57 Technische Gegenstände, die von den Kindern untersucht, auseinander genommen, ausprobiert werden können (z. B. Schreibmaschinen, alte Uhren, Fahrräder, Telefone, Schlösser mit Schlüsseln, Regenschirme), sind:	☐	☐	☐	☐	☐	☐	☐	☐
58 Altersentsprechende Ausstattungsgegenstände für jüngere Kinder, die Möglichkeiten bieten, sich aktiv und selbstständig verschiedenen Themen zu nähern, sind:	☐	☐	☐	☐	☐	☐	☐	☐
59 Medien wie Sach- und Bilderbücher zu verschiedenen Themen sind:	☐	☐	☐	☐	☐	☐	☐	☐
60 Medien wie Filme und Videos zu verschiedenen Themen sind:	☐	☐	☐	☐	☐	☐	☐	☐
61 Materialien zum Experimentieren (z. B. Lupen, Magnete, Experimentierkoffer) sind:	☐	☐	☐	☐	☐	☐	☐	☐
62 Materialien zur Pflege von Beeten, Pflanzen oder Tieren sind:	☐	☐	☐	☐	☐	☐	☐	☐
63 Gesellschafts- und Regelspiele zu vielen verschiedenen Themen und Zusammenhängen sind:	☐	☐	☐	☐	☐	☐	☐	☐
64 Ausstattungsgegenstände, die bei Aktivitäten mit jüngeren Kindern eingesetzt werden (Lupen, Ferngläser, große Pinzetten) sind:	☐	☐	☐	☐	☐	☐	☐	☐
65 Eine Auswahl von altersgerecht aufbereiteten Medien für jüngere Kinder ist:	☐	☐	☐	☐	☐	☐	☐	☐
Teamprofil für Vielfalt und Nutzung von Material								

Individualisierung/Berücksichtigung individueller Bedürfnisse und Interessen

	überhaupt nicht/nie		weniger/ selten		teils-teils		zu einem guten Teil/ häufiger		überwiegend/ fast immer		voll & ganz/ immer	
	Selbsteinschätzung	Qualitätsprofil	Selbsteinschätzung	Qualitätsprofil	Selbsteinschätzung	Qualitätsprofil	Selbsteinschätzung	Qualitätsprofil	Selbsteinschätzung	Qualitätsprofil	Selbsteinschätzung	Qualitätsprofil
66 Ich ermutige und unterstütze jedes Kind dabei, seine Interessen und Erfahrungen zu erweitern.	☐		☐		☐		☐		☐		☐	
67 Ich ermutige und unterstütze jedes Kind dabei, seine Interessen und Erfahrungen in die Gruppe einzubringen.	☐		☐		☐		☐		☐		☐	

Teamprofil für Individualisierung/Berücksichtigung individueller Bedürfnisse und Interessen

Individualisierung/Individueller Umgang mit Material und Angeboten

68 Ich biete in Abstimmung mit anderen Gruppen Aktivitäten in Bereichen an, die einzelne Kinder besonders interessieren.	☐		☐		☐		☐		☐		☐	
69 Ich biete jüngeren Kindern Möglichkeiten an, sich an speziellen Aktivitäten zu beteiligen.	☐		☐		☐		☐		☐		☐	
70 Ich berücksichtige bei der Beteiligung jüngerer Kinder deren kürzere Konzentrationsphasen und ermögliche ihnen, sich nach kurzer Zeit von der Aktivität abzuwenden.	☐		☐		☐		☐		☐		☐	
71 Ich biete auch den Kindern regelmäßig Aktivitäten zu unterschiedlichen Themen an, die zunächst kein Interesse daran zeigen.	☐		☐		☐		☐		☐		☐	

Teamprofil für Individualisierung/Individueller Umgang mit Material und Angeboten

Partizipation/Einbeziehung der Kinder in Entscheidungsprozesse

72 Ich rege die Kinder an, ihre Theorien, Kenntnisse und Interessen in die Planung von Aktivitäten und Projekten einzubringen.	☐		☐		☐		☐		☐		☐	
73 Ich unterstütze jüngere Kinder beim Ausdruck ihrer Interessen an Themen bzw. beziehe Interessen, die ich beobachtet habe, ein.	☐		☐		☐		☐		☐		☐	
74 Die Kinder erfahren, dass sie zunehmend mehr individuelle Freiräume bei Aktivitäten im Außengelände und bei der Erkundung der sozialen Umgebung haben.	☐		☐		☐		☐		☐		☐	
75 Die Kinder erfahren, dass sie zunehmend mehr individuelle Freiräume beim Experimentieren haben.	☐		☐		☐		☐		☐		☐	

Partizipation/Einbeziehung der Kinder in Entscheidungsprozesse (Forts.)	überhaupt nicht/nie		weniger/ selten		teils-teils		zu einem guten Teil/ häufiger		überwie- gend/ fast immer		voll & ganz/ immer	
	Selbsteinschätzung	Qualitätsprofil	Selbsteinschätzung	Qualitätsprofil	Selbsteinschätzung	Qualitätsprofil	Selbsteinschätzung	Qualitätsprofil	Selbsteinschätzung	Qualitätsprofil	Selbsteinschätzung	Qualitätsprofil
76 Wenn Materialien angeschafft werden sollen, berücksichtige ich die Wünsche der Kinder.	☐		☐		☐		☐		☐			
Teamprofil für Partizipation/Einbeziehung der Kinder in Entscheidungsprozesse												

Partizipation/Einbeziehung der Kinder in Gestaltungsprozesse

77 Ich spreche mit den Kindern über ihre Vorstellungen zu Vorhaben, Aktivitäten und Experimenten.	☐		☐		☐		☐		☐		☐	
78 Ich beziehe die Kinder bei allen Phasen und Schritten von Experimenten und Projekten ein.	☐		☐		☐		☐		☐		☐	
79 Ich erkläre jüngeren Kindern die geplanten Aktivitäten und Projekte.	☐		☐		☐		☐		☐		☐	
80 Ich beziehe die Reaktionen jüngerer Kinder auf meine Erklärungen in die weitere Planung ein.	☐		☐		☐		☐		☐		☐	
81 Theorien, Erfahrungen, Ideen und Vorstellungen der Kinder werden durch Werke der Kinder (Materialsammlungen, Collagen, Fotos, Bilder) dokumentiert.	☐		☐		☐		☐		☐		☐	
82 Die Werke und Ausdrucksformen jüngerer Kinder werden in den Dokumentationen berücksichtigt.	☐		☐		☐		☐		☐		☐	
Teamprofil für Partizipation/Einbeziehung der Kinder in Gestaltungsprozesse												

Partizipation/Balance zwischen Individuum und Gruppe

83 Die Kinder können in dafür vorgesehenen Räumen oder Bereichen ungestört in kleinen Gruppen (oder alleine) experimentieren und sich mit Sachthemen beschäftigen.	☐		☐		☐		☐		☐		☐	
84 Die Kinder lernen, dass sie bei ihren Vorhaben die Regeln in der Gruppe beachten bzw. ihr Vorhaben mit der Erzieherin abstimmen.	☐		☐		☐		☐		☐		☐	
85 Ich erkläre jüngeren Kindern, welche Bereiche zum Experimentieren und Werken für sie geeignet sind.	☐		☐		☐		☐		☐		☐	
86 Ich begründe, warum sie zu anderen Bereichen noch keinen Zugang haben.	☐		☐		☐		☐		☐		☐	
Teamprofil für Partizipation/Balance zwischen Individuum und Gruppe												

Checkliste
zur Selbstevaluation

für den Qualitätsbereich
Interkulturelles Lernen (15)

1. Lesen Sie bitte die gesamte Checkliste einmal in Ruhe durch, bevor Sie die Fragen beantworten.
2. Schätzen Sie danach bitte ausschließlich Ihre eigene pädagogische Arbeit und Situation ein.
3. Bitte beantworten Sie jede Frage.
4. Kreuzen Sie in jeder Zeile nur **einen** Selbsteinschätzungs-Wert an.
5. Bitte lassen Sie die Spalte »Qualitätsprofil« frei. Sie wird später für die Erstellung des Profils für die gesamte Einrichtung benötigt.

 Wenn Sie Kinder unter drei Jahren in Ihrer Gruppe betreuen, schätzen Sie **zusätzlich** immer die mit dem Würfel versehenen Kriterien ein.

 Bitte entscheiden Sie sich immer für **einen** Wert (kein Kreuz zwischen zwei Antwortmöglichkeiten).

Räumliche Bedingungen/Innenbereich	überhaupt nicht/nie		weniger/ selten		teils-teils		zu einem guten Teil/ häufiger		überwiegend/ fast immer		voll & ganz/ immer	
	Selbsteinschätzung	Qualitätsprofil	Selbsteinschätzung	Qualitätsprofil	Selbsteinschätzung	Qualitätsprofil	Selbsteinschätzung	Qualitätsprofil	Selbsteinschätzung	Qualitätsprofil	Selbsteinschätzung	Qualitätsprofil
1 In meinem Gruppenraum befindet sich eine Informationstafel über alle Kulturen und Sprachen, die in meiner Kindergruppe vertreten sind.	☐		☐		☐		☐		☐		☐	
2 Im Eingangsbereich meiner Gruppe hängen schriftliche Begrüßungsworte in den jeweiligen Familiensprachen der Kinder.	☐		☐		☐		☐		☐		☐	
3 Im Eingangsbereich meiner Gruppe hängt ein Speiseplan in den jeweiligen Familiensprachen der Kinder.	☐		☐		☐		☐		☐		☐	
4 Im meiner Gruppe gibt es eine Fotowand mit Bildern der Kinder und Bildern aus ihren Herkunftsländern.	☐		☐		☐		☐		☐		☐	
Teamprofil für Räumliche Bedingungen/Innenbereich												
Erzieherin-Kind-Interaktion/Beobachtung												
5 Ich beobachte in Alltags- und Spielsituationen nichtsprachliche Ausdrucksformen und Signale von Kindern anderer Herkunftskulturen.	☐		☐		☐		☐		☐		☐	
6 Ich beobachte in Alltags- und Spielsituationen, in welcher(n) Sprache(n) sich Kinder aus anderen Herkunftskulturen bevorzugt ausdrücken.	☐		☐		☐		☐		☐		☐	
7 Ich beobachte in Alltags- und Spielsituationen, mit welchen Spielpartnern und in welchen Spielgruppen die Kinder anderer Herkunftskulturen bevorzugt spielen.	☐		☐		☐		☐		☐		☐	
8 Ich nehme die Spielinteressen und Neigungen, Themen und Lieblingsbeschäftigungen und bevorzugten Spielorte von Kindern aus anderen Herkunftskulturen wahr.	☐		☐		☐		☐		☐		☐	
Teamprofil für Erzieherin-Kind-Interaktion/Beobachtung												
Erzieherin-Kind-Interaktion/ Dialog- & Beteiligungsbereitschaft												
9 Ich reagiere positiv auf Sprachäußerungen und Gesten von Kindern aus anderen Herkunftskulturen und zeige meine Wertschätzung gegenüber der Sprache und Kultur der Kinder.	☐		☐		☐		☐		☐		☐	
10 Ich übe keinen Druck auf Kinder anderer Herkunftskulturen aus, deutsch zu sprechen.	☐		☐		☐		☐		☐		☐	
11 Ich zeige Interesse daran, dass Kinder aus anderen Herkunftskulturen mir Geschichten aus ihrem Herkunftsland erzählen.	☐		☐		☐		☐		☐		☐	

QUALITÄTSBEREICH INTERKULTURELLES LERNEN (15)

Erzieherin-Kind-Interaktion/ Dialog- & Beteiligungsbereitschaft (Forts.)

		überhaupt nicht/nie		weniger/ selten		teils-teils		zu einem guten Teil/ häufiger		überwiegend/ fast immer		voll & ganz/ immer	
		Selbsteinschätzung	Qualitätsprofil	Selbsteinschätzung	Qualitätsprofil	Selbsteinschätzung	Qualitätsprofil	Selbsteinschätzung	Qualitätsprofil	Selbsteinschätzung	Qualitätsprofil	Selbsteinschätzung	Qualitätsprofil
12	Ich erzähle interessierten Kindern aus anderen Herkunftskulturen Geschichten aus meinem Leben.	☐		☐		☐		☐		☐		☐	
13	Ich ermögliche Kindern, sich mit Kindern der selben Herkunftskultur in ihrer Familiensprache zu verständigen.	☐		☐		☐		☐		☐		☐	
14	Ich achte darauf, dass ich Kinder mit einem weniger ausgeprägten Sprachverständnis für die deutsche Sprache im Gespräch nicht unterfordere.	☐		☐		☐		☐		☐		☐	

Teamprofil für Erzieherin-Kind-Interaktion/ Dialog- & Beteiligungsbereitschaft

Erzieherin-Kind-Interaktion/Impuls

15	Ich spreche mit den Kindern der Gruppe über die Herkunftskulturen aller Kinder.	☐		☐		☐		☐		☐		☐	
16	Ich spreche mit Kindern aus anderen Herkunftskulturen in natürlicher Sprache auf Deutsch (differenziert und lebendig).	☐		☐		☐		☐		☐		☐	
17	Ich spreche mit Kindern aus anderen Herkunftskulturen in grammatikalisch korrekten und vollständigen Sätzen.	☐		☐		☐		☐		☐		☐	
18	Ich zeige mich an den Erfahrungen, Geschichten und Wünschen der Kinder aus anderen Herkunftskulturen interessiert und frage nach.	☐		☐		☐		☐		☐		☐	
19	Ich begleite mein Handeln sprachlich, wenn Kinder aus anderen Herkunftskulturen zuschauen.	☐		☐		☐		☐		☐		☐	
20	Ich nutze Lieblingsspiele und -materialien, um mit Kindern anderer Herkunftskulturen immer wieder Kontakt aufzunehmen und sie zum Sprechen auf Deutsch anzuregen.	☐		☐		☐		☐		☐		☐	

Teamprofil für Erzieherin-Kind-Interaktion/Impuls

Planung/Grundlagen und Orientierung

21	Ich beziehe die unterschiedlichen Lebenswelten, kulturellen Hintergründe, Familiensituationen und Sprachen aller Kinder in die Planung des Tagesgeschehens und der Aktivitäten ein.	☐		☐		☐		☐		☐		☐	
22	Ich plane für die Kinder aus anderen Herkunftskulturen sprachfördernde Angebote auf der Grundlage ihrer individuellen Sprachsituation sowie ihrer Interessen und Fähigkeiten.	☐		☐		☐		☐		☐		☐	

Planung/Grundlagen und Orientierung (Forts.)	überhaupt nicht/nie		weniger/ selten		teils-teils		zu einem guten Teil/ häufiger		überwiegend/ fast immer		voll & ganz/ immer	
	Selbsteinschätzung	Qualitätsprofil	Selbsteinschätzung	Qualitätsprofil	Selbsteinschätzung	Qualitätsprofil	Selbsteinschätzung	Qualitätsprofil	Selbsteinschätzung	Qualitätsprofil	Selbsteinschätzung	Qualitätsprofil
23 Ich orientiere meine Planung an der Vielfalt der sozialen und kulturellen Erfahrungen in meiner Gruppe.	☐		☐		☐		☐		☐		☐	
24 Ich orientiere meine Planung an den Wünschen, Interessen und Themen aller Kinder.	☐		☐		☐		☐		☐		☐	
25 Ich orientiere meine Planung an den Fähigkeiten und Fertigkeiten aller Kinder und plane darauf basierend Aktivitäten für Kinder aus anderen Herkunftskulturen, wenn diese einen besonderen Förderbedarf haben.	☐		☐		☐		☐		☐		☐	
Teamprofil für Planung/Grundlagen und Orientierung												
Planung/Pädagogische Inhalte und Prozesse												
26 Ich arbeite eng mit den Familien aus anderen Herkunftsländern zusammen.	☐		☐		☐		☐		☐		☐	
27 Ich bin informiert darüber, mit welcher(n) Sprache(n) das Kind aus einer anderen Herkunftskultur in der Familie aufwächst.	☐		☐		☐		☐		☐		☐	
28 Ich bin informiert darüber, welche Sprache für das Kind die vertrauteste ist.	☐		☐		☐		☐		☐		☐	
29 Ich bin informiert darüber, wie gut das Kind bei der Eingewöhnung die deutsche Sprache versteht und spricht.	☐		☐		☐		☐		☐		☐	
30 Ich führe interkulturelle Angebote durch (z. B. Projekte zu den Themen Familie, Kultur, Sprache, Spiele, Musik, Tanz und Lieder).	☐		☐		☐		☐		☐		☐	
31 Ich führe gezielte Angebote für Kinder aus anderen Herkunftskulturen in deutscher Sprache durch (z. B. Bewegungs- oder Wahrnehmungsspiele, Bilderbuchbetrachtungen).	☐		☐		☐		☐		☐		☐	
32 Ich plane für Kinder aus anderen Herkunftskulturen individuelle Angebote, die den Spracherwerb unterstützen.	☐		☐		☐		☐		☐		☐	
33 Ich kenne die Namen aller Kinder, kann diese korrekt aussprechen und kann die Kinder in ihrer Familiensprache begrüßen und verabschieden.	☐		☐		☐		☐		☐		☐	
34 Ich beziehe alle Kinder in die Aktivitäten und Routinen im Tagesgeschehen ein, unabhängig von ihren Herkunftskulturen und dem Sprachverständnis und der Sprachfähigkeit.	☐		☐		☐		☐		☐		☐	

QUALITÄTSBEREICH INTERKULTURELLES LERNEN (15)

Planung/Pädagogische Inhalte und Prozesse (Forts.)	überhaupt nicht/nie		weniger/ selten		teils-teils		zu einem guten Teil/ häufiger		überwiegend/ fast immer		voll & ganz/ immer	
	Selbsteinschätzung	Qualitätsprofil	Selbsteinschätzung	Qualitätsprofil	Selbsteinschätzung	Qualitätsprofil	Selbsteinschätzung	Qualitätsprofil	Selbsteinschätzung	Qualitätsprofil	Selbsteinschätzung	Qualitätsprofil
35 Ich biete den Kindern aus anderen Herkunftskulturen auf Wunsch alternative gleichwertige Speisen an, wenn sie aus religiösen oder kulturellen Gründen die angebotenen Speisen nicht essen.	☐		☐		☐		☐		☐		☐	
Teamprofil für Planung/Pädagogische Inhalte und Prozesse												
Planung/Dokumentation												
36 Ich dokumentiere die individuellen Sprachkompetenzen der Kinder aus anderen Herkunftskulturen im Hinblick auf Sprachverständnis, Sprechweise und Sprachentwicklung im Deutschen.	☐		☐		☐		☐		☐		☐	
37 Ich dokumentiere, inwieweit Kinder aus anderen Herkunftskulturen in das Gruppengeschehen integriert sind (z. B. Beteiligung an Aktivitäten, Einbeziehung in kleine Spielgruppen).	☐		☐		☐		☐		☐		☐	
38 Ich dokumentiere die individuelle Familiensituation der Kinder aus anderen Herkunftskulturen, insbesondere Informationen über den Geburtsort des Kindes, die Herkunftskultur der Familie und die Familiensprache.	☐		☐		☐		☐		☐		☐	
Teamprofil für Planung/Dokumentation												

Vielfalt und Nutzung von Material Bitte achten Sie auf die veränderte Skala für die Merkmale 39 bis 44. Bitte geben Sie im Folgenden an, ob das Material vorhanden ist, ob es in altersgerechter Form vorliegt, ob es selbstständig von den Kindern genutzt werden kann und ob es die meiste Zeit des Tages frei zugänglich ist.	vorhanden		altersgerecht		selbstständig nutzbar		die meiste Zeit des Tages frei zugänglich	
	Nein	Ja	Nein	Ja	Nein	Ja	Nein	Ja
39 Verkleidungsutensilien und Zubehör zur Darstellung von Tätigkeiten und Charakteren (Berufe) aus unterschiedlichen Kulturkreisen sind:	☐	☐	☐	☐	☐	☐	☐	☐
40 Bau- und Konstruktionsmaterialien aus unterschiedlichen Kulturkreisen sind:	☐	☐	☐	☐	☐	☐	☐	☐
41 Kassetten bzw. CDs aus den Bereichen Märchen, Hörspiel, Lieder aus unterschiedlichen Kulturkreisen sind:	☐	☐	☐	☐	☐	☐	☐	☐
42 Materialien zum Tanzen und für rhythmische und musikalische Aktivitäten aus unterschiedlichen Kulturkreisen sind:	☐	☐	☐	☐	☐	☐	☐	☐

Vielfalt und Nutzung von Material (Forts.)	vorhanden		altersgerecht		selbstständig nutzbar		die meiste Zeit des Tages frei zugänglich	
	Nein	Ja	Nein	Ja	Nein	Ja	Nein	Ja
43 Sachbücher, Bilderbücher und Bildmaterialien aus unterschiedlichen Kulturkreisen sind:	☐	☐	☐	☐	☐	☐	☐	☐
44 Zweisprachige Medien (Bücher, Kassetten) sind:	☐	☐	☐	☐	☐	☐	☐	☐
Teamprofil für Vielfalt und Nutzung von Material								

Individualisierung/Berücksichtigung individueller Bedürfnisse und Interessen	überhaupt nicht/nie		weniger/ selten		teils-teils		zu einem guten Teil/ häufiger		überwiegend/ fast immer		voll & ganz/ immer	
	Selbsteinschätzung	Qualitätsprofil	Selbsteinschätzung	Qualitätsprofil	Selbsteinschätzung	Qualitätsprofil	Selbsteinschätzung	Qualitätsprofil	Selbsteinschätzung	Qualitätsprofil	Selbsteinschätzung	Qualitätsprofil
45 Ich stelle mich auf das individuelle Tempo und die individuelle Art des Erlernens der deutschen Sprache bei Kindern aus anderen Herkunftskulturen ein.	☐		☐		☐		☐		☐		☐	
46 Ich respektiere die Meinungen, Vorstellungen, Interessen und Bedürfnisse aller Kinder.	☐		☐		☐		☐		☐		☐	
47 Ich unterstütze Kinder aus anderen Herkunftskulturen in ihrem kulturellen Selbstverständnis.	☐		☐		☐		☐		☐		☐	
48 Ich unterstütze Kinder aus anderen Herkunftskulturen, eine Balance zwischen der Familienkultur und -sprache und der in der Taseseinrichtung zu finden.	☐		☐		☐		☐		☐		☐	
Teamprofil für Individualisierung/Berücksichtigung individueller Bedürfnisse und Interessen												
Partizipation/Einbeziehung der Kinder in Entscheidungsprozesse												
49 Ich vereinbare mit den Kindern feste Zeiten, in denen deutsch gesprochen wird (z. B. beim Morgenkreis, beim Vorlesen eines Bilderbuches).	☐		☐		☐		☐		☐		☐	
50 Ich beziehe alle Kinder in Entscheidungsprozesse ein, unabhängig von ihren Herkunftskulturen und dem Sprachverständnis und der Sprachfähigkeit.	☐		☐		☐		☐		☐		☐	
Teamprofil für Partizipation/Einbeziehung der Kinder in Entscheidungsprozesse												

QUALITÄTSBEREICH INTERKULTURELLES LERNEN (15)

Partizipation/Einbeziehung der Kinder in Gestaltungsprozesse	überhaupt nicht/nie		weniger/ selten		teils-teils		zu einem guten Teil/ häufiger		überwiegend/ fast immer		voll & ganz/ immer	
	Selbsteinschätzung	Qualitätsprofil	Selbsteinschätzung	Qualitätsprofil	Selbsteinschätzung	Qualitätsprofil	Selbsteinschätzung	Qualitätsprofil	Selbsteinschätzung	Qualitätsprofil	Selbsteinschätzung	Qualitätsprofil
51 Ich beziehe alle Kinder in die Planungen von Aktivitäten und Projekten ein, unabhängig von ihren Herkunftskulturen und dem Sprachverständnis und der Sprachfähigkeit.	☐		☐		☐		☐		☐		☐	
52 Mit den Kindern und Eltern planen und feiern wir gemeinsame Feste aus allen in der Gruppe vertretenen Religionen und Kulturen.	☐		☐		☐		☐		☐		☐	
Teamprofil für Partizipation/Einbeziehung der Kinder in Gestaltungsprozesse												
Partizipation/Balance zwischen Individuum und Gruppe												
53 Ich vereinbare mit den Kindern gemeinsame Gruppenregeln und Routinen, auch wenn diese in den einzelnen Familien unterschiedlich gelebt werden	☐		☐		☐		☐		☐		☐	
54 Ich achte darauf, dass Eigenheiten und Rituale von Kindern aus anderen Herkunftskulturen von Kindern mit deutscher Herkunftskultur wertgeschätzt werden.	☐		☐		☐		☐		☐		☐	
55 Ich achte darauf, dass Eigenheiten und Rituale von Kindern mit deutscher Herkunftskultur von Kindern aus anderen Herkunftskulturen wertgeschätzt werden.	☐		☐		☐		☐		☐		☐	
Teamprofil für Partizipation/Balance zwischen Individuum und Gruppe												

Checkliste
zur Selbstevaluation

für den Qualitätsbereich
Integration von Kindern mit Behinderungen (16)

1. Lesen Sie bitte die gesamte Checkliste einmal in Ruhe durch, bevor Sie die Fragen beantworten.
2. Schätzen Sie danach bitte ausschließlich Ihre eigene pädagogische Arbeit und Situation ein.
3. Bitte beantworten Sie jede Frage.
4. Kreuzen Sie in jeder Zeile nur **einen** Selbsteinschätzungs-Wert an.
5. Bitte lassen Sie die Spalte »Qualitätsprofil« frei. Sie wird später für die Erstellung des Profils für die gesamte Einrichtung benötigt.

 Wenn Sie Kinder unter drei Jahren in Ihrer Gruppe betreuen, schätzen Sie **zusätzlich** immer die mit dem Würfel versehenen Kriterien ein.

Bitte entscheiden Sie sich immer für **einen** Wert (kein Kreuz zwischen zwei Antwortmöglichkeiten).

Räumliche Bedingungen/Innenbereich	überhaupt nicht/nie		weniger/ selten		teils-teils		zu einem guten Teil/ häufiger		überwiegend/ fast immer		voll & ganz/ immer	
	Selbsteinschätzung	Qualitätsprofil	Selbsteinschätzung	Qualitätsprofil	Selbsteinschätzung	Qualitätsprofil	Selbsteinschätzung	Qualitätsprofil	Selbsteinschätzung	Qualitätsprofil	Selbsteinschätzung	Qualitätsprofil
1 Die Räume sind so gestaltet, dass Kinder mit Behinderungen an allen Aktivitäten der Gruppe teilnehmen können.	☐		☐		☐		☐		☐		☐	
2 Die Räume gestatten es, individuelle Bedürfnisse von Kindern mit Behinderungen bei der Gestaltung des Tagesgeschehens zu berücksichtigen (z. B. Kleingruppenarbeit, individuelle Zuwendung, Rückzug).	☐		☐		☐		☐		☐		☐	
3 Die Räume gestatten es, individuelle Bedürfnisse bei Routinen zu berücksichtigen (z. B. Körperpflegebereich sichert Intimsphäre, Mahlzeiten sind zu unterschiedlichen Zeiten möglich).	☐		☐		☐		☐		☐		☐	
Teamprofil für Räumliche Bedingungen/Innenbereich												
Räumliche Bedingungen/Außenbereich												
4 Das Außengelände ist so gestaltet, dass Kinder mit Behinderungen vielfältige Möglichkeiten haben, am Gruppengeschehen teilzuhaben.	☐		☐		☐		☐		☐		☐	
Teamprofil für Räumliche Bedingungen/Außenbereich												
Erzieherin-Kind-Interaktion/Beobachtung												
5 Ich beobachte die Entwicklung der Kinder mit Behinderungen in allen pädagogischen Bereichen.	☐		☐		☐		☐		☐		☐	
6 Ich beobachte die Entwicklung der Kinder mit Behinderungen in den Bereichen, in denen sie spezifischen Förderbedarf haben.	☐		☐		☐		☐		☐		☐	
7 Ich achte darauf, dass es eine Balance zwischen allgemeiner pädagogischer Entwicklungsförderung für alle Kinder und spezifischer Entwicklungsförderung von Kindern mit Behinderungen (bezogen auf den individuellen Bedarf des Kindes mit Behinderung) gibt.	☐		☐		☐		☐		☐		☐	
8 Ich beobachte bei allen Kindern, ob es Anzeichen möglicher Entwicklungsverzögerungen gibt.	☐		☐		☐		☐		☐		☐	
Teamprofil für Erzieherin-Kind-Interaktion/Beobachtung												

Erzieherin-Kind-Interaktion/ Dialog- & Beteiligungsbereitschaft	überhaupt nicht/nie		weniger/ selten		teils-teils		zu einem guten Teil/ häufiger		überwiegend/ fast immer		voll & ganz/ immer	
	Selbsteinschätzung	Qualitätsprofil	Selbsteinschätzung	Qualitätsprofil	Selbsteinschätzung	Qualitätsprofil	Selbsteinschätzung	Qualitätsprofil	Selbsteinschätzung	Qualitätsprofil	Selbsteinschätzung	Qualitätsprofil
9 Ich spreche mit allen Kindern grammatikalisch korrekt und achte auf eine angemessene Sprechweise.	☐		☐		☐		☐		☐		☐	
10 Ich gehe darauf ein, wenn sich Kinder zu eigenen Behinderungen oder den Behinderungen anderer Kinder äußern.	☐		☐		☐		☐		☐		☐	
Teamprofil für Erzieherin-Kind-Interaktion/ Dialog- & Beteiligungsbereitschaft												
Erzieherin-Kind-Interaktion/Impuls												
11 Ich gebe in allen pädagogischen Bereichen Impulse, bei denen Kinder mit und ohne Behinderungen ihren individuellen Möglichkeiten entsprechend gemeinsam lernen.	☐		☐		☐		☐		☐		☐	
12 Ich gebe Kindern mit Behinderungen Impulse in Bereichen, in denen sie spezifischen Unterstützungsbedarf haben.	☐		☐		☐		☐		☐		☐	
13 Ich unterstütze Kinder mit Behinderungen, besondere Fähigkeiten in Gruppenaktivitäten einzubringen.	☐		☐		☐		☐		☐		☐	
Teamprofil für Erzieherin-Kind-Interaktion/Impuls												
Planung/Grundlagen und Orientierung												
14 Die auf Grund gesetzlicher Vorgaben zur Verfügung stehenden zusätzlichen personellen und materiellen Ressourcen werden für die Gruppen eingesetzt, in denen Kinder mit Behinderungen betreut werden.	☐		☐		☐		☐		☐		☐	
15 Den Fachkräften, die Kinder mit Behinderungen in ihre Gruppen integrieren, steht Zeit für Zusammenarbeit mit Familien in einem Umfang zur Verfügung, der dem tatsächlichen Bedarf entspricht.	☐		☐		☐		☐		☐		☐	
16 Den Fachkräften, die Kinder mit Behinderungen in ihre Gruppen integrieren, steht Zeit für Zusammenarbeit mit Fachdiensten (medizinisches und therapeutisches Fachpersonal) zur Verfügung.	☐		☐		☐		☐		☐		☐	
17 Den Fachkräften, die Kinder mit Behinderungen in ihre Gruppen integrieren, steht Zeit für Teambesprechungen zur Verfügung.	☐		☐		☐		☐		☐		☐	
18 Den Fachkräften, die Kinder mit Behinderungen in ihre Gruppen integrieren, steht Zeit für Fortbildungen zu Behinderungsarten zur Verfügung.	☐		☐		☐		☐		☐		☐	

Planung/Grundlagen und Orientierung (Forts.)	überhaupt nicht/nie		weniger/ selten		teils-teils		zu einem guten Teil/ häufiger		überwiegend/ fast immer		voll & ganz/ immer	
	Selbsteinschätzung	Qualitätsprofil	Selbsteinschätzung	Qualitätsprofil	Selbsteinschätzung	Qualitätsprofil	Selbsteinschätzung	Qualitätsprofil	Selbsteinschätzung	Qualitätsprofil	Selbsteinschätzung	Qualitätsprofil
19 Es steht Zeit für gemeinsame Fortbildungen des gesamten Teams zum Thema Integration zur Verfügung.	☐		☐		☐		☐		☐		☐	
20 Ich beziehe in meine Planung Materialien und Zeiten zur gezielten Entwicklungsbeobachtung ein.	☐		☐		☐		☐		☐		☐	
21 Ich prüfe die Eignung und Aktualität von Materialien zur gezielten Entwicklungsbeobachtung.	☐		☐		☐		☐		☐		☐	
22 Ich aktualisiere Materialien zur gezielten Entwicklungsbeobachtung bei Bedarf.	☐		☐		☐		☐		☐		☐	
23 Ich plane Zeit für den Austausch/die Zusammenarbeit mit den Familien ein.	☐		☐		☐		☐		☐		☐	
24 Ich plane Zeit für den Austausch/die Zusammenarbeit mit dem medizinischen und therapeutischen Fachpersonal ein.	☐		☐		☐		☐		☐		☐	
25 Ich plane Zeit für den Austausch/die Zusammenarbeit mit sozialen Diensten ein.	☐		☐		☐		☐		☐		☐	
26 Ich plane die Bereitstellung der erhöhten Arbeitszeitressourcen für differenzierte Entwicklungsbeobachtung in Absprache mit der Leitung.	☐		☐		☐		☐		☐		☐	
27 Ich plane die Bereitstellung der erhöhten Arbeitszeitressourcen für Absprachen mit Fachpersonal, Diensten und der Familie in Absprache mit der Leitung.	☐		☐		☐		☐		☐		☐	
Teamprofil für Planung/Grundlagen und Orientierung												
Planung/Pädagogische Inhalte und Prozesse												
28 Ich plane für Kinder mit Behinderungen auf der Grundlage der Diagnose eine allgemeine pädagogische Entwicklungsförderung.	☐		☐		☐		☐		☐		☐	
29 Ich plane für Kinder mit Behinderungen auf der Grundlage der Diagnose eine spezifische Entwicklungsförderung.	☐		☐		☐		☐		☐		☐	
30 Ich plane die binnendifferenzierte Entwicklungsförderung für Kinder mit und ohne Behinderung in allen pädagogischen Bereichen, indem Kinder mit unterschiedlichen Fähigkeiten in gemeinsame Aktivitäten und Projekte einbezogen werden.	☐		☐		☐		☐		☐		☐	
31 Ich plane in Abstimmung mit Kolleginnen den Zeitaufwand für individuelle Entwicklungsunterstützung so, dass eine gemeinsame Tagesgestaltung von Kindern mit und ohne Behinderung möglich ist.	☐		☐		☐		☐		☐		☐	

QUALITÄTSBEREICH INTEGRATION VON KINDERN MIT BEHINDERUNGEN (16) ▸ 217

Planung/Pädagogische Inhalte und Prozesse (Forts.)	überhaupt nicht/nie		weniger/ selten		teils-teils		zu einem guten Teil/ häufiger		überwie- gend/ fast immer		voll & ganz/ immer	
	Selbsteinschätzung	Qualitätsprofil	Selbsteinschätzung	Qualitätsprofil	Selbsteinschätzung	Qualitätsprofil	Selbsteinschätzung	Qualitätsprofil	Selbsteinschätzung	Qualitätsprofil	Selbsteinschätzung	Qualitätsprofil
32 Ich plane in Abstimmung mit Kolleginnen besondere Aspekte bei Routinen für Kinder mit Behinderungen (wie Schlafen, Essen, Körperpflege).	☐		☐		☐		☐		☐		☐	
33 Ich informiere die Familien der gesamten Einrichtung über das Integrationskonzept.	☐		☐		☐		☐		☐		☐	
34 Ich informiere die Familien der Kinder mit Behinderungen über die allgemeine Entwicklungsförderung ihres Kindes.	☐		☐		☐		☐		☐		☐	
35 Ich informiere die Familien der Kinder mit Behinderungen über die spezifische Entwicklungsförderung ihres Kindes.	☐		☐		☐		☐		☐		☐	
36 Ich informiere die Familien der Kinder mit Behinderungen über erreichte Fortschritte.	☐		☐		☐		☐		☐		☐	
37 Ich informiere die Familien der Kinder mit Behinderungen über Unterstützungsmöglichkeiten für Familien sowie verschiedene Dienste interdisziplinärer Entwicklungsförderung.	☐		☐		☐		☐		☐		☐	
38 Ich informiere die Leitung der Tageseinrichtung über die interdisziplinäre Zusammenarbeit mit verschiedenen Diensten und den Familien.	☐		☐		☐		☐		☐		☐	
Teamprofil für Planung/Pädagogische Inhalte und Prozesse												
Planung/Dokumentation												
39 Ich dokumentiere den Verlauf allgemeiner Entwicklungsförderung für Kinder mit Behinderungen.	☐		☐		☐		☐		☐		☐	
40 Ich dokumentiere den Verlauf spezifischer Entwicklungsförderung für Kinder mit Behinderungen.	☐		☐		☐		☐		☐		☐	
41 Ich dokumentiere die Entwicklung der Kinder mit Behinderungen in den Bereichen, in denen ich selbst (neben therapeutischer Unterstützung) spezifische Entwicklungsunterstützung anbiete.	☐		☐		☐		☐		☐		☐	
42 Ich dokumentiere, welche fachliche Grundlage ich für Entwicklungsbeobachtungen der Kinder mit Behinderungen nutze (Beobachtungsbögen, Testverfahren, Fachliteratur).	☐		☐		☐		☐		☐		☐	
43 Ich dokumentiere die fachliche Grundlage für meine Dokumentation der Entwicklungsverläufe (Ergebnisse aus Entwicklungsbeobachtungen, Befragungen von Fachkräften für spezifische Entwicklungsförderung, Befragungen meiner Kolleginnen, der Familien, Fachliteratur).	☐		☐		☐		☐		☐		☐	

Planung/Dokumentation (Forts.)

	überhaupt nicht/nie		weniger/ selten		teils-teils		zu einem guten Teil/ häufiger		überwiegend/ fast immer		voll & ganz/ immer	
	Selbsteinschätzung	Qualitätsprofil	Selbsteinschätzung	Qualitätsprofil	Selbsteinschätzung	Qualitätsprofil	Selbsteinschätzung	Qualitätsprofil	Selbsteinschätzung	Qualitätsprofil	Selbsteinschätzung	Qualitätsprofil
44 Ich dokumentiere wesentliche Aspekte der Zusammenarbeit mit allen Fachdiensten.	☐		☐		☐		☐		☐		☐	
45 Ich dokumentiere die Zusammenarbeit mit den Familien.	☐		☐		☐		☐		☐		☐	
Teamprofil für Planung/Dokumentation												

Vielfalt und Nutzung von Material

Bitte achten Sie auf die veränderte Skala für die Merkmale 46 bis 47.

Bitte geben Sie im Folgenden an, ob das Material vorhanden ist, ob es in altersgerechter Form vorliegt, ob es selbstständig von den Kindern genutzt werden kann und ob es die meiste Zeit des Tages frei zugänglich ist.

	vorhanden		altersgerecht		selbstständig nutzbar		die meiste Zeit des Tages frei zugänglich	
	Nein	Ja	Nein	Ja	Nein	Ja	Nein	Ja
46 Materialien aus allen pädagogischen Bereichen für die gemeinsame Nutzung durch Kinder mit und ohne Behinderungen, sind:	☐	☐	☐	☐	☐	☐	☐	☐
47 Materialien, die sich für Spiele und Angebote zur spezifischen Entwicklungsunterstützung eignen, sind:	☐	☐	☐	☐	☐	☐	☐	☐
Teamprofil für Vielfalt und Nutzung von Material								

Individualisierung/Berücksichtigung individueller Bedürfnisse und Interessen

	überhaupt nicht/nie		weniger/ selten		teils-teils		zu einem guten Teil/ häufiger		überwiegend/ fast immer		voll & ganz/ immer	
	Selbsteinschätzung	Qualitätsprofil	Selbsteinschätzung	Qualitätsprofil	Selbsteinschätzung	Qualitätsprofil	Selbsteinschätzung	Qualitätsprofil	Selbsteinschätzung	Qualitätsprofil	Selbsteinschätzung	Qualitätsprofil
48 Ich achte darauf, dass individuelle Bedürfnisse von Kindern mit Behinderungen als selbstverständlich respektiert werden.	☐		☐		☐		☐		☐		☐	
49 Ich vermittle allen Kindern, dass ihre individuellen Bedürfnisse in gleicher Weise berechtigt sind.	☐		☐		☐		☐		☐		☐	
Teamprofil für Individualisierung/Berücksichtigung individueller Bedürfnisse und Interessen												

QUALITÄTSBEREICH INTEGRATION VON KINDERN MIT BEHINDERUNGEN (16)

Individualisierung/Individueller Umgang mit Material und Angeboten	überhaupt nicht/nie		weniger/ selten		teils-teils		zu einem guten Teil/ häufiger		überwiegend/ fast immer		voll & ganz/ immer	
	Selbsteinschätzung	Qualitätsprofil	Selbsteinschätzung	Qualitätsprofil	Selbsteinschätzung	Qualitätsprofil	Selbsteinschätzung	Qualitätsprofil	Selbsteinschätzung	Qualitätsprofil	Selbsteinschätzung	Qualitätsprofil
50 Ich stelle Kindern mit Behinderungen Möglichkeiten zur Verfügung, die sie beim Zugang zu Materialien in allen pädagogischen Bereichen unterstützen.	☐		☐		☐		☐		☐		☐	
51 Ich unterstütze Kinder mit Behinderungen darin, Grenzen in ihrer Entscheidungsfreiheit zu akzeptieren, die auf ihre Behinderung zurückgehen (z. B. Auswahl von Mahlzeiten bei Stoffwechselerkrankungen).	☐		☐		☐		☐		☐		☐	
Teamprofil für Individualisierung/Individueller Umgang mit Material und Angeboten												
Partizipation/Einbeziehung der Kinder in Entscheidungsprozesse												
52 Ich finde angemessene Formen, Kinder mit Behinderungen in Entscheidungsprozesse einzubeziehen.	☐		☐		☐		☐		☐		☐	
Teamprofil für Partizipation/Einbeziehung der Kinder in Entscheidungsprozesse												
Partizipation/Einbeziehung der Kinder in Gestaltungsprozesse												
53 Kinder mit Behinderungen bringen ihre besonderen Kompetenzen in die Gestaltung von Gruppenprozessen ein.	☐		☐		☐		☐		☐		☐	
Teamprofil für Partizipation/Einbeziehung der Kinder in Gestaltungsprozesse												
Partizipation/Balance zwischen Individuum und Gruppe												
54 Ich finde Möglichkeiten dafür, dass sich unterschiedliche Kompetenzen von Kindern mit und ohne Behinderung ergänzen können.	☐		☐		☐		☐		☐		☐	
55 Ich achte auf ein ausgewogenes Verhältnis von Entscheidungsfreiräumen und notwendigen Einschränkungen für alle Kinder.	☐		☐		☐		☐		☐		☐	
56 Ich vermittle allen Kindern, dass es im Rahmen der Gruppenregeln individuell unterschiedliche Regelungen geben kann, die durch die jeweilige Behinderung eines Kindes begründet sind (z. B. Wahl der Essenszeiten/ Ruhephasen).	☐		☐		☐		☐		☐		☐	
Teamprofil für Partizipation/Balance zwischen Individuum und Gruppe												

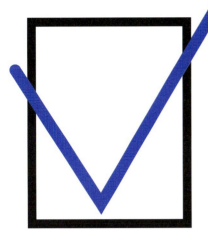

Checkliste
zur Selbstevaluation

für den Qualitätsbereich
Eingewöhnung (17)

1. Lesen Sie bitte die gesamte Checkliste einmal in Ruhe durch, bevor Sie die Fragen beantworten.
2. Schätzen Sie danach bitte ausschließlich Ihre eigene pädagogische Arbeit und Situation ein.
3. Bitte beantworten Sie jede Frage.
4. Kreuzen Sie in jeder Zeile nur **einen** Selbsteinschätzungs-Wert an.
5. Bitte lassen Sie die Spalte »Qualitätsprofil« frei. Sie wird später für die Erstellung des Profils für die gesamte Einrichtung benötigt.

 Wenn Sie Kinder unter drei Jahren in Ihrer Gruppe betreuen, schätzen Sie **zusätzlich** immer die mit dem Würfel versehenen Kriterien ein.

Bitte entscheiden Sie sich immer für **einen** Wert (kein Kreuz zwischen zwei Antwortmöglichkeiten).

Räumliche Bedingungen/Innenbereich	überhaupt nicht/nie		weniger/ selten		teils-teils		zu einem guten Teil/ häufiger		überwiegend/ fast immer		voll & ganz/ immer	
	Selbsteinschätzung	Qualitätsprofil	Selbsteinschätzung	Qualitätsprofil	Selbsteinschätzung	Qualitätsprofil	Selbsteinschätzung	Qualitätsprofil	Selbsteinschätzung	Qualitätsprofil	Selbsteinschätzung	Qualitätsprofil
1 Vor der Eingewöhnung eines neuen Kindes richte ich für das Kind einen Bereich für seine persönlichen Dinge ein.	☐		☐		☐		☐		☐		☐	
2 Ich sorge dafür, dass alle zur Betreuung und Pflege des Kindes benötigten Gegenstände und Utensilien zu Beginn der Eingewöhnung vorhanden sind.	☐		☐		☐		☐		☐		☐	
3 Ich kennzeichne die persönlichen Gegenstände (z. B. Zahnbürste, Schlafmatte, Bettzeug, Garderobenfach) gemeinsam mit dem Kind.	☐		☐		☐		☐		☐		☐	
4 Für die begleitende Bezugsperson sind Sitzgelegenheiten vorhanden.	☐		☐		☐		☐		☐		☐	
Teamprofil für Räumliche Bedingungen/Innenbereich												
Erzieherin-Kind-Interaktion/Beobachtung												
5 Ich beobachte das Verhalten und das Befinden des neuen Kindes nach der Trennung von seiner Bezugsperson.	☐		☐		☐		☐		☐		☐	
6 Ich beobachte das Verhalten und das Befinden des neuen Kindes während seiner gesamten Anwesenheit in der Tageseinrichtung.	☐		☐		☐		☐		☐		☐	
7 Ich beobachte das Verhalten und das Befinden des neuen Kindes beim Wiederzusammentreffen mit der Bezugsperson.	☐		☐		☐		☐		☐		☐	
8 Ich beobachte und erkunde, welche Spielmaterialien das Kind wählt.	☐		☐		☐		☐		☐		☐	
9 Ich beobachte und erkunde, mit welchen anderen Kindern und auf welche Weise das Kind Kontakt aufnimmt.	☐		☐		☐		☐		☐		☐	
10 Ich beobachte und erkunde, an welchen Aktivitäten und Angeboten das Kind Interesse zeigt.	☐		☐		☐		☐		☐		☐	
11 Zu Kleinstkindern und jüngeren Kindern halte ich im gesamten Tagesverlauf intensiven Kontakt.	☐		☐		☐		☐		☐		☐	
12 Ich nehme den Wunsch zur Kontaktaufnahme des Kindes mit anderen Kindern wahr.	☐		☐		☐		☐		☐		☐	
13 Ich nehme wahr, wann das Kind alleine spielen will.	☐		☐		☐		☐		☐		☐	
14 Ich nehme wahr, wenn das Kind müde wird bzw. besondere Zuwendung braucht.	☐		☐		☐		☐		☐		☐	

QUALITÄTSBEREICH EINGEWÖHNUNG (17) ▸ 223

Erzieherin-Kind-Interaktion/Beobachtung (Forts.)	überhaupt nicht/nie		weniger/ selten		teils-teils		zu einem guten Teil/ häufiger		überwiegend/ fast immer		voll & ganz/ immer	
	Selbsteinschätzung	Qualitätsprofil	Selbsteinschätzung	Qualitätsprofil	Selbsteinschätzung	Qualitätsprofil	Selbsteinschätzung	Qualitätsprofil	Selbsteinschätzung	Qualitätsprofil	Selbsteinschätzung	Qualitätsprofil
15 Ich beobachte, wie sich die anderen Kinder in der Gruppe dem Neuankömmling gegenüber verhalten.	☐		☐		☐		☐		☐		☐	
16 Ich achte auf Veränderungen in den Interaktionen zwischen den Kindern und im sozialen Gefüge der Gruppe.	☐		☐				☐		☐		☐	
Teamprofil für Erzieherin-Kind-Interaktion/Beobachtung												

Erzieherin-Kind-Interaktion/ Dialog- & Beteiligungsbereitschaft

17 Ich bin gegenüber jedem neuen Kind besonders zugewandt und nehme aktiv Kontakt auf.	☐		☐		☐		☐		☐		☐	
18 Ich respektiere, wenn das Kind Distanz wahren möchte.	☐		☐		☐		☐		☐		☐	
19 Ich gehe in feinfühliger Weise darauf ein, wenn das Kind Kummer, Schmerz oder Wut als Reaktion auf die Trennung von der Bezugsperson zeigt.	☐		☐		☐		☐		☐		☐	
20 [1][2][3] Ich vermittle Kleinstkindern und jüngeren Kindern durch besondere körperliche und sprachliche Zuwendung Verständnis und Trost (indem ich z. B. das Kind auf den Arm nehme oder es mit Worten beruhige).	☐		☐		☐		☐		☐		☐	
21 Ich nutze die Informationen aus Elterngesprächen (z. B. über Interessen, seine Vorlieben beim Spielen) für Gespräche mit dem Kind, um ihm zu zeigen, dass es in der Kindergruppe willkommen ist.	☐		☐		☐		☐		☐		☐	
22 Ich bespreche vor und während der Eingewöhnungsphase mit den Kindern der Gruppe, wie das »neue« Kind in Spielaktivitäten einbezogen werden kann.	☐		☐		☐		☐		☐		☐	
23 [1][2][3] Wenn ein Kleinstkind oder ein jüngeres Kind neu in die Gruppe kommt, bereite ich die Kinder entsprechend vor (z. B. erkläre ich, dass das neue Kind andere Essenszeiten und einen individuellen Rhythmus von Aktivitäts- und Ruhephasen hat).	☐		☐		☐		☐		☐		☐	
Teamprofil für Erzieherin-Kind-Interaktion/ Dialog- & Beteiligungsbereitschaft												

Erzieherin-Kind-Interaktion/Impuls	überhaupt nicht/nie		weniger/ selten		teils-teils		zu einem guten Teil/ häufiger		überwiegend/ fast immer		voll & ganz/ immer	
	Selbsteinschätzung	Qualitätsprofil	Selbsteinschätzung	Qualitätsprofil	Selbsteinschätzung	Qualitätsprofil	Selbsteinschätzung	Qualitätsprofil	Selbsteinschätzung	Qualitätsprofil	Selbsteinschätzung	Qualitätsprofil
24 Auf der Grundlage meiner Beobachtungen unterstütze ich das Kind darin, Aktivitäten, Spiele und Spielpartner zu finden.	☐		☐		☐		☐		☐		☐	
25 Ich unterstütze Kleinstkinder und jüngere Kinder bei der Eingewöhnung, indem ich über interessante Spielmaterialien mit dem Kind Kontakt aufnehme, die Spielphase ausbaue und gegebenenfalls andere Kinder mit einbeziehe.	☐		☐		☐		☐		☐		☐	
26 Ich greife bevorzugte Spielsituationen und Aktivitäten des Kindes auf.	☐		☐		☐		☐		☐		☐	
27 Ich nutze Routinen und Situationen im Gruppenalltag, um dem Kind die Integration in die Gruppe zu erleichtern (z. B. im Morgenkreis oder beim Übernehmen von Aufgaben bei den Mahlzeiten).	☐		☐		☐		☐		☐		☐	
28 Ich beziehe Kleinstkinder in verschiedene Gruppenaktivitäten ein, indem ich beispielsweise erzähle, was die anderen Kinder gerade tun und dabei ihre Namen nenne.	☐		☐		☐		☐		☐		☐	
29 Jüngere Kinder beteilige ich alters- und entwicklungsangemessen an Routinen und Tätigkeiten wie Tischdecken, Kuchenbacken usw.	☐		☐		☐		☐		☐		☐	
Teamprofil für Erzieherin-Kind-Interaktion/Impuls												
Planung/Grundlagen und Orientierung												
30 Ich führe die Eingewöhnung neuer Kinder auf der Grundlage eines Konzeptes durch.	☐		☐		☐		☐		☐		☐	
31 Für alle Kleinstkinder und jüngeren Kinder wird gemeinsam mit der Familie eine Eingewöhnungszeit in Begleitung einer Bezugsperson des Kindes geplant.	☐		☐		☐		☐		☐		☐	
32 Ich verfüge über ein spezielles Konzept zur Eingewöhnung von Kleinstkindern und jüngeren Kindern, in dem die einzelnen Schritte der Eingewöhnungsphase beschrieben und begründet sind.	☐		☐		☐		☐		☐		☐	
33 Für die Eingewöhnungsphase eines Kleinstkindes oder jüngeren Kindes sehe ich einen Zeitraum bis zu mehreren Wochen vor.	☐		☐		☐		☐		☐		☐	

QUALITÄTSBEREICH EINGEWÖHNUNG (17) ▸ 225

Planung/Grundlagen und Orientierung (Forts.)	überhaupt nicht/nie		weniger/ selten		teils-teils		zu einem guten Teil/ häufiger		überwiegend/ fast immer		voll & ganz/ immer	
	Selbsteinschätzung	Qualitätsprofil	Selbsteinschätzung	Qualitätsprofil	Selbsteinschätzung	Qualitätsprofil	Selbsteinschätzung	Qualitätsprofil	Selbsteinschätzung	Qualitätsprofil	Selbsteinschätzung	Qualitätsprofil
34 Werden mehrere Kleinstkinder bzw. jüngere Kinder in einem Zeitraum von einigen Wochen eingewöhnt, wird so geplant, dass höchstens zwei Kinder pro Woche aufgenommen werden.	☐		☐		☐		☐		☐		☐	
Teamprofil für Planung/Grundlagen und Orientierung												
Planung/Pädagogische Inhalte und Prozesse												
35 In der Anfangsphase der Eingewöhnung begleitet eine Bezugsperson (in der Regel ein Elternteil) das Kind in den Gruppenraum und nimmt am Gruppenalltag teil.	☐		☐		☐		☐		☐		☐	
36 Zu Beginn der Eingewöhnung von Kleinstkindern und jüngeren Kindern begleitet die eingewöhnende Bezugsperson die erste Mahlzeit und das erste Schlafen.	☐		☐		☐		☐		☐		☐	
37 Zu Beginn der Eingewöhnung von Kleinstkindern und jüngeren Kindern führt die Bezugsperson Pflegehandlungen wie Wickeln und Füttern im Beisein der Erzieherin durch.	☐		☐		☐		☐		☐		☐	
38 Zu Beginn der Eingewöhnung von Kleinstkindern und jüngeren Kindern bleibt die Bezugsperson während der ersten Trennungsphasen jederzeit in der Einrichtung erreichbar.	☐		☐		☐		☐		☐		☐	
39 Ich tausche mich regelmäßig mit den Eltern über den Verlauf der Eingewöhnung und das Befinden des Kindes aus.	☐		☐		☐		☐		☐		☐	
40 Ich beziehe die Ergebnisse der Gespräche in die weitere Planung der Eingewöhnung mit ein.	☐		☐		☐		☐		☐		☐	
41 Während der Eingewöhnungsphase ist jeweils eine bestimmte Erzieherin in meiner Gruppe als stabile und vertraute Bezugsperson für das Kind zuständig.	☐		☐		☐		☐		☐		☐	
42 Ich mache das Kind in alters- und entwicklungsangemessener Weise mit allen Aspekten seiner neuen Umgebung vertraut, so dass es den Tagesablauf, die Kinder und Erwachsenen in der Gruppe sowie die Räumlichkeiten, die Materialien und Spielmöglichkeiten kennen lernt.	☐		☐		☐		☐		☐		☐	

Planung/Pädagogische Inhalte und Prozesse (Forts.)

	überhaupt nicht/nie		weniger/ selten		teils-teils		zu einem guten Teil/ häufiger		überwiegend/ fast immer		voll & ganz/ immer	
	Selbsteinschätzung	Qualitätsprofil	Selbsteinschätzung	Qualitätsprofil	Selbsteinschätzung	Qualitätsprofil	Selbsteinschätzung	Qualitätsprofil	Selbsteinschätzung	Qualitätsprofil	Selbsteinschätzung	Qualitätsprofil
43 Ich achte am Ende der geplanten Eingewöhnungszeit bei Kleinstkindern und jüngeren Kindern auf Zeichen einer gelungenen Eingewöhnung (d.h. das Kind lässt sich von mir trösten; es akzeptiert, von mir gewickelt und gefüttert zu werden usw.).	☐		☐		☐		☐		☐		☐	
44 Die Kinder haben bereits vor dem Eintritt in die Kindertageseinrichtung die Möglichkeit, ihre neue Lebensumwelt und ihre Erzieherin kennen zu lernen, z. B. durch »Schnuppertage« für Kinder und Eltern, Teilnahme am Sommerfest oder an einem gemeinsamen Ausflug.	☐		☐		☐		☐		☐		☐	
45 Das Eingewöhnungskonzept sieht eine schrittweise Steigerung der Aufenthaltsdauer des Kindes in der Kindertageseinrichtung vor.	☐		☐		☐		☐		☐		☐	
46 Die Trennungszeit von der Bezugsperson wird schrittweise verlängert.	☐		☐		☐		☐		☐		☐	
47 Ich sammle aus vorangegangenen Elterngesprächen Kenntnisse über die Lebenssituation des einzugewöhnenden Kindes, seine bisherige Entwicklung und seine Vorlieben.	☐		☐		☐		☐		☐		☐	
Teamprofil für Planung/Pädagogische Inhalte und Prozesse												

Planung/Dokumentation

48 Ich dokumentiere während der Eingewöhnungszeit täglich meine Beobachtungen zum Befinden und Verhalten des Kindes.	☐		☐		☐		☐		☐		☐	
49 Ich nutze diese Aufzeichnungen, um den weiteren Verlauf der Eingewöhnung zu planen und mit den Eltern abzustimmen.	☐		☐		☐		☐		☐		☐	
Teamprofil für Planung/Dokumentation												

QUALITÄTSBEREICH EINGEWÖHNUNG (17)

Individualisierung/Berücksichtigung individueller Bedürfnisse und Interessen	überhaupt nicht/nie		weniger/ selten		teils-teils		zu einem guten Teil/ häufiger		überwiegend/ fast immer		voll & ganz/ immer	
	Selbsteinschätzung	Qualitätsprofil	Selbsteinschätzung	Qualitätsprofil	Selbsteinschätzung	Qualitätsprofil	Selbsteinschätzung	Qualitätsprofil	Selbsteinschätzung	Qualitätsprofil	Selbsteinschätzung	Qualitätsprofil
50 Auf der Grundlage meiner Beobachtung und regelmäßiger Gespräche mit dem begleitenden Elternteil werden die Anwesenheitszeiten der einzugewöhnenden Kinder in der Gruppe gegebenenfalls individuell ausgedehnt oder verkürzt.	☐		☐		☐		☐		☐		☐	
51 Die Anwesenheitszeiten von Kleinstkindern und jüngeren Kindern während der Eingewöhnung richten sich nach ihren Aktivitätsphasen in ihrem individuellen Tagesrhythmus.	☐		☐		☐		☐		☐		☐	
Teamprofil für Individualisierung/Berücksichtigung individueller Bedürfnisse und Interessen												
Partizipation/Einbeziehung der Kinder in Entscheidungsprozesse												
52 Die Kinder und ich überlegen gemeinsam, wie die Kinder an der Gestaltung der Eingewöhnung mitwirken möchten, z. B. indem sie das »neue« Kind unterstützen, sich mit der Kindertageseinrichtung und dem Gruppenalltag vertraut zu machen.	☐		☐		☐		☐		☐		☐	
53 Ich achte während der Eingewöhnungszeit darauf, dass auch die »alten« Kinder der Gruppe ein hohes Maß an Zuwendung erhalten.	☐		☐		☐		☐		☐		☐	
Teamprofil für Partizipation/Einbeziehung der Kinder in Entscheidungsprozesse												

Checkliste
zur Selbstevaluation

für den Qualitätsbereich
Begrüßung & Verabschiedung
(18)

1. Lesen Sie bitte die gesamte Checkliste einmal in Ruhe durch, bevor Sie die Fragen beantworten.
2. Schätzen Sie danach bitte ausschließlich Ihre eigene pädagogische Arbeit und Situation ein.
3. Bitte beantworten Sie jede Frage.
4. Kreuzen Sie in jeder Zeile nur **einen** Selbsteinschätzungs-Wert an.
5. Bitte lassen Sie die Spalte »Qualitätsprofil« frei. Sie wird später für die Erstellung des Profils für die gesamte Einrichtung benötigt.

 Wenn Sie Kinder unter drei Jahren in Ihrer Gruppe betreuen, schätzen Sie **zusätzlich** immer die mit dem Würfel versehenen Kriterien ein.

Bitte entscheiden Sie sich immer für **einen** Wert (kein Kreuz zwischen zwei Antwortmöglichkeiten).

Räumliche Bedingungen/Innenbereich	überhaupt nicht/nie		weniger/ selten		teils-teils		zu einem guten Teil/ häufiger		überwiegend/ fast immer		voll & ganz/ immer	
	Selbsteinschätzung	Qualitätsprofil	Selbsteinschätzung	Qualitätsprofil	Selbsteinschätzung	Qualitätsprofil	Selbsteinschätzung	Qualitätsprofil	Selbsteinschätzung	Qualitätsprofil	Selbsteinschätzung	Qualitätsprofil
1 Der Eingangsbereich meiner Gruppe ist hell, freundlich und einladend gestaltet.	☐		☐		☐		☐		☐		☐	
2 Meine Gruppe hat einen eigenen Garderobenbereich, der mit Bänken und Fächern für alle Kinder ausgestattet ist.	☐		☐		☐		☐		☐		☐	
3 Der Garderobenbereich der Kinder ist so gestaltet, dass sich die Kinder gut zurecht finden.	☐		☐		☐		☐		☐		☐	
4 Der Garderobenbereich der Kinder ist so gekennzeichnet, dass nicht nur Kinder und Eltern, sondern auch andere Personen (wie Großeltern, ältere Geschwister) die Fächer gut den Kindern zuordnen können.	☐		☐		☐		☐		☐		☐	
Teamprofil für Räumliche Bedingungen/Innenbereich												
Erzieherin-Kind-Interaktion/ Beobachtung												
5 Ich beobachte, ob sich die Kinder in der Begrüßungssituation und beim Verabschieden von den Eltern wohl fühlen.	☐		☐		☐		☐		☐		☐	
Teamprofil für Erzieherin-Kind-Interaktion/Beobachtung												
Erzieherin-Kind-Interaktion/ Dialog- & Beteiligungsbereitschaft												
6 Ich begrüße und verabschiede jedes Kind freundlich und mit Namen.	☐		☐		☐		☐		☐		☐	
7 Ich erwidere den Wunsch eines Kindes nach Körperkontakt auf angemessene Weise (z. B. durch Umarmung oder auf den Arm nehmen).	☐		☐		☐		☐		☐		☐	
Teamprofil für Erzieherin-Kind-Interaktion/ Dialog- & Beteiligungsbereitschaft												
Erzieherin-Kind-Interaktion/Impuls												
8 Ich biete mich als Spielpartnerin an, wenn ein Kind nur schwer zu eigenen Aktivitäten oder in das Gruppengeschehen findet.	☐		☐		☐		☐		☐		☐	
9 Ich informiere die Eltern über die für ihr Kind wichtigsten Tagesereignisse.	☐		☐		☐		☐		☐		☐	

QUALITÄTSBEREICH BEGRÜSSUNG & VERABSCHIEDUNG (18) ▶ 231

Erzieherin-Kind-Interaktion/Impuls (Forts.)	überhaupt nicht/nie		weniger/ selten		teils-teils		zu einem guten Teil/ häufiger		überwiegend/ fast immer		voll & ganz/ immer	
	Selbsteinschätzung	Qualitätsprofil	Selbsteinschätzung	Qualitätsprofil	Selbsteinschätzung	Qualitätsprofil	Selbsteinschätzung	Qualitätsprofil	Selbsteinschätzung	Qualitätsprofil	Selbsteinschätzung	Qualitätsprofil
10 Wenn Kinder von einer anderen Erzieherin verabschiedet werden, informiere ich sie kurz darüber, welche Tagesereignisse sie den Eltern berichten soll.	☐		☐		☐		☐		☐		☐	
11 Ich informiere auch Eltern von Kindern anderer Gruppen über den Tag ihres Kindes, wenn ich sie verabschiede.	☐		☐		☐		☐		☐		☐	
Teamprofil für Erzieherin-Kind-Interaktion/Impuls												
Planung/Grundlagen und Orientierung												
12 Ich berücksichtige in meiner Planung die Gewohnheiten und Begrüßungs-/ Verabschiedungsrituale der Familien.	☐		☐		☐		☐		☐		☐	
Teamprofil für Planung/Grundlagen und Orientierung												
Planung/Pädagogische Inhalte und Prozesse												
13 Ich plane so, dass jedes Kind von mir oder einer ihm vertrauten Erzieherin begrüßt und verabschiedet wird.	☐		☐		☐		☐		☐		☐	
14 Die Planung der Früh- und Spätdienste gebe ich den Eltern bekannt (z.B. durch Aushang).	☐		☐		☐		☐		☐		☐	
15 Eltern von Kleinstkindern und jüngeren Kindern verabschiede ich grundsätzlich mit dem Kind gemeinsam.	☐		☐		☐		☐		☐		☐	
16 Ich wende mich Kleinstkindern und jüngeren Kindern solange zu, bis sie im Gruppengeschehen »angekommen« sind.	☐		☐		☐		☐		☐		☐	
17 Ich bitte Eltern von Kleinstkindern und jüngeren Kindern darum, sich immer von ihrem Kind zu verabschieden.	☐		☐		☐		☐		☐		☐	
18 Ich bereite erst dann den Gruppenraum für den nächsten Tag (oder zum Reinigen) vor, nachdem das letzte Kind abgeholt worden ist.	☐		☐		☐		☐		☐		☐	
19 Es gibt eine mit den Familien abgestimmte Regelung für den Fall, dass ein Kind bis zum Ende der Betreuungszeit nicht abgeholt wurde.	☐		☐		☐		☐		☐		☐	
20 In einem solchen Fall wende ich mich dem Kind zu und vermittle ihm Sicherheit.	☐		☐		☐		☐		☐		☐	
21 In einem solchen Fall stelle ich dem Kind Spiel- und Gestaltungsmaterialien zur Verfügung.	☐		☐		☐		☐		☐		☐	
Teamprofil für Planung/Pädagogische Inhalte und Prozesse												

Planung/Dokumentation	überhaupt nicht/nie		weniger/ selten		teils-teils		zu einem guten Teil/ häufiger		überwiegend/ fast immer		voll & ganz/ immer	
	Selbsteinschätzung	Qualitätsprofil	Selbsteinschätzung	Qualitätsprofil	Selbsteinschätzung	Qualitätsprofil	Selbsteinschätzung	Qualitätsprofil	Selbsteinschätzung	Qualitätsprofil	Selbsteinschätzung	Qualitätsprofil
22 Ich dokumentiere Aspekte für die Begrüßung und Verabschiedung, die auf Grund besonderer Situationen oder Lebenslagen des Kindes und seiner Familie zu berücksichtigen sind.	☐		☐		☐		☐		☐		☐	
Teamprofil für Planung/Dokumentation												
Vielfalt und Nutzung von Material												
23 Alle Spiel- und Beschäftigungsmaterialien sind vom Beginn bis zum Ende der Betreuungszeit für die Kinder verfügbar.	☐		☐		☐		☐		☐		☐	
Teamprofil für Vielfalt und Nutzung von Material												
Individualisierung/Berücksichtigung individueller Bedürfnisse und Interessen												
24 Ich schaffe für jedes Kind einen sanften Übergang beim Ankommen und Abholen.	☐		☐		☐		☐		☐		☐	
25 Ich gehe dabei auf seine individuellen Gewohnheiten und Vorlieben ein.	☐		☐		☐		☐		☐		☐	
26 Wenn sich Kleinstkinder und jüngere Kinder beim Ankommen nur schwer von ihren Eltern trennen konnten, teile ich den Eltern beim Abholen mit, auf welche Weise das Kind in den Tag gefunden hat.	☐		☐		☐		☐		☐		☐	
Teamprofil für Individualisierung/Berücksichtigung individueller Bedürfnisse und Interessen												
Individualisierung/Individueller Umgang mit Material und Angeboten												
27 Spiel- und Beschäftigungsmaterialien, mit denen die Kinder am nächsten Tag weiterspielen möchten, bleiben stehen.	☐		☐		☐		☐		☐		☐	
Teamprofil für Individualisierung/Individueller Umgang mit Material und Angeboten												

QUALITÄTSBEREICH BEGRÜSSUNG & VERABSCHIEDUNG (18) ▸ 233

Partizipation/Einbeziehung der Kinder in Entscheidungsprozesse	überhaupt nicht/nie		weniger/ selten		teils-teils		zu einem guten Teil/ häufiger		überwie- gend/ fast immer		voll & ganz/ immer	
	Selbsteinschätzung	Qualitätsprofil	Selbsteinschätzung	Qualitätsprofil	Selbsteinschätzung	Qualitätsprofil	Selbsteinschätzung	Qualitätsprofil	Selbsteinschätzung	Qualitätsprofil	Selbsteinschätzung	Qualitätsprofil
28 Ich bespreche mit allen Kindern der Gruppe den Umgang mit neuen oder unsicheren Kindern in der Bring- und Abholphase.	☐		☐		☐		☐		☐		☐	
Teamprofil für Partizipation/Einbeziehung der Kinder in Entscheidungsprozesse												
Partizipation/Einbeziehung der Kinder in Gestaltungsprozesse												
29 Die Kinder gestalten mit mir gemeinsam Rituale zu Tagesbeginn und Tagesabschluss in der Gruppe.	☐		☐		☐		☐		☐		☐	
Teamprofil für Partizipation/Einbeziehung der Kinder in Gestaltungsprozesse												

Checkliste
zur Selbstevaluation

für den Qualitätsbereich
Zusammenarbeit mit Familien
(19)

1. Lesen Sie bitte die gesamte Checkliste einmal in Ruhe durch, bevor Sie die Fragen beantworten.
2. Schätzen Sie danach bitte ausschließlich Ihre eigene pädagogische Arbeit und Situation ein.
3. Bitte beantworten Sie jede Frage.
4. Kreuzen Sie in jeder Zeile nur **einen** Selbsteinschätzungs-Wert an.
5. Bitte lassen Sie die Spalte »Qualitätsprofil« frei. Sie wird später für die Erstellung des Profils für die gesamte Einrichtung benötigt.

 Wenn Sie Kinder unter drei Jahren in Ihrer Gruppe betreuen, schätzen Sie **zusätzlich** immer die mit dem Würfel versehenen Kriterien ein.

Bitte entscheiden Sie sich immer für **einen** Wert (kein Kreuz zwischen zwei Antwortmöglichkeiten).

Räumliche Bedingungen/Information	überhaupt nicht/nie		weniger/ selten		teils-teils		zu einem guten Teil/ häufiger		überwiegend/ fast immer		voll & ganz/ immer	
	Selbsteinschätzung	Qualitätsprofil	Selbsteinschätzung	Qualitätsprofil	Selbsteinschätzung	Qualitätsprofil	Selbsteinschätzung	Qualitätsprofil	Selbsteinschätzung	Qualitätsprofil	Selbsteinschätzung	Qualitätsprofil
1 An einem zentralen Ort in der Einrichtung finden Eltern aktuelle Informationen, Einladungen, Ankündigungen und Mitteilungen sowie Broschüren in übersichtlicher Form.	☐	☐	☐	☐	☐	☐	☐	☐	☐	☐	☐	☐
2 Für meine Gruppe gibt es einen Ort, an dem Eltern und Kinder Informationen zu geplanten Ereignissen, Tagesgestaltung, Aktivitäten und Angeboten finden.	☐	☐	☐	☐	☐	☐	☐	☐	☐	☐	☐	☐
3 Es gibt für Eltern und Elternvertreter die Möglichkeit, an einer dafür vorgesehenen Fläche Mitteilungen, Meinungen und Anfragen von Eltern für Eltern auszuhängen bzw. auszulegen.	☐	☐	☐	☐	☐	☐	☐	☐	☐	☐	☐	☐
Teamprofil für Räumliche Bedingungen/Information												
Räumliche Bedingungen/Räume												
4 Es gibt für Eltern einladende und erwachsenengerechte Aufenthalts- und Sitzmöglichkeiten.	☐	☐	☐	☐	☐	☐	☐	☐	☐	☐	☐	☐
5 Es gibt für Eltern während der Eingewöhnungsphase von Kleinstkindern und jüngeren Kindern einen einladenden Ort zur Überbrückung der Wartezeit.	☐	☐	☐	☐	☐	☐	☐	☐	☐	☐	☐	☐
Teamprofil für Räumliche Bedingungen/Räume												
Inhalt und Planung/Begrüßung und Verabschiedung												
6 Ich vereinbare mit den Eltern, dass sie ihr Kind grundsätzlich in den Gruppenraum bringen.	☐	☐	☐	☐	☐	☐	☐	☐	☐	☐	☐	☐
7 Ich verabschiede die Eltern gemeinsam mit dem Kind.	☐	☐	☐	☐	☐	☐	☐	☐	☐	☐	☐	☐
8 Ich begrüße und verabschiede sowohl die Kinder als auch die Eltern persönlich und mit Namen.	☐	☐	☐	☐	☐	☐	☐	☐	☐	☐	☐	☐
9 Ich beachte in der Begrüßungssituation die Bedürfnisse von Kleinstkindern und jüngeren Kindern und wende mich ihnen in besonderer Weise zu.	☐	☐	☐	☐	☐	☐	☐	☐	☐	☐	☐	☐
Teamprofil für Inhalt und Planung/Begrüßung und Verabschiedung												

Inhalt und Planung/Möglichkeiten der Teilnahme am Kita-Alltag

	überhaupt nicht/nie		weniger/ selten		teils-teils		zu einem guten Teil/ häufiger		überwiegend/ fast immer		voll & ganz/ immer	
	Selbsteinschätzung	Qualitätsprofil	Selbsteinschätzung	Qualitätsprofil	Selbsteinschätzung	Qualitätsprofil	Selbsteinschätzung	Qualitätsprofil	Selbsteinschätzung	Qualitätsprofil	Selbsteinschätzung	Qualitätsprofil
10 Eltern können in meiner Gruppe aktiv am Gruppengeschehen teilnehmen, z. B. durch Teilnahme an geplanten Aktivitäten, Ausflügen, Vorbereitungen für Feste.	☐		☐		☐		☐		☐		☐	
11 Ich gebe den Eltern nach Absprache die Möglichkeit, in der Gruppe zu hospitieren, um die Entwicklung und Eingebundenheit ihres Kindes in der Gruppe zu beobachten.	☐		☐		☐		☐		☐		☐	
Teamprofil für Inhalt und Planung/Möglichkeiten der Teilnahme am Kita-Alltag												

Inhalt und Planung/Angebote und Beratung für Eltern

12 Ich führe mindestens halbjährlich mit den Eltern der Kinder meiner Gruppe individuelle Entwicklungsgespräche auf der Grundlage eines Entwicklungsprofils zur physischen, motorischen, sozial-emotionalen, kognitiven und sprachlichen Entwicklung ihres Kindes.	☐		☐		☐		☐		☐		☐	
13 Ich informiere Eltern von Kleinstkindern und jüngeren Kindern regelmäßig und aktuell über Entwicklungsfortschritte ihrer Kinder (z. B. Krabbel- und Aufstehversuche, erstes Sprechen, Spielinteressen und Spielpartner).	☐		☐		☐		☐		☐		☐	
14 Ich reagiere unverzüglich, wenn Eltern Gesprächsbedarf signalisieren.	☐		☐		☐		☐		☐		☐	
15 Ich berate Eltern in Erziehungsfragen, sofern sie dies wünschen.	☐		☐		☐							
16 Ich unterstütze Eltern, Hilfen von Beratungsstellen, Jugendämtern oder psychosozialen Diensten in Anspruch zu nehmen.	☐		☐		☐		☐		☐		☐	
Teamprofil für Inhalt und Planung/Angebote und Beratung für Eltern												

Inhalt und Planung/Mitwirkung in Gremien

17 In der Einrichtung gibt es eine gewählte Elternvertretung.	☐		☐		☐		☐		☐		☐	
18 Mindestens einmal im Jahr findet ein Treffen mit allen Eltern der Einrichtung statt, in der beispielsweise das Konzept vorgestellt wird oder ein Fachvortrag von einem Referenten gehalten wird.	☐		☐		☐		☐		☐			
Teamprofil für Inhalt und Planung/Mitwirkung in Gremien												

Inhalt und Planung/Informationen	überhaupt nicht/nie		weniger/ selten		teils-teils		zu einem guten Teil/ häufiger		überwiegend/ fast immer		voll & ganz/ immer	
	Selbsteinschätzung	Qualitätsprofil	Selbsteinschätzung	Qualitätsprofil	Selbsteinschätzung	Qualitätsprofil	Selbsteinschätzung	Qualitätsprofil	Selbsteinschätzung	Qualitätsprofil	Selbsteinschätzung	Qualitätsprofil
19 Es gibt in meiner Gruppe in regelmäßigen Abständen Elternabende.	☐		☐		☐		☐		☐		☐	
20 Die Eltern meiner Gruppe erhalten Informationen über die Gesundheitsvorsorge ihrer Kinder (Broschüren über Kinderkrankheiten, Zahnprophylaxe, Unfallverhütung, Ernährung, Körperpflege).	☐		☐		☐		☐		☐		☐	
21 Die Eltern meiner Gruppe erhalten Informationen über Sicherheitserziehung.	☐		☐		☐		☐		☐		☐	
22 Vor der Aufnahme des Kindes wird den Eltern schriftliches Informationsmaterial über die Einrichtung zur Verfügung gestellt.	☐		☐		☐		☐		☐		☐	
23 Vor der Aufnahme des Kindes wird den Eltern die pädagogische Konzeption zur Verfügung gestellt.	☐		☐		☐		☐		☐		☐	
Teamprofil für Inhalt und Planung/Informationen												
Inhalt und Planung/Unterstützende Rahmenbedingungen												
24 In meiner Gruppe werden Differenzen über Inhalte, Verfahren und Ziele der Entwicklungsförderung der Kinder oder Konflikte zwischen Eltern und mir umgehend besprochen.	☐		☐		☐		☐		☐		☐	
25 Wenn es zu keiner zufriedenstellenden Lösung kommt, wird die Leitung bzw. die Fachberatung einbezogen.	☐		☐		☐		☐		☐		☐	
Teamprofil für Inhalt und Planung/Unterstützende Rahmenbedingungen												
Interaktion und Kommunikation/ Austausch und Information												
26 Ich tausche mich regelmäßig mit den Eltern über die pädagogische Arbeit in der Gruppe aus.	☐		☐		☐		☐		☐		☐	
27 Ich biete verschiedene Formen der Zusammenarbeit an (Gesprächsrunden, Arbeitskreise, Workshops).	☐		☐		☐		☐		☐		☐	
Teamprofil für Interaktion und Kommunikation/ Austausch und Information												

Interaktion und Kommunikation/ Atmosphäre und Umgang

		überhaupt nicht/nie		weniger/ selten		teils-teils		zu einem guten Teil/ häufiger		überwiegend/ fast immer		voll & ganz/ immer	
		Selbsteinschätzung	Qualitätsprofil	Selbsteinschätzung	Qualitätsprofil	Selbsteinschätzung	Qualitätsprofil	Selbsteinschätzung	Qualitätsprofil	Selbsteinschätzung	Qualitätsprofil	Selbsteinschätzung	Qualitätsprofil
28	Ich begegne allen Eltern respektvoll, unabhängig von ihrer Lebensform und ihrem kulturellen Hintergrund.	☐		☐		☐		☐		☐		☐	
29	Bei Unterhaltungen mit dem Kind über dessen Familie äußere ich mich freundlich und positiv.	☐		☐		☐		☐		☐		☐	
30	Inhalte aus Elterngesprächen und weiteres Wissen über die Familien behandele ich diskret und ich gebe keine Informationen weiter.	☐		☐		☐		☐		☐		☐	
Teamprofil für Interaktion und Kommunikation/ Atmosphäre und Umgang													

Individualisierung/Berücksichtigung der familiären Lebenssituation

31	Ich tausche mich mit den Eltern häufig informell über ihr Kind aus.	☐		☐		☐		☐		☐		☐	
32	Ich tausche mich mit den Eltern wenigstens zweimal im Jahr zu einem geplanten Termin über ihr Kind aus.	☐		☐		☐		☐		☐		☐	
33	Ich erfrage, wie die Eltern den Entwicklungsstand des Kindes einschätzen.	☐		☐		☐		☐		☐		☐	
34	Ich erfrage, wie die Eltern die Ernährungsgewohnheiten des Kindes einschätzen.	☐		☐		☐		☐		☐		☐	
35	Ich erfrage, wie die Eltern die Schlafgewohnheiten des Kindes einschätzen.	☐		☐		☐		☐		☐		☐	
Teamprofil für Individualisierung/Berücksichtigung der familiären Lebenssituation													

Individualisierung/Zusammenarbeit mit den Eltern während der Eingewöhnung

36	Die Eltern haben bereits vor der Aufnahme des Kindes Gelegenheit, die Kindergruppe und mich kennen zu lernen.	☐		☐		☐		☐		☐		☐	
37	Ich spreche mit neuen Eltern beim ersten Kontakt nach der Aufnahme über die Gewohnheiten, Vorlieben und Abneigungen ihres Kindes.	☐		☐		☐		☐		☐		☐	
38	Ich weise sie dabei auf die Bedeutung einer behutsamen Eingewöhnung hin.	☐		☐		☐		☐		☐		☐	
39	Ich entwickle zusammen mit den Eltern ein individuelles Eingewöhnungskonzept für ihr Kind.	☐		☐		☐		☐		☐		☐	
Teamprofil für Individualisierung/Zusammenarbeit mit den Eltern während der Eingewöhnung													

Partizipation/Mitarbeit und Gestaltung	überhaupt nicht/nie		weniger/ selten		teils-teils		zu einem guten Teil/ häufiger		überwiegend/ fast immer		voll & ganz/ immer	
	Selbsteinschätzung	Qualitätsprofil	Selbsteinschätzung	Qualitätsprofil	Selbsteinschätzung	Qualitätsprofil	Selbsteinschätzung	Qualitätsprofil	Selbsteinschätzung	Qualitätsprofil	Selbsteinschätzung	Qualitätsprofil
40 Die Eltern werden in die Entwicklung der pädagogischen Konzeption einbezogen.	☐		☐		☐		☐		☐		☐	
41 Außerordentliche Ereignisse oder Aktivitäten, die die Kinder betreffen, wie beispielsweise die Neu- oder Umgestaltung des Innen- und Außenbereiches sowie Veränderungen der Personal- oder Raumsituation, werden mit den Eltern vorab besprochen.	☐		☐		☐		☐		☐		☐	
Teamprofil für Partizipation/Mitarbeit und Gestaltung												
Partizipation/Evaluation												
42 Einmal im Jahr werden in unserer Einrichtung alle Eltern zu ihrer Zufriedenheit mit den Zielen, mit der pädagogischen Arbeit und den Strukturen der Einrichtung anonym befragt.	☐		☐		☐		☐		☐		☐	
43 Die Ergebnisse und ihre Auswertungen werden allen Eltern und Erzieherinnen vorgestellt.	☐		☐		☐		☐		☐		☐	
Teamprofil für Partizipation/Evaluation												

Checkliste
zur Selbstevaluation

für den Qualitätsbereich
Leitung (20)

Diese Checkliste ist nur von der Leitung der Einrichtung auszufüllen

1. Lesen Sie bitte die gesamte Checkliste einmal in Ruhe durch, bevor Sie die Fragen beantworten.
2. Schätzen Sie danach bitte ausschließlich Ihre eigene Arbeit und Situation ein.
3. Bitte beantworten Sie jede Frage.
4. Kreuzen Sie in jeder Zeile nur **einen** Selbsteinschätzungs-Wert an.
5. Bitte lassen Sie die Spalte »Qualitätsprofil« frei.

Führungskompetenz & Führungsaufgaben	überhaupt nicht/nie		weniger/ selten		teils-teils		zu einem guten Teil/ häufiger		überwiegend/ fast immer		voll & ganz/ immer	
	Selbsteinschätzung	Qualitätsprofil	Selbsteinschätzung	Qualitätsprofil	Selbsteinschätzung	Qualitätsprofil	Selbsteinschätzung	Qualitätsprofil	Selbsteinschätzung	Qualitätsprofil	Selbsteinschätzung	Qualitätsprofil
1 Ich kläre die Verantwortlichkeiten für meine Leitungsaufgaben in Absprache mit dem Träger.	☐		☐		☐		☐		☐		☐	
2 Ich verfüge über eine (oder mehrere) Zusatzqualifikation in den Bereichen Personalführung oder Management.	☐		☐		☐		☐		☐		☐	
3 Ich vertiefe meine Kenntnisse und Kompetenzen zur Leitungstätigkeit durch regelmäßige Fortbildungen und/oder Supervision.	☐		☐		☐		☐		☐		☐	
4 Ich setze in meiner Einrichtung innovative Entwicklungen in Gang.	☐		☐		☐		☐		☐		☐	
5 Ich sorge dafür, dass sich die pädagogische Arbeit unserer Einrichtung an aktuellen Standards orientiert.	☐		☐		☐		☐		☐		☐	
6 Ich setze mich dafür ein, dass die Einrichtung die Mittel erhält, die zur Erreichung der Qualitätsziele im Rahmen von Qualitätsentwicklung erforderlich sind.	☐		☐		☐		☐		☐		☐	
7 Ich fördere die berufliche Kompetenzen der Fachkräfte durch Maßnahmen für einzelne Mitarbeiterinnen und für das Team.	☐		☐		☐		☐		☐		☐	
8 Ich beteilige die Mitarbeiterinnen an der Planung und Organisation der Arbeitsprozesse.	☐		☐		☐		☐		☐		☐	
9 Ich führe regelmäßig Personalgespräche, in denen ich den Mitarbeiterinnen gezielte Rückmeldung gebe und mit ihnen gemeinsam Zielvereinbarungen überprüfe.	☐		☐		☐		☐		☐		☐	
10 Ich sorge dafür, dass Mitarbeiterinnen bei Bedarf Beratung oder Supervision erhalten.	☐		☐		☐		☐		☐		☐	
11 Ich sorge dafür, dass den Mitarbeiterinnen aktuelle, fachbezogene Materialien in der Einrichtung zur Verfügung stehen (Fachzeitschriften, Bücher, Videos, Tagungsmaterialien)	☐		☐		☐		☐		☐		☐	
12 Es liegt ein Konzept vor, nach dem neue Mitarbeiterinnen ausführlich und systematisch eingearbeitet werden.	☐		☐		☐		☐		☐		☐	
13 In der Einarbeitungsphase führe ich regelmäßig Gespräche mit der neuen Mitarbeiterin.	☐		☐		☐		☐		☐		☐	
14 Ich stelle sicher, dass Berufspraktikantinnen mit erfahrenen Erzieherinnen zusammenarbeiten und angemessen angeleitet werden.	☐		☐		☐		☐		☐		☐	
Profil für Führungskompetenz & Führungsaufgaben												

Team- und Personalentwicklung	überhaupt nicht/nie		weniger/ selten		teils-teils		zu einem guten Teil/ häufiger		überwiegend/ fast immer		voll & ganz/ immer	
	Selbsteinschätzung	Qualitätsprofil	Selbsteinschätzung	Qualitätsprofil	Selbsteinschätzung	Qualitätsprofil	Selbsteinschätzung	Qualitätsprofil	Selbsteinschätzung	Qualitätsprofil	Selbsteinschätzung	Qualitätsprofil
15 Ich erstelle einen jährlichen Fortbildungsplan, in dem alle Mitarbeiter/innen berücksichtigt sind.	☐		☐		☐		☐		☐		☐	
16 Ich erstelle mit jeder Mitarbeiterin einen individuellen Fortbildungsplan.	☐		☐		☐		☐		☐		☐	
17 Ich sorge dafür, dass Fortbildungen, an denen Mitarbeiterinnen teilgenommen haben, ausgewertet und für die Einrichtung genutzt werden.	☐		☐		☐		☐		☐		☐	
18 Ich bemühe mich um die Entwicklung der Kooperation, des Zusammenhalts und des Betriebsklimas innerhalb des Teams.	☐		☐		☐		☐		☐		☐	
19 Ich zeige Mitarbeiterinnen meine Anerkennung ihrer Erfolge und Leistungen.	☐		☐		☐		☐		☐		☐	
20 Ich spreche Konflikte und Konkurrenz im Team an und versuche, im Dialog mit den Mitarbeiterinnen Lösungen zu finden.	☐		☐		☐		☐		☐		☐	
Profil für Team- und Personalentwicklung												
Arbeitsorganisation												
21 Ich gebe Informationen ohne Verzögerung an meine Mitarbeiterinnen weiter.	☐		☐		☐		☐		☐		☐	
22 Ich delegiere Aufgaben an die Mitarbeiterinnen.	☐		☐		☐		☐		☐		☐	
23 Ich besuche regelmäßig alle Gruppen, um mich über die Arbeit der Mitarbeiterinnen zu informieren.	☐		☐		☐		☐		☐		☐	
24 Ich führe regelmäßig Teambesprechungen durch, an denen alle Mitarbeiterinnen und bei Bedarf auch Trägervertreter oder externe Fachkräfte beteiligt sind.	☐		☐		☐		☐		☐		☐	
25 Es finden wöchentlich Dienstbesprechungen mit dem Team statt.	☐		☐		☐		☐		☐		☐	
26 Für die Dienstbesprechungen liegt eine schriftliche Tagesordnung mit den geplanten Themen vor.	☐		☐		☐		☐		☐		☐	
27 Ich bespreche mit den Mitarbeiterinnen die besonderen Bedürfnisse von Kindern und Familien und unterstütze sie bei der Lösung von Problemen.	☐		☐		☐		☐		☐		☐	
28 Ich führe mit jeder Familie ein ausführliches Aufnahmegespräch.	☐		☐		☐		☐		☐		☐	

Arbeitsorganisation (Forts.)

	überhaupt nicht/nie		weniger/ selten		teils-teils		zu einem guten Teil/ häufiger		überwiegend/ fast immer		voll & ganz/ immer	
	Selbsteinschätzung	Qualitätsprofil	Selbsteinschätzung	Qualitätsprofil	Selbsteinschätzung	Qualitätsprofil	Selbsteinschätzung	Qualitätsprofil	Selbsteinschätzung	Qualitätsprofil	Selbsteinschätzung	Qualitätsprofil
29 Ich sorge für die Information von Eltern anderer Herkunftskulturen und Sprachen und sorge bei Bedarf für Unterstützungsmaßnahmen (Einsatz eines Dolmetschers, mehrsprachige Aufnahmeanträge, Informationsmaterialien in den Sprachen, die in der Einrichtung vertreten sind).	☐		☐		☐		☐		☐		☐	
30 Die Dienstplanung sowie Vertretungsregelungen bei Krankheit oder Urlaub liegt schriftlich vor.	☐		☐		☐		☐		☐		☐	
31 Die Aufgaben, Zuständigkeiten und Verantwortlichkeiten jeder Mitarbeiterin sind eindeutig festgelegt.	☐		☐		☐		☐		☐		☐	
32 Es gibt Vertretungsregelungen, die allen bekannt sind.	☐		☐		☐		☐		☐		☐	
33 Ich plane den Dienst so, dass für jede Erzieherin wöchentlich Planungs- und Vorbereitungszeit zur Verfügung steht.	☐		☐		☐		☐		☐		☐	
34 Ich informiere mich darüber, ob die Akte jedes Kindes regelmäßig aktualisiert wird.	☐		☐		☐		☐		☐		☐	
35 Ich achte darauf, dass alle personen- und finanzbezogenen Aufzeichnungen nur für autorisierte Personen zugänglich sind.	☐		☐		☐		☐		☐		☐	
36 Ich sorge dafür, dass Protokolle von Dienstbesprechungen und Konferenzen archiviert werden und verfügbar sind.	☐		☐		☐		☐		☐		☐	
37 Ich sorge dafür, dass für jedes Kind systematische Entwicklungserhebungen durchgeführt und aufgezeichnet werden.	☐		☐		☐		☐		☐		☐	
38 Ich habe Kontakte zu externen pädagogischen, psychologischen und medizinischen Fachkräften und Institutionen.	☐		☐		☐		☐		☐		☐	
Profil für Arbeitsorganisation												
Anpassung und konzeptionelle Weiterentwicklung der Arbeit												
39 Es gibt eine schriftliche Konzeption, die konkrete und differenzierte Aussagen zu Bildungs- und Erziehungszielen sowie zu deren Umsetzung enthält.	☐		☐		☐		☐		☐		☐	
40 Ich sorge dafür, dass die Konzeption regelmäßig überprüft und in Kooperation zwischen Leitung, Team und Träger und im Austausch mit den Eltern weiterentwickelt wird.	☐		☐		☐		☐		☐		☐	

QUALITÄTSBEREICH LEITUNG (20) ▸ 245

Anpassung und konzeptionelle Weiterentwicklung der Arbeit (Forts.)	überhaupt nicht/nie		weniger/ selten		teils-teils		zu einem guten Teil/ häufiger		überwiegend/ fast immer		voll & ganz/ immer	
	Selbsteinschätzung	Qualitätsprofil	Selbsteinschätzung	Qualitätsprofil	Selbsteinschätzung	Qualitätsprofil	Selbsteinschätzung	Qualitätsprofil	Selbsteinschätzung	Qualitätsprofil	Selbsteinschätzung	Qualitätsprofil
41 Ich tausche mich mit den Mitarbeiterinnen regelmäßig über die praktische Umsetzung der Konzeptionsziele aus.	☐		☐		☐		☐		☐		☐	
Profil für Anpassung und konzeptionelle Weiterentwicklung der Arbeit												
Öffentlichkeitsarbeit und Einbeziehung externer Institutionen												
42 Ich sorge dafür, dass die Einrichtung ihr Angebot durch Informationen und Fachbeiträge bekannt macht (z. B. durch Fachveranstaltungen, Veranstaltungen im Gemeinwesen, in Tageszeitungen, im Internet).	☐		☐		☐		☐		☐		☐	
43 Ich und meine Mitarbeiterinnen pflegen Kontakte zu verschiedenen ortsansässigen Institutionen, Vereinen, Geschäften, Projekten, Initiativen etc.	☐		☐		☐		☐		☐		☐	
44 Ich sorge dafür, dass die Tageseinrichtung Angebote und Räume außerhalb der Einrichtung regelmäßig nutzen kann (Turnhallen, Bibliotheken, Sportplätze, Schwimmhallen usw.).	☐		☐		☐		☐		☐		☐	
45 Ich sorge dafür, dass regelmäßige Kontakte zu anderen Kindertageseinrichtungen sowie den Grundschulen aufgebaut und gepflegt werden.	☐		☐		☐		☐		☐		☐	
Profil für Öffentlichkeitsarbeit und Einbeziehung externer Institutionen												
Qualitätsfeststellung und Qualitätsentwicklung												
46 Ich sorge dafür, dass alle Beschäftigten in der Einrichtung mit Konzepten und Methoden der Qualitätsentwicklung bekannt gemacht werden.	☐		☐		☐		☐		☐		☐	
47 Ich fördere die Qualitätsentwicklung systematisch durch besondere Verfahren wie die Organisation von Qualitätszirkeln, Arbeitsgruppen zu bestimmten Themen oder die Ernennung einer Qualitätsbeauftragten.	☐		☐		☐		☐		☐		☐	
48 Ich ermittle in Kooperation mit dem Träger regelmäßig (mindestens einmal jährlich) die Zufriedenheit von Kindern, Eltern und Beschäftigten.	☐		☐		☐		☐		☐		☐	
49 Die Ergebnisse solcher Erhebungen werden für die Weiterentwicklung des Angebots genutzt.	☐		☐		☐		☐		☐		☐	

Qualitätsfeststellung und Qualitätsentwicklung (Forts.)	überhaupt nicht/nie		weniger/ selten		teils-teils		zu einem guten Teil/ häufiger		überwiegend/ fast immer		voll & ganz/ immer	
	Selbsteinschätzung	Qualitätsprofil	Selbsteinschätzung	Qualitätsprofil	Selbsteinschätzung	Qualitätsprofil	Selbsteinschätzung	Qualitätsprofil	Selbsteinschätzung	Qualitätsprofil	Selbsteinschätzung	Qualitätsprofil
50 Mindestens einmal jährlich schätzen Leitung und Mitarbeiterinnen gemeinsam Stärken und zu entwickelnde Bereiche ein und legen Ziele für das kommende Jahr fest.	☐		☐		☐		☐		☐		☐	
51 Ich ergreife Maßnahmen, um Mängel und Schwachstellen in der pädagogischen Arbeit zu beheben.	☐		☐		☐		☐		☐		☐	
52 Ich stelle den Mitarbeiterinnen Möglichkeiten zur Verfügung, meine Leitungstätigkeit (anonym) zu bewerten.	☐		☐		☐		☐		☐		☐	
Profil für Qualitätsfeststellung und Qualitätsentwicklung												
Finanzen und Betriebswirtschaft												
53 Alle betriebswirtschaftlichen Vorgänge, Ein- und Ausgaben sind übersichtlich dokumentiert.	☐		☐		☐		☐		☐		☐	
54 Die Einrichtung wirbt Spenden oder Projektmittel ein, um finanzielle Spielräume zu haben, z.B. für besondere pädagogische Angebote.	☐		☐		☐		☐		☐		☐	
Profil für Finanzen und Betriebswirtschaft												
Gesundheit/Hygiene												
55 In der Einrichtung werden regelmäßig Maßnahmen zur Zahnprophylaxe der Kinder durchgeführt.	☐		☐		☐		☐		☐		☐	
56 Das Rauchen im Betreuungsbereich ist untersagt.	☐		☐		☐		☐		☐		☐	
57 Es gibt in der Einrichtung den geltenden Bestimmungen entsprechende, allen Mitarbeitern und Eltern bekannte schriftliche Regelungen, um die Ausbreitung ansteckender Krankheiten möglichst gering zu halten (z.B. Beachten von Impfempfehlungen, Ausschluss von Kindern mit Fieber und Anzeichen ansteckender Krankheiten).	☐		☐		☐		☐		☐		☐	
58 Eltern werden umgehend benachrichtigt, wenn Kinder Symptome ansteckender oder schwerwiegender Erkrankungen zeigen (ungewöhnliche Hautrötungen, Flecken, Schluckbeschwerden, Erbrechen, Durchfall, hohes Fieber).	☐		☐		☐		☐		☐		☐	
59 Regelungen für die Benachrichtigung der Eltern bei Krankheit, Unfall, gesundheitlichen Auffälligkeiten liegen schriftlich vor.	☐		☐		☐		☐		☐		☐	

Gesundheit/Hygiene (Forts.)

	überhaupt nicht/nie		weniger/ selten		teils-teils		zu einem guten Teil/ häufiger		überwiegend/ fast immer		voll & ganz/ immer	
	Selbsteinschätzung	Qualitätsprofil	Selbsteinschätzung	Qualitätsprofil	Selbsteinschätzung	Qualitätsprofil	Selbsteinschätzung	Qualitätsprofil	Selbsteinschätzung	Qualitätsprofil	Selbsteinschätzung	Qualitätsprofil
60 Alle Mitarbeiterinnen kennen und befolgen Maßnahmen zum Schutz vor übertragbaren Krankheiten wie HIV oder Hepatitis.	☐		☐		☐		☐		☐		☐	
61 Es sind für jedes Kind schriftliche Informationen vorhanden über den Stand der Impfungen und gesundheitliche Besonderheiten (Allergien, besondere Pflegebedürfnisse), die allen Betreuungspersonen bekannt und zugänglich sind.	☐		☐		☐		☐		☐		☐	
62 Allen Mitarbeiterinnen stehen schriftliche Richtlinien für den Umgang mit Kindern bei Erkrankungen oder leichteren Verletzungen zur Verfügung.	☐		☐		☐		☐		☐		☐	

Profil für Gesundheit/Hygiene

Sicherheit

63 Es werden regelmäßig Feuer- und Sicherheitsinspektionen durchgeführt.	☐		☐		☐		☐		☐		☐	
64 Alle für einen Notfall wichtigen Rufnummern sind am Telefon gut sichtbar angebracht.	☐		☐		☐		☐		☐		☐	
65 In jedem Gruppenraum befindet sich ein vorschriftsmäßig ausgestatteter Erste-Hilfe-Kasten.	☐		☐		☐		☐		☐		☐	
66 Es gibt einen Evakuierungsplan für den Notfall, der an einer gut sichtbaren Stelle in der Einrichtung aushängt und allen Mitarbeiterinnen bekannt ist.	☐		☐		☐		☐		☐		☐	
67 Es gibt eine Sicherheitsbeauftragte, die für die Einhaltung und Dokumentation der Sicherheitsvorkehrungen verantwortlich ist.	☐		☐		☐		☐		☐		☐	
68 Es sind regelmäßige Sicherheitsprüfungen dokumentiert.	☐		☐		☐		☐		☐		☐	
69 Ich sorge dafür, dass alle Erzieherinnen regelmäßig in Erster Hilfe für Kinder geschult werden.	☐		☐		☐		☐		☐		☐	
70 Alle gefährlichen Substanzen (Reinigungsmittel, Arzneien) sind original verpackt und werden verschlossen aufbewahrt.	☐		☐		☐		☐		☐		☐	
71 Bei einem Notfall in der Gruppe oder Einrichtung ist die Beaufsichtigung aller Kinder gewährleistet.	☐		☐		☐		☐		☐		☐	
72 Das Außengelände ist frei von giftigen Pflanzen.	☐		☐		☐		☐		☐		☐	
73 Das Außengelände ist durch eine Umzäunung so gesichert, dass kein Kind das Gelände ohne Kenntnis einer Erzieherin verlassen kann.	☐		☐		☐		☐		☐		☐	

Sicherheit (Forts.)	überhaupt nicht/nie		weniger/ selten		teils-teils		zu einem guten Teil/ häufiger		überwiegend/ fast immer		voll & ganz/ immer	
	Selbsteinschätzung	Qualitätsprofil	Selbsteinschätzung	Qualitätsprofil	Selbsteinschätzung	Qualitätsprofil	Selbsteinschätzung	Qualitätsprofil	Selbsteinschätzung	Qualitätsprofil	Selbsteinschätzung	Qualitätsprofil
74 Es gibt schriftliche Vereinbarungen zwischen Einrichtung und Eltern, wer die Berechtigung zum Abholen des Kindes hat.	☐		☐		☐		☐		☐		☐	
75 Es gibt Regelungen für die sichere Übergabe der Kinder beim Bringen und Abholen.	☐		☐		☐		☐		☐		☐	
Profil für Sicherheit												

Mahlzeiten/Ernährung

	überhaupt nicht/nie		weniger/ selten		teils-teils		zu einem guten Teil/ häufiger		überwiegend/ fast immer		voll & ganz/ immer	
76 Die Mahlzeiten (Mittagessen) werden in der Einrichtung zubereitet.	☐		☐		☐		☐		☐		☐	
77 Bei einer Lieferung von außen ist sicher gestellt, dass der externe Lieferant nach anerkannten Standards mit regelmäßiger Überprüfung arbeitet.	☐		☐		☐		☐		☐		☐	
78 Es gibt eine verantwortliche Mitarbeiterin für die Prüfung und Dokumentation der Qualität der angelieferten Mahlzeiten/Lebensmittel.	☐		☐		☐		☐		☐		☐	
79 Eine verantwortliche Mitarbeiterin dokumentiert nach regelmäßiger Prüfung den ordnungsgemäßen Zustand der Kücheneinrichtung und aller Geräte.	☐		☐		☐		☐		☐		☐	
80 Dem Speiseplan liegen anerkannte ernährungswissenschaftliche Standards zu Grunde.	☐		☐		☐		☐		☐		☐	
81 Der aktuelle Speiseplan wird zu Beginn jeder Woche von einer verantwortlichen Mitarbeiterin an einer gut sichtbaren Stelle ausgehängt.	☐		☐		☐		☐		☐		☐	
82 Die Zeiten für Mahlzeiten sind allen Eltern bekannt.	☐		☐		☐		☐		☐		☐	
83 Die den Kindern angebotenen Mahlzeiten sind ausgewogen, abwechslungsreich und überwiegend aus frischen Zutaten zubereitet (unabhängig davon, ob in der Einrichtung gekocht wird oder die Mahlzeiten geliefert werden).	☐		☐		☐		☐		☐		☐	
84 Bei der Zusammenstellung des Speiseplans werden Wünsche von Kindern und Eltern berücksichtigt.	☐		☐		☐		☐		☐		☐	
85 Es ist sichergestellt, dass Lebensmittelallergien, Unverträglichkeiten und individuelle Ernährungsbesonderheiten von Kindern berücksichtigt werden.	☐		☐		☐		☐		☐		☐	
86 Es gibt alternative Speise- und Getränkeangebote.	☐		☐		☐		☐		☐		☐	
Profil für Mahlzeiten/Ernährung												

Eingewöhnung	überhaupt nicht/nie		weniger/ selten		teils-teils		zu einem guten Teil/ häufiger		überwiegend/ fast immer		voll & ganz/ immer	
	Selbsteinschätzung	Qualitätsprofil	Selbsteinschätzung	Qualitätsprofil	Selbsteinschätzung	Qualitätsprofil	Selbsteinschätzung	Qualitätsprofil	Selbsteinschätzung	Qualitätsprofil	Selbsteinschätzung	Qualitätsprofil
87 Die Eingewöhnung wird auf der Grundlage eines Konzepts durchgeführt, in dem die einzelnen Schritte der Eingewöhnungsphase begründet und beschrieben sind.	☐		☐		☐		☐		☐		☐	
88 Das Eingewöhnungskonzept sieht eine schrittweise und individuell abgestimmte Steigerung der Aufenthaltsdauer des Kindes in der Einrichtung vor.	☐		☐		☐		☐		☐		☐	
89 Es ist sichergestellt, dass in der Eingewöhnungsphase eine bestimmte Erzieherin als vertraute und stabile Bezugsperson für ein Kind zuständig und anwesend ist.	☐		☐		☐		☐		☐		☐	
90 Die Eltern werden frühzeitig vor Aufnahme des Kindes über das Eingewöhnungskonzept informiert (schriftlich und mündlich).	☐		☐		☐		☐		☐		☐	
Profil für Eingewöhnung												
Zusammenarbeit mit Familien												
91 Es gibt in der Einrichtung an zentraler Stelle eine Informationstafel für Eltern, an der aktuelle Informationen, Mitteilungen, Ankündigungen und Einladungen usw. aushängen bzw. ausliegen.	☐		☐		☐		☐		☐		☐	
92 Es gibt eine gewählte Elternvertretung.	☐		☐		☐		☐		☐		☐	
93 Es findet mindestens einmal jährlich ein Treffen mit allen Eltern der Einrichtung statt.	☐		☐		☐		☐		☐		☐	
94 Den Eltern wird vor Aufnahme des Kindes schriftliches Informationsmaterial zur Verfügung gestellt, in dem das pädagogische Konzept und die organisatorischen Regelungen der Einrichtung beschrieben sind.	☐		☐		☐		☐		☐		☐	
95 Die Eltern werden in die (Weiter-)Entwicklung des pädagogischen Konzepts einbezogen.	☐		☐		☐		☐		☐		☐	
Profil für Zusammenarbeit mit Familien												

Integration von Kindern mit Behinderungen	überhaupt nicht/nie		weniger/ selten		teils-teils		zu einem guten Teil/ häufiger		überwiegend/ fast immer		voll & ganz/ immer	
	Selbsteinschätzung	Qualitätsprofil	Selbsteinschätzung	Qualitätsprofil	Selbsteinschätzung	Qualitätsprofil	Selbsteinschätzung	Qualitätsprofil	Selbsteinschätzung	Qualitätsprofil	Selbsteinschätzung	Qualitätsprofil
96 Die erhöhten Ressourcen für integrative Arbeit werden in der Dienstplanung für entsprechende Aufgaben berücksichtigt (Zeit für Absprachen mit Fachpersonal und Familie, Fallbesprechungen, nötigenfalls erhöhter Pflegeaufwand).	☐		☐		☐		☐		☐		☐	
97 Die erhöhten personellen und materiellen Ressourcen für integrative Arbeit werden ausschließlich für die Gruppen eingesetzt, in die Kinder mit Behinderungen integriert sind.	☐		☐		☐		☐		☐		☐	
98 Die pädagogischen Fachkräfte haben die Möglichkeit, sich regelmäßig zu Themen der Integration fortzubilden.	☐		☐		☐		☐		☐		☐	
99 Es sind regelmäßig Zeiten für Teambesprechungen vorgesehen, die sich auf die Integration von Kindern mit Behinderungen beziehen.	☐		☐		☐		☐		☐		☐	
Profil für Integration von Kindern mit Behinderungen												

Formblätter für den Qualitätsentwicklungsprozess als Kopiervorlagen

Formblatt 1
Vereinbarungen zur Zusammenarbeit im Team

Für eine konstruktive Arbeitsatmosphäre verabreden wir gemeinsam die folgenden Punkte:

1. _____

2. _____

3. _____

4. _____

(weitere Punkte)

Tageseinrichtung   Datum

_____   _____

Unterschriften aller Kolleginnen

Formblatt 2
Zielvereinbarung im Team

1. Qualitäts- Ziel

Bezug zum Qualitätsbereich:
___

Bezug zu Qualitätskriterien:
___

Bezug zu unserer Konzeption (auf welchen Teil der Konzeption bezieht sich das Qualitätsziel?):
___
___
___

2. Betroffene

Welche Bereiche und Personengruppen sind angesprochen? (Fachkräfte welcher Gruppen, Kinder, Eltern, technische Kräfte, Träger, Außenstehende)
___

3. Ausgangssituation

Wie haben wir den IST-Stand im Qualitätsprofil bewertet?
___
___

4. Maßnahmen und Umsetzungsschritte zur Erreichung des Ziels

(eventuell ausführlichen Maßnahmeplan anfügen)

1. Maßnahme: Verantwortlich:

2. Maßnahme: Verantwortlich:

5. Zeitrahmen

Das Qualitätsziel soll erreicht sein bis:
_____

Meilensteine (Zwischenziele) bei größeren Vorhaben:
1. _____ Bis wann: _____
2. _____ Bis wann: _____
3. _____ Bis wann: _____

6. Mittel/Ressourcen, die eingesetzt werden
_____
_____

7. Beteiligte

Hauptverantwortlich:
_____
_____

Mitverantwortlich:
_____
_____

8. Überprüfung der Zielerreichung

Termin:
_____

Verantwortlich:
_____

Ort/Datum:

Unterschriften:

Einrichtungsleitung:

Weitere Beteiligte:

Formblatt 3
Persönliche Ziele und Umsetzungsschritte –
Zielvereinbarung mit mir selbst

1. Qualitätsziel des Teams

Wir haben als Team folgende/s Qualitätsziel/-ziele vereinbart:

_____
_____
_____

2. Persönliche Ziele und Umsetzungsschritte

Während der nächsten ... Wochen (wählen Sie einen passenden Zeitrahmen) werde ich dieses Ziel folgendermaßen in meinem Arbeitsbereich umsetzen:

Ziele und Umsetzungsschritte	Bis wann erfüllt?	Erfolgskriterium
1.		
2.		
3.		

Formblatt 4
Aufgabenliste

Aufgabe (WAS)	WER	MIT WEM	AB WANN	BIS WANN

Formblatt 5
Dokumentation von Zielvereinbarungen

Qualitätsbereich: _____

	Zielvereinbarung	Zielvereinbarung
Nummer der Zielvereinbarung:		
Kurztext:		
Datum:		
Verantwortlich:		
Umsetzungszeitraum:	von: bis:	von: bis:
Zeitpunkt der Ergebniskontrolle:		
Vereinbarung für Weiterarbeit:		
Fort- und Weiterbildungsbedarf:		

Formblatt 6
Langzeitdokumentation Zielvereinbarungen

Qualitätsbereiche	Bearbeitungszeitraum	Zielvereinbarung	Umsetzung abgeschlossen
Name des Qualitätsbereichs	von: bis:	Nr.: Nr.: Nr.:	am: am: am:
Name des Qualitätsbereichs	von: bis:	Nr.: Nr.: Nr.:	am: am: am:
Name des Qualitätsbereichs	von: bis:	Nr.: Nr.: Nr.:	am: am: am:
Name des Qualitätsbereichs	von: bis:	Nr.: Nr.: Nr.:	am: am: am:
Name des Qualitätsbereichs	von: bis:	Nr.: Nr.: Nr.:	am: am: am:
Name des Qualitätsbereichs	von: bis:	Nr.: Nr.: Nr.:	am: am: am:
Name des Qualitätsbereichs	von: bis:	Nr.: Nr.: Nr.:	am: am: am:
Name des Qualitätsbereichs	von: bis:	Nr.: Nr.: Nr.:	am: am: am:
Name des Qualitätsbereichs	von: bis:	Nr.: Nr.: Nr.:	am: am: am:

Qualitätsentwicklung in Kindertageseinrichtungen (QuiK) – Arbeitskreise für Leitungskräfte

PädQUIS® qualifiziert Leitungskräfte oder Qualitätsbeauftragte im Team einer Tageseinrichtung für Kinder, Qualitätsentwicklung auf der Basis des Nationalen Kriterienkatalogs und des Arbeitsbuchs »Pädagogische Qualität entwickeln« dauerhaft und selbständig in ihrer Tageseinrichtung anzuwenden. Dazu bietet PädQUIS® den QuiK-Arbeitskreis mit zehn ganztägigen Veranstaltungen zu jeweils sechs Zeitstunden an. Der Arbeitskreis findet in einem Zeitraum von etwa zwei Jahren alle acht Wochen statt.

Dem QuiK-Arbeitskreis geht eine Planungsphase voraus, in der PädQUIS® gemeinsam mit dem oder den beteiligten Trägern die erforderlichen inhaltlichen und organisatorischen Absprachen trifft. Diese Planungsphase mündet in einem Kooperationsvertrag zwischen dem bzw. den Trägern, den Leitungskräften der beteiligten Einrichtungen und PädQUIS®.

Insgesamt finden im Verlauf des zweijährigen Programms drei Veranstaltungen statt, durch die der bzw. die Träger informiert und beteiligt werden.

Inhalte des Arbeitskreises

Der Arbeitskreis führt die Teilnehmer/innen umfassend in den Aufbau, die Systematik sowie die fachlichen Inhalte des Kriterienkatalogs ein. PädQUIS® wählt die fachlichen Schwerpunkte gemeinsam mit den beteiligten Trägern aus. Dabei werden bildungspolitische Vorgaben des jeweiligen Bundeslandes, z. B. zu bestimmten Bildungsbereichen, berücksichtigt.

Die Teilnehmer/innen werden weiterhin befähigt, das »Sieben-Schritte-Verfahren« interner Qualitätsentwicklung mit dem Team der Einrichtung durchzuführen. Der Arbeitskreis stellt eine enge Verknüpfung zur Praxis in den beteiligten Einrichtungen her. Zwischen den Terminen des Arbeitskreises setzen die Teilnehmer/innen das Verfahren gemeinsam mit den Fachkräften in ihren Tageseinrichtungen um. Die Erfahrungen werden in der jeweils folgenden Sitzung ausgewertet. Insbesondere bei der Entwicklung und Umsetzung von Qualitätszielen erhalten die Teilnehmer/innen fachliche Anleitung und Begleitung.

Der Arbeitskreis unterstützt die Leitungskräfte auch dabei, die Rolle und Aufgaben der Qualitätsentwicklung in der Tageseinrichtung wahrzunehmen und zu reflektieren.

Der Verlauf und Erfolg der Qualitätsentwicklung wird durch eine systematische Rückkoppelung überprüft. Die teilnehmenden Einrichtungen und ihre Träger werden dazu zweimal um Rückmeldung zu Zufriedenheit und Akzeptanz, Schwierigkeiten und Anregungen hinsichtlich des Qualitätsentwicklungsprozesses gebeten, so dass bei Bedarf inhaltliche Anpassungen im Arbeitskreis vorgenommen werden können.

Zum Abschluss des QuiK-Arbeitskreises erhalten alle Beteiligten Empfehlungen für die Verstetigung der Qualitätsentwicklung in den Einrichtungen. Nach erfolgreicher Teilnahme erteilt PädQUIS® ein qualifiziertes Teilnahme-Zertifikat.

Bitte wenden Sie sich für weitere Informationen zu den QuiK-Arbeitskreisen für Leitungskräfte an die Geschäftsstelle von PädQUIS® gGmbH:

Habelschwerdter Allee 45, 14195 Berlin
Telefon 0 30–83 85 66 53
E-mail: qualitaetsentwicklung@paedquis.de
www.paedquis.de

Literaturhinweise

Zu 1.
Grundlagen der Qualitätsentwicklung

Drabner, Claudia & Pawellek, Thomas (1997). *Qualitätsmanagement in sozialen Einrichtungen am Beispiel der Jugendhilfe.* Freiburg: Lambertus Verlag.

Irskens, Beate & Vogt, Herbert (Hrsg.) (2000). *Qualität und Evaluation.* Frankfurt/M.: Eigenverlag des Deutschen Vereins für öffentliche und private Fürsorge.

Heiner, Maja (Hrsg.) (1994). *Selbstevaluation als Qualifizierung der Sozialen Arbeit.* Freiburg i. Br.: Lambertus Verlag.

König, Joachim (2000). *Einführung in die Selbstevaluation.* Freiburg i. Br.: Lambertus Verlag.

Tietze, Wolfgang; Viernickel, Susanne (Hrsg.); Dittrich, Irene; Grenner, Katja; Gödert, Stefanie; Groot-Wilken, Bernd & Sommerfeld, Verena (2003). *Pädagogische Qualität in Tageseinrichtungen für Kinder. Ein nationaler Kriterienkatalog.* Weinheim: Beltz Verlag.

Tietze, Wolfgang u. a. (1998). *Wie gut sind unsere Kindergärten.* Neuwied: Luchterhand-Verlag.

Von Spiegel, Hiltrud (1994). Selbstevaluation als Mittel beruflicher Qualifizierung. In: Heiner, Maja (Hrsg.) (1994). *Selbstevaluation als Qualifizierung der Sozialen Arbeit.* Freiburg i. Br.: Lambertus Verlag.

Zu 2.
Leitfaden für die interne Qualitätsentwicklung

Besser, Ralf (2001). Transfer: *Damit Seminare Früchte tragen.* Weinheim: Beltz Verlag.

Bundesministerium für Familie, Senioren, Frauen und Jugend (Hrsg.) (2000). *Qs 28 – Materialien zur Qualitätssicherung in der Kinder- und Jugendhilfe.* Bonn. Juni 2000.

Bundesministerium für Familie, Senioren, Frauen und Jugend (Hrsg.) (1999). *Qs 24 – Materialien zur Qualitätssicherung in der Kinder- und Jugendhilfe.* Bonn. September 1999.

Bundesministerium für Familie, Senioren, Frauen und Jugend (Hrsg.) (1996). *Qs 3 – Materialien zur Qualitätssicherung in der Kinder- und Jugendhilfe. Leitfaden für Qualitätsbeauftragte* Bonn. 1996.

Kokigei, Marianne; Goffin, Beate; Pallin, Gisela & Paulsen, Andrea (2003). *Zwischen Mindeststandard und bester Fachpraxis.* Seelze: Kallmeyersche Verlagsbuchhandlung.

Pesch, Ludger & Sommerfeld, Verena (2002). *Teamentwicklung. Wie Kindergärten TOP werden.* Weinheim: Beltz Verlag.

Schiersmann, Christiane; Thiel, Heinz-Ulrich & Pfitzenmaier, Eva (2003). *Organisationsbezogenes Qualitätsmanagement.* Opladen: Leske und Budrich.

Ziesche, Ulrike (1999). *Werkstatthandbuch zur Qualitätsentwicklung in Kindertagesstätten.* Neuwied: Luchterhand-Verlag.

Zu 3.
Methoden für die interne Qualitätsentwicklung

Pesch, Ludger (2001). *Moderation und Gesprächsführung. Wie Kindergärten TOP werden.* Weinheim: Beltz Verlag.

Rabenstein, Reinhold; Reichel, Rene & Thanhoffer, Michael (1993). *Das Methoden-Set. 5 Bücher für Referenten und Seminarleiterinnen.* Münster: Ökotopia Verlag.

Rachow, Axel (1998). *Ludus & Co. Didaktische Spiele für alle, die mit Gruppen arbeiten.* Künzell: Neuland Verlag.

Wack, Otto; Detlinger, Georg & Grothoff, Hildegard (1993). *Kreativ sein kann jeder. Ein Handbuch zum Problemlösen.* Hamburg: Windmühle-Verlag.

Autorinnen und Autoren

Irene Dittrich; Diplom-Pädagogin, ist wissenschaftliche Angestellte bei der PädQUIS gGmbH, einem Kooperationsinstitut der Freien Universität Berlin.

Katja Grenner; Diplom-Psychologin, ist wissenschaftliche Angestellte bei der PädQUIS gGmbH, einem Kooperationsinstitut der Freien Universität Berlin.

Bernd Groot-Wilken; Diplom-Pädagoge, ist wissenschaftlicher Angestellter bei der PädQUIS gGmbH, einem Kooperationsinstitut der Freien Universität Berlin.

Verena Sommerfeld; Lehrerin für Kunst und Sozialwissenschaften, ist wissenschaftliche Angestellte bei der PädQUIS gGmbH, einem Kooperationsinstitut der Freien Universität Berlin.

Wolfgang Tietze, Dr. phil.; ist Professor für Erziehungswissenschaft mit dem Schwerpunkt Kleinkindpädagogik an der Freien Universität Berlin.

Susanne Viernickel, Dr. phil.; ist wissenschaftliche Assistentin am Institut für Kleinkindpädagogik an der Freien Universität Berlin.